VINCENT ROCA SUCRE LES PHRASES

22, rue Huyghens, 75014 Paris
www.albin-michel.fr

ISBN : 2-226-13858-7

VINCENT ROCA

VINCENT ROCA SUCRE LES PHRASES

ALBIN MICHEL

Tout n'est que livres et ratures...

à ma fille Sabine

qui m'a vu m'acharner
sur mes premières phrases
sous un manguier
à Thiès,
au Sénégal,

et que je vois s'acharner
aujourd'hui
sur ses premières images,

l'histoire continue.

SOMMAIRE

LE ROI DES FOUS

Vincent Roca est comme moi : il est fou.
Chacun son style : je construis, il détruit ; j'élabore, il dissout ; je plane, il bombarde ; je chante, il sarcasme.

On se comprend très bien. Il me fait rire. À mes dépens, bien sûr.

Rire, vraiment rire, rire en fou-rire. À quoi bon écrire des livres si ce crétin magnifique les déchire, les piétine, les ridiculise en public et à la radio ? Participer à une émission avec Roca, ce roquet tenace, relève du masochisme le plus raffiné. Il ne dit jamais n'importe quoi, il lit très bien (mieux que personne), il tape aux endroits sensibles, transforme mes chefs-d'œuvre en bouillie, me laisse ahuri, groggy, titubant dans les cordes. J'ai été mille fois critiqué, éreinté, traîné dans la boue, dérisionné, décapité, crucifié, insulté, mais les uppercuts de Roca sont les meilleurs. Ils sont informés et, oserais-je le dire ?, presque tendres. Ils m'annulent, mais me font du bien ; me nient, mais me régénèrent.

Roca est un pote. Il sait que je suis mal vu, que j'ai très mauvaise réputation, il veut me sauver, il en rajoute, il en fait des tonnes pour renverser la tendance. Un bon coup de Roca, et la balance penche dans l'autre sens. Plus c'est gros, plus ça marche. Je deviens sympathique, le gros animal social n'aboie plus, il est soulagé et subjugué, il a honte de vouloir ma mort. C'est lui, le public ou l'auditeur, qui encaisse sans s'en rendre compte. Il est ébloui par les délires verbaux de Roca, il est sous le choc, il va même finir par se demander si nous ne sommes pas de mèche, comme au catch. Big Brother Sollers contre Super Roca. Ça castagne, ça bondit, ça rebondit, ça plaque, ça flambe.

Car Roca, voyez-vous, et là est le nerf de la guerre, est avant tout un poète. Un vrai, sous le masque. Un jongleur, un prestidigitateur, un bateleur génial, un saint en habit d'Arlequin. Nous venons de loin dans ce métier, nous sommes de savants alchimistes, enfants de Villon et des auteurs anonymes des mazarinades. Avant la radio, on nous entendait sur les ponts de Paris ou du côté de Notre-Dame. Roca, mon meilleur ennemi, mon ami. Et vive la Fronde. Danse, sous cape, de Dieu avec le Diable.

Tremblez, petits-bourgeois, avalez votre langue de bois.

Philippe Sollers

Vous n'êtes à nous qu'Aimée...

à Anouk Aimée

Chère Anouk Aimée,

ainsi donc votre prénom est celui du premier personnage que vous avez interprété au cinéma et votre nom vous a été attribué par Jacques Prévert parce que tout le monde vous aimait. Heureusement que votre premier personnage ne s'appelait pas Brigitte et que l'on ne disait pas à l'époque, en parlant de vous : tout le monde la hait. Vous vous seriez appelée Brigitte Lahaie ! À quoi tient le destin ! Au lieu de vous voir depuis un demi-siècle par intermittence, de garder de vous une image éthérée et d'attendre le prochain *Un homme et une femme, quarante ans déjà*, nous vous aurions connue sous toutes les coutures et sous tous les angles, si j'ose dire. Vous n'auriez pas tourné avec Fellini mais avec Siffredi et *Un homme et une femme* aurait été un film louche appelé *Un condom et une femme*. Vous l'avez échappé belle !

Voilà : vous êtes notre échappée belle, notre fugitive fugitive, notre Anouk évadée, entraperçue entre deux plans, vous êtes notre étoile filante, et nous, nous sommes condamnés à n'être que de pâles Bernard Soubirou qui guettons vos apparitions à l'écran. Par la grâce de trois ou quatre films, tous les « un homme et une femme » normalement constitués vivant dans ce pays ont quelque part enfoui dans leurs souvenirs votre image, celle d'une femme mythe que l'on punaiserait bien sur son mur dans la guêpière de Lola... Une femme-mythe, mais pas termite ! Avec le temps, vous ne vous êtes pas transformée, comme d'autres, en passionaria du monde animal, Mère Térésa de la tourterelle, Lady Di du mouton, passant vos soirées devant la cheminée à recoudre des chiens de laboratoire, ou téléphonant à Jean-Marie Le Pénible, non, pas Messier, l'autre, pour le féliciter.

Non, vous, vous êtes définitivement Anne Gauthier. Il y a belle lunettes que vous nous avez fait du gringue, alors bien sûr, charmés jusqu'au cœur, on voulait vous emmener avec nous, mais vous avez filé à l'anglaise...Vous avez pris le train, le train des cimes, et nous, avec notre petit chabada de gouttière à la place du mort, nous avons fait le trajet en voiture, au ras du bitume, une vieille Ford Mustang décapotable qui date de 66, *Un mobile-home et une femme*, un film de Claude Manouche, avec Anouk Envolée et Jean-Louis Train avant, en roulant comme des fous, pour vous rattraper. Et à chaque fois que vous débarquez sur le quai d'une gare, on se précipite dans vos bras... Aimée, oui, plus qu'aimée, adulée ! Oui, mais, voilà : Anouk Adulée, ça faisait un peu nourrice ! Vous imaginez : *Un lactarium et une femme*, un film de Claude La Louche avec Anouk Adulée et Jean-Louis Fromage Blanc.

Moi qui vous parle, j'ai été élevé au biberon Lelouch, j'ai avalé du Francis Lai cent pour cent matière grâce et élégance et je vous ai bue des yeux. Vous nous avez mis le rêve à la bouche, et petits collectionneurs d'émotions passées, nous sommes condamnés à éplucher vos photos, *Un album et une femme*, avec Anouk Immortalisée et Jean-J'ouis en M'empoignant. « Marcel, qu'est-ce que tu trafiques avec ces photos ? Qui est cette femme ? » « Tu ne peux pas comprendre, c'est Lola ! » « Lola ? 36 15 Lola... je vois ça ! » « Mais non, chérie, c'est Lola, Maddalena, Louisa, Justine, la dolce vita... » Oui, à vous toute seule, vous êtes notre harem nommé désir, notre tramway nommé Aimée, notre Lauren buccale, notre Ava garde mère, notre Anna magnanime, notre Sophia la reine de cœur, notre Gina Lola-brigida la haie d'honneur ! Vous êtes une inaccessible intouchable !

Regardez, même le temps, qui prend pourtant un malin plaisir à nous faire la peau au motoculteur, à nous désertifier le crâne à la débroussailleuse, à nous défraîchir le ventre à la moissonneuse-batteuse, à nous ramollir la rétine (à force de regarder vos films en boucle, j'ai huit et demi à chaque œil !), à nous grimer définitivement en épouvantail de Tachycardie, ce temps qui nous suce le sang, passe à côté de vous et n'ose même pas s'arrêter.

– Anouk Aimée ? Vous plaisantez ! Non, je n'y touche pas. Je n'ai aucune prise sur elle.

Du coup, il se venge, le temps : il met les bouchées doubles avec nous, et nous voici prêts pour le casting de *Un sanatorium et une femme* de Claude qui Louche avec Anouk Inchangée et Jean-Louis Trépassant. Vous ne faites que passer, mais le temps, lui, ne passe pas pour vous ! Vous avez raison, des stars comme vous, il n'y en a plus ! Aussi on vous garde, que vous le vouliez ou non, vous êtes à nous, mais pas à nous prisonnière, liée, attachée, non, vous n'êtes à nous qu'aimée...

OBJET VOGUANT NON IDENTIFIÉ

à Antoine

Cher Antoine,

quand vous conjuguez le verbe voyager, c'est à la troisième personne du singulier ou du pluriel : il ou iles ! Les îles sont votre exil ou votre asile, des îles mais pas désillusions, des îles bien accrochées à la mer. Vous êtes un extraterrestre, un objet voguant non identifié. Il y a eu E.T. téléphone maison, vous c'est plutôt : Tahiti, bateau, ordinateur. Votre vaisseau s'appelle le banana split, banane de Côte d'Ivoire, vanille de Madagascar, chocolat du Brésil. Quand vous avez le mal d'hiver, vous partez aux Maldives. En quittant votre port d'attache d'Issy-les-Moulineaux, en Ile-de-France, vous laissez un petit mot sur la porte : la concierge est dans les Açores ! Vous amerrissez au hasard des alizés, vous passez de Caraïbes en Scylla. Vous envoyez quelques nouvelles hybrides, vous travaillez moitié sur mac et moitié sur hamac ! Et les doigts de pieds en éventail, en buvant du Haïti, vous vous croisez les Bora-bora !

Né en 44, à Tamatave, vous avez cinquante-huit Baléares et vous n'arrêtez pas de faire des Canaries ! Il y a bien un petit détail qui me gêne, vous dites : « Je suis nomade par essence », c'est pas très bon pour l'écosystème, l'essence ! Et moi qui croyais que le banana split était un bateau à voiles ! Avec vous, on se dit que le pouvoir est au bout du futile. Vous n'arrêtez pas de faire vos Wallis et Futuna, vous empruntez les pistes Cyclades, qui sait si vous n'avez pas croisé Stéphane Bern à Mykonos ! Lui aussi aime beaucoup les îles... Vous êtes diplômé de Centrale, mais vous avez quelques lagunes dans vos connaissances. Jules Verne à Bali et balivernes, par moment vous êtes complètement Bornéo, vous dansez la Java, bien que Majorque et vacciné, vous avez des Papous dans la tête ! Sicile imperator, saint Antoine de pas d'ici ! Vous faites du canoë-kanak, en Mayotte-bain. Entre les Galapagos et les galas pour gogos, vous avez choisi : vous descendez les escales quatre à quatre, vous vous reposez dans les Marquises, mettez le cap sur le Cap Vert, DOM-TOM et Comores, comme dit un proverbe antinucléaire et pacifique : *L'océan indien vaut mieux que deux Mururoa* !

Cher Antoine, comme dit la chanson, vous reviendrez à l'île de Pâques ou à la Trinité-sur-mer... pour la route, je vous laisse un petit poème, mes élucubrations à moi, sur un chanteur qui a pris les voiles, un ermite retiré sur ses mers, même si je sais bien que l'habit ne fait pas le moine et que la chemise ne fait pas l'Antoine !

Ici les moulineaux
là-bas les cocotiers
pied à terr' pieds dans l'eau
viv' les cacaoyers
loin du caca-o'yeah !

La vérité détale
ell' sort du Puy de Dôme
et file aux îl's australes
en bateau mobile-home

Johnny avait raison
Antoin' si tu le croises
il a les cheveux longs
et les idées turquoises

C'est un malad' chronique
il a chopé tout p'tit
le cancer des tropiques
et la Polynésie

C’est un gars en Centrale
qu’a trop élucubré
et qui s’est fait la malle
chez les invertébrés

Il embrass’ la planète
lui roul’ des archipels
il se repeint la tête
en grimpant aux Seychelles

La mer c’est pas un job
Il est pas Kersauzon
rout’ du Rhum Vendée Globe
il court à reculons

Faut pas le bousculer
c’est plage sieste and co
les atolls ont du lait
et c’est du lait d’coco

Il navigu’ par temps calme
l’oiseau est son plumier
il écrit sur son Palm
enfin sur son palmier

Il se nourrit de vents
d’amour et de crevettes
au lagon restaurant
il a son rond d’serviette

Sur ses patins à eau
il gliss’ sur un’ mer d’huile
cell’ qui peint des coraux
dans les banlieues des îles

Amateur de haddock
capitain’ cabotin
il mang’ des coqu’s en stock
c’est son côté Tintin

Et comm' les tournesols
il recherch' le soleil
pas besoin de boussole
suffit d'tendre l'oreille

Comme il lui faut des fonds
pour s'payer des oursins
quand il a plus un rond
il racl' les fonds marins

Il ramèn' du Madère
ou bien du Tahiti
aux fans d'Yvett' Horner
clients de Monoprix

C'est un peu sa mission :
êtr' le Monsieur bonheur
dans tout's les émissions
où sa chemise affleure

Il pouss' deux trois couplets
des chansons bien z'Antilles
et s'fait la bell' vit' fait
sur sa motogodille

Antoin' c'est un bulot
un escargot de mer
son bateau sur le dos
il file ventre-à-mer

Il file à un seul nœud
pour s'envoyer en mer
s'il a la crique, heureux
il mouille en solitaire

Sur le banana split
la soixantain' le guette
il est déjà presbyte
et depuis bell's lunettes

Il s'en fout car sur l'eau
les rid's c'est très courant
il fera de vieux os
sur son catamaran

Il croit en l'eau d'ici
au paradis sur terre
il a largué les ris
et largué les prières

Ici les moulineaux
là-bas les cocotiers
pied à terr' pieds dans l'eau
viv' les cacaoyers
loin du caca-o'yeah !

LA TIRADE DES NÉNÉS

à Pierre Arditi

Cher Pierre Arditi,

vous ne le savez pas, mais vous étiez à mes côtés lorsque j'ai connu mes premiers émois amoureux. Rassurez-vous, il ne s'agit ici que d'amour du théâtre, vous allez comprendre. C'était il y a longtemps, très longtemps, trente-cinq ans pour être précis, nous faisions, soir après soir, vous et moi, en compagnie d'autres hurluberlus, la virtuelle et platonique escalade de deux mamelons fameux, deux seins suaves à faire transcender un régiment de fantassins déliquescents, deux excroissances sculpturales, deux protubérances charnues, deux éminences érigées, deux bombes incendiaires, deux obus de cent cinquante-cinq, deux ballons de Guebwiller, deux globes célestes, oserais-je dire un véritable cadeau de Noël mammaire, le must du buste de l'époque, une gorge plus visitée que celles du Tarn et du Verdon réunies, deux tétons titanesques, deux nénés nénéphantesques, deux admirables Roberts rebondis à côté desquels le Grand Robert en six volumes aurait ressemblé à un petit carnet de papier à cigarettes, un superbe balcon en encorbellement sans géranium ni balustrade avec vue sur la mère nourricière, une avant-scène pigeonnante, une paire de maousses pamplemousses surdéveloppés, deux pomelos citrus paradisi, deux géantes géodes gémellaires avec projection fantasmatique en relief, en 3 D et en Panavision, deux poumons estomaquant, deux célèbres lobes orbiculaires surcalibrés, deux flambants alambics distillant du désir en veux-tu en voilà, deux cornues incarnates, des mamelles jumelles, des rotoplots plantureux, deux hémisphères lunaires, deux coupoles polymorphes, une paire de polochons en bataille, des bouées béantes pour béotiens ébahis, des flotteurs hors gabarit, des pare-chocs nickel-chrome, un double coffre à bisous, une calandre massive, deux phares lumineux longue portée, deux amortisseurs renforcés, deux coussinets de belle déhoussée, bref, rappelez-vous, nous avions sous les yeux les deux airbags frontaux de Rita Renoir, ex-strip-teaseuse du Crazy Horse !

Et tout cela pour la bonne cause, si j'ose dire, puisque nous étions sur une scène, vous en lumière, moi dans l'ombre, face à une poupée non pas gonflable mais à mes yeux gonflée, c'était la Poupée d'Audiberti, à Lyon, en 1968 ! Voilà, mes événements à moi, ils n'étaient que deux, deux révolutions sidérales, deux soulèvements de terrain, deux sursauts, deux haut-le-corps... Jeune blanc-bec pas fini, j'étais figurant dans le spectacle, totalement invisible, caché sous un décor qu'il fallait ouvrir au dernier acte. Je lorgnais à travers les toiles peintes sur les rotondités susmentionnées, je laissais libre cours à mes premiers émois et me découvrais deux penchants pour le théâtre, si j'ose dire, sous la forme de deux pièces montées, deux tirades homériques, une scénographie à deux pendants, un répertoire à double lecture, un bis repetita d'anthologie, une paire de jumelles, deux feux de la rampe. J'étais royalement installé au balcon, au poulailler, au paradis, chaque soir je prenais deux exonérés expansés, deux places de corbeilles garnies, deux baignoires débordantes, et dans mon trou de souffleur, j'étais à l'école des femmes, les yeux fixés sur le proscenium dodu ! Je ne comprenais pas pourquoi on appelait ce lieu « les planches », mes planches à moi étaient toutes en rondeur, et brûlaient par paires. J'écarquillais les yeux en passant du jardin à la cour, de la cour au jardin, je m'accrochais à deux lustres, je lorgnais sur la frise, je fouillais sous le manteau d'Arlequin. Mon théâtre, c'était la règle des deux unités que j'avais sous les yeux, je frappais les deux coups, il y avait toujours deux têtes d'affiche, mes deux monstres sacrés : mon diable et mon bon dieu, mes deux orphelines, mon Roméo et ma Juliette, mon Puntila et mon Matti, mon smoking et mon no smoking, ma double inconstance ! Deux rebondissements pour un seul nœud de l'intrigue, deux coups de théâtre pour un dénouement. Ma danseuse faisait un pas de deux avec un seul corps de ballet !

Je me faisais ma petite catharsis en coulisse, j'étais un enfant de la balle, enfin, des deux balles d'une strip-teaseuse étoile, un Arlequin serviteur de deux maîtres, je m'envoyais dans le décor, j'étais au théâtre de la Colline, mais il y avait deux collines, je courais deux lièvres à la fois, « à moi comte deux molosses », et pendant ce temps-là, vous, Pierre Arditi, consciencieusement, vous disiez votre texte sans mollir, si je puis dire, je me disais mais comment fait-il ? Où pose-t-il ses yeux ? Ça doit être ça, la concentration ! Allez savoir ce qu'est devenue Rita Renoir, où a-t-elle roulé ses deux bosses ? C'est comme les souvenirs, c'est rien que des trucs à vous filer le blues du temps qui passe et des rideaux qui n'en finissent pas de tomber sur nos rêves. Cher Pierre Arditi, désolé, mais chaque fois que je vous vois, au théâtre, au cinéma, ou en chair et en os, comme aujourd'hui, je revois les seins de Rita Renoir ! Vous êtes ma paire de madeleine de Proust ! Alors... revenez quand vous voulez !

LE FRUIT DE VOS ENTAILLES ÉBÉNISTE

à Michel Aumont

Cher Michel Aumont,

j'ai vu mercredi dernier la pièce dans laquelle vous jouez au théâtre de l'Atelier et qui s'intitule, mais je n'en suis pas très sûr, *le désarroi de monsieur Arthur Miller*, ou *le désarroi de monsieur Peters*, ou peut-être *le désarroi de Michel Aumont*, ou, allez savoir, *le désarroi du spectateur n'arrivant pas à faire le tri entre les vivants et les morts.*

Avant toute chose, sachez que la veille, j'ai eu l'honneur d'assister au théâtre des Variétés à la pièce de Laurent Ruquier. Là, je me souviens très bien du titre, un peu long, certes, mais qui a le mérite d'être clair, c'était : *le désarroi de Gérard Miller de l'École de la Cause freudienne, d'Isabelle Alonso des chiennes de garde, de Steevy du Loft, de Mezrahi de Canal et de Claude Sarraute ex du Monde, essayant de faire illusion dans un texte de boulevard écrit pour Isabelle Mergault et refusé, pour les autres rôles, par l'ensemble de la profession des comédiens professionnels, lesquels comédiens professionnels vont se précipiter pour remplacer à partir du 5 janvier prochain l'équipe de Ruquier vue à la télé qui a rempli son rôle, à savoir transformer en succès médiatique le non-événement théâtral de la rentrée.* Ouf ! Ils auraient quand même pu choisir un titre plus court, je ne sais pas, moi, quelque chose comme : *On a tout essuyé, même les plâtres.* Ou bien, pourquoi pas, mais là ce serait vraiment gonflé : *La presse est unanime.* En tout cas, le spectateur comprend tout. Notamment que tous les personnages sur le plateau sont bien vivants ! C'est pas difficile, ce sont les mêmes qu'ils ont vu à la télé juste avant de se rendre au théâtre ! Loin de moi l'idée de vouloir comparer les deux spectacles. Mais je me demande quelle mouche a piqué votre metteur en scène, monsieur Lavelli ? Quelle idée de vouloir faire jouer la pièce d'Arthur Miller par des comédiens professionnels ? Et qui sortent d'où ? *Star Academy* ? *Popstars* ? On a tout essoré ? On a tout égayé ? À part vous, ils ne passent jamais à la télé ! Vous avez remarqué au théâtre de l'Atelier ? À chaque fois qu'un comédien rentre sur scène, il n'y a pas d'applaudissements, c'est un signe !

Vous voulez que je vous dise, Michel Aumont ? Vous ne faites pas le poids face à Steevy ! Vous rendez-vous compte du parcours du combattant de Steevy ? Un mois complet de Loft Story en Avril-Mai 2001, sept jours sur sept, vingt-quatre heures sur vingt-quatre sur le gril, face aux caméras, et pas de répétition, de l'impro totale ! Quelle virtuosité ! Qu'avez-vous fait de votre vie monsieur Michel Aumont ? Quarante-cinq ans sur les planches dont vingt-sept de Comédie-Française et je suis certain que vous seriez incapable de dire le texte de Steevy ! Par exemple, cette superbe réplique prononcée le 6 mai 2001 à deux heures quarante-cinq : « Putain, je vais faire peur au caméraman ! Whaouuuuhh ! Putain, mais non, ouah, les keums de la sécurité, y'en a au moins quatre ! » Ah, je comprends votre désarroi, monsieur Aumont ! Il vous a fallu vingt ans d'Avare pour peaufiner le rôle d'Harpagon, vous mettre le texte en bouche, vingt ans sans changer la moindre virgule, vingt ans à répéter bêtement ce qui a été écrit par un certain Molière, je vous parle d'un temps que les lofteurs ne peuvent pas connaître, aux ordres de metteurs en scène tacherons, Jean Meyer, Jacques Mauclair, Jean-Paul Roussillon. Et bien, donnez le même texte à Steevy, avec deux ou trois indications, « Vas-y mon chou, fais-nous le en grande folle, lâche-toi, fais en des tonnes ! », et Steevy ne vous en fait qu'une bouchée : « Hors d'ici tout à l'heure, et qu'on ne réplique pas ! Allons, que l'on détale de chez moi, maître juré filou, vrai gibier de potence ! »

Mais vous n'êtes plus qu'un petit intermittent du spectacle, monsieur Michel Aumont ! Un petit artisan qui travaille à « l'Atelier », qui rabote sa pièce de bois, dégauchit, emboîte, cisèle, encoche, biseaute, vous ornez, vous incrustez, vous creusez l'âme du bois, vous allez chercher la veine, la fibre, vous vous attaquez aux nœuds, aux cernes, pas un bout d'écorce ne se perd, le moindre copeau joue (les copeaux, si c'est pas ça le théâtre !), quarante-cinq ans à se coltiner les planches, les tasseaux, les battants, les éclisses, à jouer du ciseau, de la mèche, de la cheville, alors que l'autre, là, le Monsieur Bricolage du Loft, il travaille aux Variétoches, il débite à coup de hachoir de la grosse poutre, du bon vieux gros poteau télégraphique, de la planche à repasser, du billot de boucher, de la traverse de chemin de fer, vous achetez trois planches de contre-plaqué, une tringle à rideaux, une perceuse électrique, vous passez à la caisse, vous montez votre étagère et trois semaines après l'étagère est par terre !

Cher Michel Aumont, vous nous fabriquez des meubles bijoux, des objets d'art, des miroirs, des consoles, des commodes pleines de tiroirs mystérieux, dans quinze ans, on ouvrira un tiroir oublié, plein de morts ou de vivants, ça tiendra toujours, c'est du solide, du travail d'orfèvre ! À bas Leroy Merlin, vive l'Atelier du menuisier du coin de la rue ! Allez, Michel Aumont, ne lâchez pas l'établi ! Comme dit l'autre : le fruit de vos entailles ébéniste !

Une bonne envie de bisser

à Josiane Balasko

Le livre de Warwick Collins, « La Pissotière », est une sorte de fable de la fontaine d'aisance, un raccourci de l'humanité qui se soulage, qui satisfait à un besoin somme toute assez naturel, mais pressant : vivre ! C'est un défilé de mode, urique en son genre, de belles toilettes pour messieurs. Les hommes s'y oublient, sortent de leur réserve, enfin de leur réservoir, ils évacuent leurs os usés, petits chefs d'orchestre de pot de chambre, arborant leur fière braguette magique ! Ils veulent avoir une vie d'ange mais il faut bien qu'ils vidangent !

♪♪

« La Pissotière » est un roman écrit par un auteur anglais d'origine sud-africaine. Il sait de quoi il parle, puisque du temps de l'apartheid, les pissotières étaient séparées en deux : uri-blancs d'un côté, uri-noirs de l'autre.

♪♪

Le règlement intérieur des pissotières européennes est à l'étude. Il sera régi par une commission spéciale, appelée la petite commission de Bruxelles dont les bureaux sont situés au pied du Manneken pis.

♪♪

Les pissotières sont parfois des lieux d'amours comme en témoignent de nombreux graffitis, dont le célèbre : « Pisse and love ! »

♪♪

Les vespasiennes n'ont pas plus à voir avec les vespas, que les césariennes avec Jules César !

♪♪
La chapelle cystite a été créée par un artiste incontinent, un Van Gogh de pissotière, du signe du sanitaire, qui s'appelait Mickey Pampers, plus connu sous le nom de Mickey Lange. Elle a été commencée sous le pontificat de Pie VI et achevée sous Pie VII.
♪♪
Attention, un pédagogue n'est pas un homosexuel de cabinet, pas plus qu'une sanisette n'est un bar à pastis.
♪♪
Au temps de Pierre de Coubertin, la devise des jeux olympiques était : « L'important est de participer. » Avec la lutte antidopage, c'est devenu : « L'important est de partir pisser ! »
♪♪
En pissant sur les règlements, Richard Virenque n'a pas fait couler que de l'encre.
♪♪
Pour obtenir un récépissé, il faut souvent faire le siège des cabinets.
♪♪
Ça n'est pas évident de se mettre à la cuisine épicée.
♪♪
À la naissance, on pisse au lit, puis on les arrose et l'on finit par les manger par la racine.
♪♪
Les non-Suisses ont une fâcheuse tendance à prendre l'Helvétie pour une lanterne, ce qui soulève régulièrement des problèmes d'immigration qui apportent de l'eau au moulin suisse. C'est ce qu'on appelle la suisstite qui est une inflammation chronique de l'Helvétie. Par mesure de précaution, les frontières sont de plus en plus étanches, l'Helvétie est fermée de l'intérieur.
♪♪
Tous les matins, hommes et femmes pointent à l'urine.
♪♪
Nous sommes tous égaux devant le besoin : même Nefertiti fut amenée à faire pipi.
♪♪
Même au fin fond de la plus sordide des prisons, on ne peut pas porter atteinte à la liberté d'excrétion.
♪♪
Jean-Paul Sartre eut sur la fin de sa vie des gros problèmes de

rétention urinaire qui lui inspirèrent son œuvre philosophique intitulée « L'urètre et le néant, miction impossible », ou « De l'inconvénient de prendre sa vessie pour une lampe halogène. »

♪♪

À Ankara, les ministres ont des directeurs de cabinet à la turque.

♪♪

Chère Josiane Balasko,

il y a douze ans, en janvier 91, votre fille avait huit ans, et dans une interview au journal *Elle*, à la question « Qu'est-ce qui vous fait peur ? », vous répondiez : « Ce qui se passe en ce moment. La guerre. Quel monde va affronter ma fille à vingt ans ? » Et bien, nous y sommes ! Votre fille a vingt ans et c'est à nouveau la guerre. Quasiment la même. Il y a douze ans, Georges Bush père, comme vous, se demandait lui aussi quel monde allait affronter son fils. Et bien, c'est le même monde pour Debeuliou et Mary-Lou ! Il pleut des bombes comme vache qui pisse. Debeuliou Bush veut faire ses petits besoins en Irak. Pour pouvoir le faire en toute impunité, il compte bien éliminer Saddam-pipi. Depuis que la terre tourne, la guerre est une hérésie, c'est même une énurésie des hommes posés sur les trônes d'aisance par la grâce des burnes ou des urnes, qui ne se sentent plus pisser et se répandent allègrement sur leurs contemporains, en mettant à feu et à sang incontinent ! Au premier siècle après Jésus-Christ, l'empereur Vespasien installa dans Rome de grandes urnes d'argile destinées aux petits besoins des romains... le jour de l'inauguration de la première urne, il lança cette célèbre formule « Veni, vidi, vessie ! » D'urne à urine, il n'y a qu'une lettre, et déposer un bulletin dans l'urne, revient hélas souvent de nos jours à pisser dans un violon !

♪♪

Quoi qu'il en soit, the show must go on, Josiane ! Je vous souhaite qu'à la fin de votre lecture de « La Pissotière », les spectateurs n'aient qu'une envie, c'est de bisser !

Planches à ressasser

à Marie-Christine Barrault

J'ai longtemps été comme un meuble en kit :
je voyais comment il était fait,
mais je ne savais pas comment le monter.

Quand le facteur nous dépose, à la naissance, en fait de paquet, on se sent un peu ballot. Nos parents nous trouvent un certain cachet, mais on est à peine affranchi et, pour tout dire, pas très emballé. On se trouve mal fagoté, pas bien ficelé, bref, on n'est pas vraiment un cadeau ! Et quand on ouvre le colis, à l'intérieur, c'est une vraie pagaille, y'a de tout : un paquet d'os, un paquet de nerfs, un paquet de graisse... et il n'y a ni notice, ni outil. Il faut s'arranger avec ce qu'on trouve sous la main. Au fait, la main ? Ah, en voilà, une ! J'espère qu'ils n'ont pas oublié l'autre : manchot dès le départ, c'est pas facile. Non, la voilà, ouf !

Dans votre colis, Marie-Christine Barrault, c'était étonnant parce qu'il y avait plein de planches. Vous vous êtes dit, ça doit être mon oncle et ma tante. Oui, parce que ce genre de colis, on ne sait jamais d'où ça vient réellement. C'est un peu comme si tous les gens qui vous précèdent vous lèguent un petit quelque chose. Alors vous, c'était probablement ça, les planches... à moins que ça ne soit pour faire un parquet, une sorte de barrault... allez savoir ! Oui, mais comment construire son fort intérieur avec tout ça ? Bon, vous étiez du signe du Bélier : vous pouviez donc encaisser des coups, ouvrir des brèches, vous étiez prête pour des chocs violents, un peu marteau, en somme ! Alors avec un marteau, des chevilles solides, une pointe d'humour, un diable et quelques mots-clés, vous pouviez commencer le montage. Vous vous êtes trouvée quelques vices au fond du colis, les vices sont toujours cachés... Bien sûr, vous aviez un mètre, votre oncle, Jean-Louis, une sorte de barrault-mètre même, mais c'était difficile de vous mesurer avec lui... votre tante aussi était très douée dans la fabrication, vous pensez, une Renaud, c'est un sacré boulot !

Vous aviez été élevée assise entre deux chaises, normal pour une Barrault, d'un côté un gradin de théâtre, votre famille d'artiste, et de l'autre un prie-Dieu, une éducation religieuse, règles strictes, tout doit être d'équerre, pas un boulon qui dépasse, pas faciles comme outils. Vous vous êtes donc essayée en chaise mais vous n'étiez pas du genre assise. Pas d'assise, pas de parquet. Vous vous êtes bricolée en bureau, hypokhâgne, et même en divan... bon, là, vous avez tout mélangé, il était monté n'importe comment, votre divan, même les lettres étaient pas dans le bon sens : on lisait vadin, avec un n, mais c'était trop tôt, et puis il aurait fallu « aime » et « aime » c'était pas tout de suite pour Vadim...

Comme vous étiez comédienne dans l'âme, l'âme du bois dont on fait les planches, vous vous êtes fabriquée en plein de meubles, dans tous les sens, en boudeuse, en chauffeuse, en causeuse, en berceuse, en bergère, vous vous êtes faite porte, vous étiez une battante, puis armoire, ça c'est un ami d'enfance qui vous a montré les plans, une armoire dans le style Toscan, armoire à glace, mais toujours de courtoisie. Parfois vous vous plantiez, mais sans la notice, comment voulez-vous faire ? Vous vous êtes bâtie en fenêtre, en courant d'air, en lit gigogne, en bois rond, je crois... et puis, tout le monde est au courant, vous vous êtes faite garde-manger, vous savez, moitié buffet, moitié bahut... pas commode ! Vous ne passiez plus dans les portes. Il fallait constamment raboter, dégauchir, entailler, dégrossir, profiler, vous avez tout essayé ! À la fin, vous vous êtes adressée à des menuisiers américains, je crois... spectaculaire !

Entre temps, votre vie avait croisé celle de Roger Vadim. Ce n'était pas un meuble, c'était un décor de cinéma à lui tout seul, tout en bois précieux, avec plein de tiroirs secrets... et vous vous êtes bâtis à deux un appartement d'amoureux. Comme vous, Vadim avait pas mal construit et déconstruit avant de vous rencontrer : vous vous êtes bien trouvés !

Et puis, même chez les bois les plus tendres, on se laisse emporter... Vadim est parti. Il y a des moments où l'on ne peut pas sauver les meubles. Un homme qui paravent... On essaie de fabriquer encore des consoles, pas facile, j'imagine qu'en bon Bélier vous vous êtes tapée la tête contre les murs, et puis vous vous êtes faite table, écritoire, pupitre, et vous y avez écrit votre histoire ouverte à deux battants. Et vous voilà à nouveau au milieu de vos planches, celles qui étaient au départ, dans le paquet, mais en chansons et pour la vie. Même si vous êtes un meuble de style, vous n'avez pas du tout l'intention de devenir une antiquité.

Missile sol sol mineur

à Cecilia Bartoli

Chère Cecilia Bartoli,

en novembre dernier, des techniciens de Radio-France étaient en grève, nous n'avions pu vous recevoir. Aujourd'hui, ce sont les intermittents du spectacle qui sont en grève ! Vous êtes de tous les combats ! Pardonnez-moi, mais sans intermittents, le *Fou du Roi* serait bien tristounet : les humoristes seraient remplacés par des intégristes du Medef, Didier Porte serait syndicaliste en Pologne, Dau & Catella poseurs de moquette free-lance, François Morel chef du rayon animaux domestiques à Auchan, Willy réceptionniste à *Femme actuelle* et moi-même professeur de maths au collège Albert Camus de Thorigny-sur-Marne ! Quant à Stéphane Bern, il serait chef mécanicien sur un bateau-taxi entre Athènes et Mykonos. Sans intermittents, pas de concertiste, pas de choriste, pas de lumière, pas de maquillage et donc pas de Cecilia Bartoli ! Des Cecilia Sarkozy, tant qu'on veut, mais des Bartoli, non ! Rendez-vous donc, chère Cecilia, à dix-huit heures sur les marches de l'opéra Bastille, vous connaissez le chemin, et nous irons en chœur chanter devant l'Olympia ! Si la Bartoli est là, ça risque de faire un sacré barouf ! Oui, car s'il y a eu *la* 4 CV, *la* Nouvelle Vague, *la* minijupe et *la* Callas, il y a aujourd'hui *la* Bartoli !

La Bartoli, c'est un cataclysme ambulant, un séisme à désagréger tous les barreaux sur l'échelle de Schwartzkopf, un missile sol sol mineur, un raz-de-marée dièse, une avalanche de contre-ut et d'uppercut majeur, n'essayez pas de vous faire rembourser un récital de *la* Bartoli par votre assurance, *la* Bartoli est l'équivalent d'une catastrophe naturelle sans la catastrophe, un cyclone sans arbre arraché, une tornade sans inondation. Elle a, dit-on, un tempérament volcanique ! Après le Stromboli, *la* Bartoli ! Sa gorge est un cratère, elle érupte une lave en fusion, du Mozart en geyser ou du Rossini en fumerolles. Le célèbre critique musical Haroun Tazieff écrivit un jour : « Quand *la* Bartoli est en activité, elle alterne éruptions effusives et éruptions explosives. En phase éruptive, elle laisse apparaître au grand jour les fractures et les anfractuosités de l'âme et peut atteindre des paroxysmes extrêmement violents. » *La* Bartoli, c'est la Vésuve des mélomanes, qui plonge son public dans un Etna second : on l'appelle la magma italienne ! C'est une rivière de diamants en crue, de l'or à dix-huit castrats, du cristal à mille facettes, une bande de joyaux trilles à elle toute seule ! Un récital de *la* Bartoli est un spectacle pyrotechnique vocal, avec fa d'artifice, si électriques et ré de lumière.

La Bartoli, c'est une carrière faite de bric et de baroque : elle fait le ménage chez Vivaldi, passe la tondeuse dans le jardin d'Haydn, cueille un bouquet de Rossini, prépare des platées d'Haendel al dente, musarde chez Mozart, sévit dans le Barbier, on est quasi tous fan de son Cosi Fan Tutte, elle a joué la Rosina, la Despina, la Zerlina, l'Angelina, mais jamais la bérézina ! Les arias de Gluck lui collent à la peau, comme de la super-Gluck ! Colorature sans rature, elle a une voix de chemin de féerique. La Bartoli est une caisse de résonance, une caisse à claire-voix, c'est même une caisse enregistreuse, si j'en crois son abondante discographie ! *La* Bartoli, c'est une athlète qui s'entraîne trois cent soixante-cinq jours par an, un véritable parcours du combattant : nage sur le do, exercice au sol, ut gréco-romaine, chemin de ronde, marche à croche-pied, pause, demi-pause, soupirs, saut à la corde vocale, saut d'octaves, roulades, roucoulades, légèreté, élasticité, flexibilité !

La Bartoli, amoureuse du vélo, c'est la Gino Bartali du lyrique ! Grimpeuse dans les aigus, elle avale les montées chromatiques, dévale les descentes mélodiques. Chaque année elle fait le tour du monde en échappée solitaire et colle à son palmarès victoires d'étapes et exploits personnels : le Met ou le Carnegie Hall à New York, la Scala de Milan, Zurich, Paris, Berlin, Vienne. Attention, *la* Bartoli est mezzo, mais pas maso, elle veut bien chanter à Tokyo mais n'aime pas se faire trop de sushis – si tu veux voyager loin, ménage ta tessiture ! Elle aime la bonne chère italienne et nourrit sa voix de pasta (n'y a-t-il pas, d'ailleurs, un lien direct entre la tectonique des pâtes et l'éruption volcanique ?). *La* Bartoli se soigne aux lasagnes, allegro ma non troppo, ravioli con fuoco y moderato cantabudu chianti ! Legato et gâteaux de riz, pizzicato y pizzaiolo, decrescendo et des cappuccinos, amoroso y osso buco, Rossini y tortellinis, gnocchis et Farinelli, Mozart et mozzarella. Que *la* Bartoli soit au fourneau ou au phono, les gens se pâment et les jambons se Parme ! Autour de ses concerts, ce ne sont que déluges de louanges, pluies d'applaudissements et les ovations font partie de son standing ! Pourtant *la* Bartoli ne se monte pas la tête : elle reste une diva baroque en Reebok et persiste à vouloir rouler dans un pot de yaourt Fiat, c'est dire si elle est totalement inconsciente !

Chère Cecilia, plutôt que de suivre nos petits chemins escarpés, on emprunterait bien votre voix royale. On pourrait même se suicider de bonheur en vous écoutant ! D'ailleurs, à chaque concert, la moitié du public se pend à vos cordes vocales, et l'autre moitié se pend à vos lèvres. Chanter devant un parterre de pendus tel est le destin des grandes cantatrices ! Et vous, bella donna, vous n'avez plus qu'à vous baisser pour ramasser les mandragores.

Le dealer d'héroïnes

à Dominique Besnehard

Bonhomme de rêve, pourvoyeur de gueules, fournisseur de têtes nouvelles, fomenteur de rencontres, incitateur d'idées, marchand de lumières, Dominique Besnehard est l'homme de l'ombre, le Marie-France Garaud du cinéma français. C'est un sage-homme, accoucheur de comédiens et découvreur de talents. Psychothérapeute à l'écoute de ses poulains, il bouchonne ses clients, les frotte dans le sens du poil, il les panse, donc il les suit partout. C'est un médecin de l'ego, un dentiste en couronnes de lauriers, à la fois pédiatre et gérontologue, à la tête du client. Il est comme Trintignant dans « Un homme et une femme » : un de ses artistes prend le train, il l'accompagne à la gare, puis monte dans sa voiture, suit le train pour vérifier que tout se passe bien, à l'arrivée du train il est sur le quai de la gare, et l'artiste se jette dans ses bras : « Ah, Dominique, tu es là, quelle bonne surprise ! » Il est à la fois agent d'entretien, agent thérapeutique, agent d'affaires, agent comptable. Oui, il ne faut pas oublier qu'un agent content est bien sûr un agent qui se paie en agent comptant : il touche dix pour cent de tous les contrats signés par ses clients, c'est le fameux complément d'agent, qui lui permet de mettre du beurre dans les scénars et les nanars... le beurre et l'agent du beurre !

Dominique Besnehard aime les comédiens : « Les comédiens sont des bêtes fragiles, qui peuvent être agressives, mais que l'on a envie, en même temps, de dorloter. » Alors, il est aussi gardien de zoo, dompteur de fauves, montreur d'ours. Il cajole les animaux de cirque dans leurs cages dorées, en espérant secrètement qu'il y ait le plus de visiteurs possibles. C'est un intermédiaire entre l'étoile et le commun des mortels amateur de stars : il est représentant de comète, négociant en vent, courtier d'apparence, placier en luminaires. C'est un entremetteur en scène, press-book émissaire, porteur de vantardise, démarcheur d'éphémère, concessionnaire d'autosuffisance, vendeur à la silhouette, marchand emballant, VRP en têtes à clap, dealer d'héroïnes du petit écran, agent de liaisons amoureuses.

Il fait du poste à poste, au téléphone. Car n'oublions pas que le travail d'agent artistique rivé à sa ligne est très physique : un bon agent doit avoir du nez, de l'œil, les épaules et les reins solides, éventuellement un cheveu sur la langue, une petite coquetterie dans le palais, et surtout deux oreilles qui sifflent au moindre coup de bigophone. L'agent artistique est un des meilleurs clients de France Télécom, téléphone, répondeur, fax, il doit savoir tout faire ! Dominique Besnehard, c'est un téléphone dans un magasin de comédiennes porcelaines ! Il est entré en communication comme on entre en religion, appelé du contingent, il fait son service Minitel, passe ses journées et ses nuits au poste fixe, c'est la sonnerie personnifiée ! Il rend coup de fil pour coup de film, il se pourvoit en appel téléphonique, décroche les contrats, raccroche les wagons d'un film en train de se faire, c'est un agent « allô-gène », pêcheur à la ligne directe, annuairgologue, cabotin-mondain, champion de France du combiné, chef d'orchestre jonglant avec les tonalités, il enchaîne les numéros, entre deux séances de messages, et comme les comédiens sont des gens imprévisibles qu'il faut dorloter, il fait aussi SOS amitié, SOS alimentation, Samu, police secours, hébergement d'urgence, SOS violences conjugales, Croix-Rouge écoute, Verrues Service, SOS hémorroïdes, Alcooliques Anonymes, baby-sitter infos service, à la fin de la journée, il crie « Coupez ! », et il rentre chez lui, l'oreille rivée au portable ! Même en déplacement, il est ambassadeur Itineris ! Le jour où Besnehard tuera quelqu'un, ce ne sera pas difficile de trouver le mobile du forfait ! Avec le carnet d'adresses qu'il se trimballe, en prison, il y aura du monde pour lui apporter des forfaits *Orange* !

Depuis son enfance, passionné de cinoche et de Binoche, c'est un affamé de comédiennes, il a la Dalle, complètement Marceau, Marlène jobard, il signe Baye à long terme, prend du Bonnaire en intraveineuse, il n'aime pas le mot catalogue, ça fait *La Redoute*, encore moins écurie, ça fait porcherie... Il est frère de Doillon, fils de Berri, sa famille, c'est le cinéma et ses roulottes, il se soigne au générique, boit du gros plan, et brûle la chandelle par les deux bouts d'essai...

Cher Dominique Besnehard, l'agent ne fait pas le bonheur d'un artiste, mais il y contribue fortement ! Vous avez un boulot d'avenir. Ce n'est pas demain la veille qu'on va jeter l'agent par les fenêtres !

Le grignoteur de pâté de têtes

à Patrick Besson

À la lecture de *La Cause du people*, la vie semble un long fleuve tranquille, une rivière de diamants peinarde, tantôt ruisseau impassible, tantôt torrent insouciant, avec plein de gens affluents et ravines, qui éclusent, qui dérivent, qui prennent l'étang, qui mangent rive droite et habitent rive gauche ou réciproquement, qui traversent à gué comme des pinsons, des princesses moitié Clermont moitié Tonnerre qui passent comme un éclair, Lova Moor (un Perrier s'il vous plaît !) qui fait de la corde raide sur son string, France Gall qui cuisine de la purée d'aubergine avec des flageolets, Stéphane Bern nous envoie même un petit coucou des pistes Cyclades.

Besson nous invite à un voyage dans le futile, à une promenade en barcarolle, il flâne d'un café à l'autre, butine un peu de foie gras par-ci, un peu de gigot par-là, il baguenaude, il folâtre, il lèche les vitrines et les vies tristes, ou pas, de ses contemporains, batifole dans l'air du temps, grignote du pâté de têtes connues, passe une nuit de rêve chez Laetitia Casta, déjeune avec PPDA (garçon, deux coupes de champagnes !), lave son linge propre avec Arielle, Dombasle, visite Hallier au paradis, dans son jardin d'Edern, Ruquier au Fouquet's (un autre Perrier, s'il vous plaît !), c'est *la cause du people*, c'est pas du Sartre, on rencontre pas mal de noms qui riment avec *Voici*, des Luc Ferry, des closeries, des Castaldi, des Linda Hardy, des Two be three, on a même droit à deux scoops : Emmanuelle Gaume mesure un mètre cinquante-six (remettez-nous deux coupes de champagne !) et Jésus-Christ est du signe du capricorne. Là, j'ai bien réfléchi :

c'est pas idiot ! Jésus-Christ est né le 25 décembre, il est donc Capricorne. Du coup, je me suis amusé à chercher son ascendant et son signe astrologique chinois : il est né exactement à minuit, en l'an 0, à Bethléem, latitude 37° 47' Nord, longitude 35° 13' Est. D'après mes calculs, Jésus-Christ est moitié bœuf moitié âne, ascendant de sagesse.

Une chose est sûre : Patrick Besson a un gros faible pour Carla Bruni, Carla Bruni à laquelle il voue, je cite, « une amitié pure et sincère ». Patrick Besson, vous avez trouvé les mots justes ! Nous vouons tous à Carla Bruni une amitié pure et sincère ! Elle est venue au *Fou du Roi* avec son superbe CD, on a passé une heure trois quarts à tous se battre autour de cette table pour lui faire comprendre qu'on lui vouait une amitié pure et sincère ! Personnellement, j'étais pendu à ses lèvres, accroché à ses yeux, agrippé à son sourire, cramponné à sa voix, arrimé à son souffle, je lui avais concocté une chronique en forme de déclaration d'amour, bref je l'ai quittée à reculons, et j'ai pensé très fort en la regardant bien dans les yeux : je vous voue une amitié pure et sincère ! Stéphane Bern, ça se voyait lui aussi dans ses yeux, lui vouait une amitié pure et sincère, et je ne parle pas de Guy Carlier, plus pure et plus sincère, l'amitié qu'il lui vouait à Carla Bruni, ça ne peut pas exister ! C'est curieux comme Carla Bruni peut attirer les amitiés pures et sincères !

Mais revenons à notre long fleuve tranquille. Pas tout à fait, tout de même ! Autant Patrick Besson voue une amitié pure et sincère à Carla Bruni, autant il voue une haine pure et sincère à Agnès Jaoui ! Qu'on se le dise, il semble que Besson n'aime pas Jaoui ! Les najas, les cobras, les cabris, Capri, Copacabana, le soja, oui, mais Jaoui, non ! Le jaja, oh joie, le jaja, oui ! Mais Jaoui, non ! Les maharadjas, le sirop d'orgeat, oui, mais Jaoui, non ! Jaoui, ça ne passe pas ! Le génie de Jaoui, ne fait pas jaouir Besson. Jaoui est du goût des autres, Jaoui n'est pas du goût de Besson ! Besson nous fait une allerjaouie à Jaoui, une crise d'aérophaJaoui ! Il en a plein les glaouis de Jaoui. Besson n'est pas Jaoui, il est même Janon, c'est une question de principe ! Besson trouve que les gens sont béni-oui-oui... béni-Jaoui-Jaoui, si vous préférez ! Il n'aime pas la marque de fabrique Bacri-Jaoui. La pensée Bacri-Jaoui, les dialogues

Bacri-Jaoui, le lave-vaisselle Bacri-Jaoui, les chaussures Bacri-Jaoui. Besson se refuse à parler le Jaoui, le nouveau jargon à la mode, Besson n'est pas inscrit au Parti Jaouiste ! Le pétrole qui jaouit du Prestige : c'est les bacri-jaouistes ! Saddam Hussein ? Les jaoui-bacristes ! Les clones raéliens : les jabi-carouistes ! Le va-t-en guerre Bush ? Les jaki-barouistes ! Il faut lutter contre le poujaouisme ambiant, les peintres-payjaouistes, les esclajaouistes, le vinaigre baljaouique, les sarajaoui, les mouhdjaouidins, les tenants de l'Al-Jaoui française, tous ceux qui sèment la zijaouie, qui mijotent au bain-jaoui, les élèves du lycée Sanson de Jaoui, la semaine des quatre Jaoui, le pape et sa bénédiction jaoui et bacri, ceux qui sont du signe du bacricorne. N'adressez plus la parole à votre vi-jaoui ! Il faut déjaou-iller les femmes, débacriser les hommes, raser les banlieues jaouistes, Jaoui en Josas, Jaoui le Moutier, Fontaine sous Jaoui, Jaoui les Tour, on se fout du fabuleux destin d'Amélie Jaoui !

Et crions tous en cœur avec Patrick Besson : Carla Bruni, oui, oui ! Agnès Jaoui, non ! Ici-Jaouit Agnès Jaoui, enterrée par Besson, au nom du Père et de Jésus-Bacri. Voilà ! Ou plutôt, voici !

On ne choisit pas ses harengs !

à Jean-Marie Bigard

Cher Jean-Marie Bigard,

si j'en crois la moule figurant en bonne place sur votre affiche, vous êtes du signe du crustacé, ascendant mollusque bivalve. *Des animaux et des hommes*. Alors, vous aussi, vous êtes un pote à Darwin !

Qu'est-ce qu'on fait sur terre sinon imiter les poissons ? L'homme se souvient quand il était dans l'eau, dans sa mère, quand il n'était pas encornet, juste avant de larguer les calamars. L'homme se rappelle le temps où il était poisson, regardez-le : nuit et jour il tortille du croupion, il nage dans le bonheur, il ouvre la bouche sans arrêt, il respire à pleine ouïe alors qu'il pense non. Il y en a de toutes les couleurs, des passionnés, des poissonniers, capitaine ou maquereau, thon ou sirène, poisson-chat ou poisson-perroquet, il y a même des poissons-clown, habillés de blanc, qui brillent, qui écument et qui nous font marée. Bien sûr, il y a de moins en moins d'humains sauvages ; on ne rencontre plus que de l'humain d'élevage, qui vit dans de grands ensembles décorés avec des plantes vertes. Il tourne en rond. Quand il croise ses semblables, il ne les salue pas. Il va, il vient, il se heurte la tête contre les vitres, il touche le fond et, comme les poissons, pour se nourrir, il monte à la grande surface. Certains sont dans la vase jusqu'au cou. On les laisse, en général, là où ils sont, puisqu'on ne les voit pas.

Régulièrement, pour se rappeler leurs origines, les humains vont nager dans des endroits couverts et chauffés. Comme ils y pissent en toute impunité, ces endroits sont appelés piscine, ou parfois aqualand, aquaboulevard ou aquacity. C'est l'endroit idéal pour faire la queue. Quand les hommes se doublent, ils se font des queues de poisson. Les poissons, eux, ne se font jamais de queues d'homme. L'homme collectionne des poissons rouges, ingurgite des poissons alcoolisés, et là, il est tanche ! Quand il sort de son coquillage, enfin du lieu où il perche, tel saint Bernard l'hermite, l'homme se fait bien assaisonner ! Oh, ça n'est pas très difficile pour l'attraper, il mord facilement à l'hameçon. On le met en conserve, on le sale, on le sèche, on le poche, on le laisse mariner.

On trouve des hommes à toutes les sauces, en meunière, en matelote, et même en papillote ! Ceux qui passent à travers les mailles du filet, s'empressent de manger du caviar, et laissent les autres ramasser les mouettes. Pour gagner de l'algue, du jonc, du liquide, enfin des fonds, quoi, l'homme se vend à la criée : il fait des petits bulots, conduit des cabillauds-citerne, s'habille en pingouin, il accroche des baleines à ses parapluies, il se peigne et se fait la raie, dépose son argent à la banquise, sue comme un phoque, il fait les trois huîtres, il paie content, otarie syndical ! De fil en anguille, il rencontre des gens plutôt en merlan, il se fait en brochet par des congres ou des requins, on n'a pas toujours l'anchois. Comme dit l'autre, on ne choisit pas ses harengs ! L'homme vit daurade et pâquerettes, carpe et diem, le soleil le reflétant, l'heureux flétan ! Il fait tout pour praire, il met le turbot, trouve les solutions haddock. Il croit au père Noël et à sa lotte de jouets, c'est un al-truite qui vit d'amour et d'eau fraîche, qui fait des ronds dans l'eau, chabadabada...

D'abord, il y a une petite graine, la mère est grosse, elle laisse sur la rive des petits têtards.

La maman des poissons elle a l'œil tout rond on ne la voit jamais froncer les sourcils, la maman des poissons elle est bien gentille et moi je l'aime bien avec du citron !

Et puis il y a un grain, ou un chagrin et l'homme le noie dans le vin ou l'alevin, l'alevin, c'est bien connu, est le fruit des amours détruites. L'amour vire à la haine, à la murène, au piranha. L'homme vit à nouveau sole. Accoudé au bar. Ou à la barre. Hippocampe sur ses positions. « Nous vous saumon de dire la vérité ! » Il clam son innocence. Est-ce le pardon ou l'espadon ? Il fait amande honorable. Il plie. Avec le temps, l'homme s'écaille, et comme le poisson, un beau jour, il arrête. Comme le requin, l'homme roule les mécaniques, il est impressionnant, il frime en sortant son gros aileron, il plonge, il se requinque, mais c'est un animal vivipare : il vit, il vit et il part. Homard l'a tué. Il a morue, de chagrin ou de rire, mais il a morue ! Une fois mort, on l'ouvre, pour bien voir ce qu'il a dans le ventre. Il a vécu, il est vidé ! Il finit en sandre, qui, somme toute, est un poisson d'eau douce et tempérée.

Cher Jean-Marie Bigard, je vois bien que vous vous dites : mérou, mérou, mérou va-t-il chercher tout ça ? Je suis du signe du Poisson. Ça se sent. Quoique j'écrivisse... la pieuvre ! Tout ça, en partant d'une moule ! Si j'étais vous, Jean-Marie Bigard, je dirais : mais on part tous d'une moule ! Mais je n'ai pas le droit de marcher sur vos plates-bandes. C'est vous qui avez pris la vulgarité. Moi, j'ai pris les mots. Chacun son job !

La dérive des incontinents

à Michel Blanc

Attention, l'individu qui nous occupe aujourd'hui n'est pas celui qu'on croit ! Il n'est Michel Blanc qu'en apparence. Michel Blanc, c'est celui qu'on voit à plat sur une toile de cinéma, en deux dimensions, comme une cellule sur une plaque de microscope. C'est un Blanc de synthèse, une reconstitution en laboratoire, un entrelacs artificiel, c'est un clone de cirque. Moustache ou pas moustache, ça n'est qu'un déguisement des lèvres. Il le dit lui-même : « Lorsque je rencontre quelqu'un pour la première fois, il ne me voit pas moi, je le sais, il voit Michel Blanc. Parfois, je sens même que « moi » l'intéresse beaucoup moins que le Michel Blanc qu'il imagine. » Rassurez-vous, Michel Blanc, les auditeurs de France-Inter ne voient ni Michel Blanc, ni votre « moi » civil, ils ne reçoivent que des ondes, et les ondes, ça reste très vague !

Non, Michel Blanc n'est pas tout blanc. Le cinéma n'est qu'un écrin de fumée, un mouroir aux alouettes. Sous ses faux airs de Michel Blanc, il cache un Michel Noir ! Pas le Michel Noir qu'on a oublié et qui, lui, derrière son image publique d'homme politique cachait peut-être un Michel Blanc, auteur, comédien, sans un poil sur le caillou, allez savoir ! Non, un Michel Noir qui serait l'envers du décor de Michel Blanc ! Dans le blanc de son œil, des images noires. Sous sa peau lisse, mondaine, d'un primé Henri Jeanson de la SACD, une peau craquelée d'un déprimé en rififi de la SACD, la Société Anonyme des Crevassés du Dedans : un lézardé zarbi, un balafré frappadingue, un éraflé flapi, un disjoncté disjoint, un fondu fendu, un faux tonsuré fissuré ! Sous le vernis du marbre blanc de carrare de son visage, se cache des idées noires, de curare... des envies de meurtre !

Sous ses habits de jeune cinquantenaire, Michel Blanc cache des abysses de gala ! Sur l'écran, il tire à blanc ; à l'intérieur, il vire au noir, il a de la suie dans les idées. À l'extérieur, il mange son pain blanc ; à l'intérieur, il ronge son frein noir. L'ami Blanc vous serre la pince et vous passez au laminoir ! Sous ses faux-semblants coule du vrai sang noir, il se fait un sang d'encre, derrière son regard troublant, un trou noir. Sur son crâne blanc, un entonnoir : cet homme est givré... oui, mais sous le givre blanc, il y a du goudron noir ! Sous le cristal, du verglas... cet homme est dangereux ! Il ne faut l'aborder qu'avec des pneus neige et des chaînes. Il charrie dans les bégonias, des tombereaux d'allusions, de sous-entendus, de non-dits, d'arrière-pensées. Allez savoir si cet homme ne s'invente pas des fausses fractures ! Il faut creuser Michel Blanc ! L'excaver, le fouiller, cet homme est une mine ! Une carrière souterraine ! Il porte des houillères ! Il est truffé de grottes pré-hystériques, il recèle des abîmes de perplexité, des gouffres d'introspection, c'est un cul-de-sac de nœuds, cet homme a de l'aven jusqu'au cou, c'est un vrai goulet d'étranglement !

Alors, bien sûr, quand on a comme lui les intérieurs troués comme du gruyère, ça peut s'effondrer d'une minute à l'autre... ça s'appelle une mauvaise passe, une grosse fatigue, un méchant tunnel. Sous la couche de finition, on cache tous une deuxième couche. Il y en a certains, même, qui en tiennent une sacrée... deuxième couche ! On est tous des Michel Blanc, avec nos trente-sixièmes dessous, nos catacombes, nos caveaux de famille. Envahi par l'humilité, on moisit, on s'effrite, on s'élime, on s'émousse, on sent comme un fort sédiment de solitude. On est à la ramasse. Tous, hommes et femmes : glissements utérins, le bas du dos qui s'affaisse, les dépressions, tempêtes sous un crâne, déluge de larmes, flot de paroles, torrents d'insanités. On finit par atteindre l'âge d'érosion, c'est la dérive des incontinents, la tectonique des packs de bière a eu raison de notre foie, les ridules ridicules se sont creusées, l'âge a abreuvé nos sillons, ça crevasse de partout, la colonne vertébranle, on trouve une place de Parkinson et on se range des voitures.

Le temps qui rôde nous érode et nous corrode, on devient vieux comme Hérode. On livre son corps à l'absence : nos proches nous tripatouillent une dernière fois, pour la route, derniers coups de scalpel, tranches de vie, strates de souvenirs, allez, au trou ! Il n'y a plus d'abonné au numéro que vous avez demandé, veuillez consulter l'ossuaire. Cher Michel Blanc, je m'en doutais, ma chronique, elle aussi, avait une faille, une seconde couche ! Méchant papa Noël, avec mes sapins qui sentent, mes guirlandes de fleurs et couronnes, mes boues de billard et ma hotte aspirante, j'aurais dû me méfier... Démarrant sur les chapeaux de roucoulades, blanche comme neige, me voici dans les bas-fonds, noir comme les bennes à ordures.

Label de la bête

à Allain Bougrain-Dubourg

Cher Allain Bougrain-Dubourg,

les gens, qui aiment bien coller des étiquettes, vous en ont concocté une gratinée : Allain Bougrain-Dubourg, figure médiatique de la protection des espèces... A-t-on vraiment besoin de vous pour protéger les espèces d'abrutis qui inventent des conneries pareilles ? On pourrait dire que ces gens sont bêtes, mais ce serait faire injure aux animaux.

Vous êtes un ami des bêtes, alors permettez-moi de vous raconter une belle histoire ou peut-être devrais-je dire une bête histoire d'amour, oh, une histoire un peu bébête ou bébelle, comme vous préférez, que j'ai intitulée *La Bête et la belle*, dans laquelle vous pourriez tenir le rôle de la bête. Je vous laisse, bien sûr, le choix de la belle. C'est donc l'histoire d'un amoureux des bêtes qui tombe amoureux d'une belle. Elle aurait pu se prénommer Brigitte et porter un nom de mulet, mais, non, elle s'appelle Élisabelle. Lui, Allain. Avec deux l, pour qu'on ne le confonde ni avec Decaux, ni avec Juppé. Deux l, comme dans belle, deux l pour voler à tire d'elle et ne plus se départir d'elle. Mais, elle, Élisabelle, ne vole pas à tire de lui, car elle ne sait pas qu'il l'aime. Donc, elle ne sait pas qu'elle le trompe. Elle aime un éléphant. Un éléphant d'un parti quelconque. Un éléphant brun. Le pauvre Allain est vert ! C'est un comble, une belle qui vous trompe avec un éléphant ! Et tout le monde le sait, en plus ! Il est obligé de consulter un oto-rhinocéros, un spécialiste des cornes sur le front. La salle d'attente des oto-rhino, ça n'est pas drôle, il n'y a que des bœufs, des chèvres et des boucs ! Même pas une petite licorne pour se faire la belle dans l'imaginaire !

Allain est à croc. Il surveille tout ce que fait Élisabelle. C'est un ami à lui, un corbeau, qui l'épie. D'habitude ce sont les pies qui épient. Mais, lui, il dit qu'un corbeau, c'est mieux pour elle, tant qu'elle est encore belle ! Régulièrement, le corbeau lui envoie des lettres en vers anonymes. Il couche des vers sur le papier, des lombrics, des vers de terre, des ténias, des gros vers de douze pieds ou des vers à chenilles, oh, pas des vers très reluisants. Les vers, en se tortillant, prennent la forme de lettres de délation, de mots de cafardage, de phrases de mouchards qui racontent tout ce que la belle fait de ses journées. Des vermisseaux à freux. C'est un corbeau freux. Un corbeau qui écrit en vers ! Une corneille, oui ! À la fin de la journée, le corbeau est un corvidé ! Et Allain, lui, forcément, il croa tout ce que lui dit le corbeau. Alors, comme un vieux solitaire, il attend sa belle sur le pas de sa porte phacochère. Il se consume, comme une cigarette au bord d'un sanglier. Sa belle lui pose des lapins d'amour et, lui, il ronge son frein et il avale des couleuvres, en civet.

Élisabelle court plusieurs lièvres à la fois. Lui, il ne court que deux lèvres, les siennes. La belle ne sait plus où donner de la bête. Elle dîne aux aurores avec un dinosaure, le soir, elle sort avec un boa avec lequel elle passe ses nuits. Elle s'enlace à son boa et ne s'en lasse pas. Les voisins disent : « Regardez la belle au boa dormant. » Elle aime un mouton, à perdre haleine. Toute la journée, il bêle d'amour pour la belle. Elle s'envoie en l'air avec un aigle. Un aigle de couleur. Il la serre contre lui. Et la lacère. Un soir, au théâtre, elle a rencontré Philippe Avron. Qui lui a dit, en la regardant bien droit dans les yeux : « Je suis un saumon. » Elle l'a cru. On dit que l'amour rend aveugle, moi, je crois que l'amour crève les yeux, oui ! Enfin ! Il n'y a pas de saumon fumé sans feu de la passion ! Et puis, l'amour avec un poisson, il peut couler de l'eau sous les ponts avant qu'elle arrête ! Elle fricote même avec une otarie. Que voulez-vous ! L'eau de l'amour n'est jamais tarie. Elle est aussi tombée sous le charme d'un sumo. Oui, elle s'est entichée d'un nippon-potame ! Bref, elle s'éclate comme une belle ! Lui, il passe ses journées à chercher la petite belle. Il lui écrit sur des pense-belles, qu'il jette à la poubête. Il est du signe du Bélier, alors il se tape la bête contre les murs. Il est mûr pour la folie. C'est un peu la belle et le bélier.

C'est une belle féroce et, lui, la nuit, il devient un jaloux-garou. Alors, il boit. Du Médoc. Et plus il boit, plus cela devient difficile de séparer le Bougrain de l'ivresse. Sa belle s'est fait la bête, tant pis ! Elle devient sa belle noire ! Il se dit qu'il y a des belles nuisibles, qu'il faudrait éradiquer certaines espèces de belles fauves. Dans sa soûlerie, il se met soudain à aimer les chasseurs, il délire, il envoie paître les vaches, il dit aux bébés « Phoque-you ! », il monte sur ses grands chevaux et les envoie à la belle, à la selle, il ne sait plus ce qu'il fait. Il boit de plus bête, maudit les tourtereaux et les tourterelles, il s'enferme aux toilettes et ouvre la chasse sous des trombes d'eau ! Il enfile un treillis militaire, se colle des cartouches de cigarettes à la ceinture et balance des œufs pourris sur les verres de Champagne, « car les verres de Champagne sont les écologistes de Reims » ! Il se réveille en sueur, il a rêvé qu'il était Jean Saint-Josse ! Comme la vie est bête ! Jean Saint-Josse ! Ce n'était qu'un rêve, Allain ! Les dinosaures, les licornes et les oies cendrées n'existent pas.

Cher Allain, vous l'avez échappé bête ! Comme la vie est belle !

LANGES GARDIENS

à Michel Boujenah

Celui qui veut qu'on l'aime

Un ou une journaliste du *Monde*, aux initiales BS, Blablateur Sentencieux, a titré un article sur Michel Boujenah : *Celui qui veut qu'on l'aime*. Quelle découverte révolutionnaire, Monsieur ou Madame BS ! BS, Bien Sûr... Bien sûr que Michel Boujenah veut qu'on l'aime, et vous, BS, Bonne Sœur, ou Bon Samaritain, vous voulez qu'on vous haïsse peut-être ? N'écrivez-vous pas *Celui qui veut qu'on l'aime*, dans le secret espoir que demain, en ouvrant son journal, Michel Boujenah tombe sur votre article et se dise : « BS a tout compris, quel(-le) journaliste merveilleux (ou -lleuse), il ou elle m'a mis à jour, je vous aime BS, Bienveillant(-e) Scribouillard (ou -llarde...) » Et dans le même article, BS, Beauté Subtile, vous ajoutez : *Il lui reste à se persuader qu'on l'aimerait tout autant s'il ne voulait pas qu'on l'aime tant*. Ah, c'est beau, c'est du Lacan, ça, BS, Béatitude Sémantique, ça vous énerve que monsieur Boujenah veuille qu'on l'aime ? Il en demande trop sans doute ? Ça ne lui suffit pas votre petit amour de plumitif (ou -tive) ?

Mais pourquoi croyez-vous qu'on bouge sur cette terre ? Qu'on s'agite dans tous les sens ? Regardez Zizou, ses petits ponts, ses bicyclettes, ses retournés, ses talonnades, ses ailes de pigeon, son coup du sombrero, c'est rien qu'une danse d'amour ! Et Stéphane Bern ? Ses lancements de disques : des cris d'amour ! Mais on est tous à mendier des grosses pelletées d'amour ! Même Ben Laden a besoin que son Allah l'aime !

Comme si vous ignoriez que Michel Boujenah est un poupon, un chiard, un lardon, un petitou ! Il se balade avec son dou-

dou, regardez-le : il suce son pouce, il sucerait la terre entière s'il pouvait, même son nom est un cri d'enfant : « Michel, tu peux pas rester tranquille ? Qu'est-ce que tu fais ? » « Je bouge, na ! » C'est un prématuré, il est en couveuse, il est encore dans ses langes gardiens. Michel, toutes les femmes sont sa maman, il tète la première, si j'ose dire, il joue à la mamelle, il voudrait que la vie s'allète, et lui il court, il s'essouffle, il halète, il arrête pas ; son chapeau, c'est sa tétine, c'est son hochet, il le tord dans tous les sens, ça lui permet de jouer les grands, les gens sérieux, les matures, ceux qui détiennent la vérité et qui ont laissé leur berceau au vestiaire. Michel, c'est un gamin, un poulbot, un sauvageon, il joue à la canette et celui qui perd, il lui saute dessus, il l'embrasse, il le sert dans ses bras.

Son cœur, c'est un immense terrain vague, où il y a tout à construire, y'a tous les matériaux qu'il faut, mais il a pas les plans, alors il fait des pâtés, des gribouillis, il rature. Michel, c'est un morveux, un môme, un mouflet, il fait rien que des conneries, et ses spectacles, c'est des jouets de gamin, qu'il s'est fabriqués avec trois fois rien, des mots qu'il a bricolés, des histoires qu'on lui a racontées, des qu'il a inventées, c'est un jeu de construction, un lego pour un gros ego cargo...

La vérité, c'est que Michel ne peut pas s'endormir le soir : il a peur du noir, alors il a fait mettre des projecteurs au dessus de son lit, il fait venir sa famille, ses amis et tous les gens qu'on peut récupérer dans la rue, il enfile son pyjama, son chapeau-tétine et c'est comme ça qu'il s'est retrouvé sur scène, mais ce n'est pas une scène, c'est sa chambre ! Et à la fin du spectacle, les gens applaudissent, mais lui, il a les paupières qui tombent, il a sommeil, il est content, il n'a plus peur, il s'endort...

Michel, c'est un morpion, un moutard, un gosse. Il se moque de tout, Michel, de tous ces grands qui ont garé leur enfance en double file, ils sont partis en laissant le moteur allumé et le coffre plein de rêves, des rêves enfermés, dans le noir, avec la roue de secours, voilà, des rêves de secours qui ne serviront jamais. Michel, il est tellement gamin, qu'il s'en est fait des gamins, rien qu'à lui, pour jouer avec eux, un petit garçon et une petite fille, et le soir, quand ses gamins n'arrivent pas à dormir, il allume lui-même les projos de leur chambre, et il les emmène dans son monde à lui, et son monde à lui, c'est leur monde à eux.

Michel, c'est un loupiot, un mioche, c'est Benoît Brisefer. La vérité, c'est qu'il a la pétoche de vieillir, parce qu'un jour, il pourra plus nous faire croire que c'est un gamin. Un jour, les gens dans la rue, diront : « T'as vu, Boujenah, il porte ses gamins dans ses bras, mais ils ont vingt ans ses gamins, il se rend pas compte, oh là là, je pensais pas qu'il avait des gosses de vingt ans ! », Michel il pourra plus sauter comme un cabri, il posera ses enfants par terre, chienne de vie, c'était pas prévu, ça, et de père, Michel se retrouvera grand-père. Ah ben oui, fallait pas faire des gamins, mon vieux ! Et comme tout le monde, il commencera à chercher une place pour son enfance, il fera le tour du pâté de maison, une fois, deux fois et puis, il en aura marre de tourner bêtement, alors il laissera son enfance en double file, moteur allumé, et il ira se coucher, sans allumer les projecteurs, parce que quand on est grand, on n'a plus peur... et vous vous demandez pourquoi il veut qu'on l'aime !

Cher Michel Boujenah, tout ce que je viens de dire, ce n'était pas pour vous, je crois que c'était pour moi... Autant pour moi ! Continuez à vouloir qu'on vous aime, on ne vous aimera jamais assez !

LES CLOCHES DE PACS

à Claude Brasseur

Cher Claude Brasseur,

je ne sais plus si je dois vous appeler Père Léon, votre Altesse ou mon Éminence. Que vous fassiez une pub pour les sous-vêtements masculins, le rôle de Napoléon ou celui d'un curé pas défroqué du tout, vous êtes crédible. Un grand professionnel. Il est vrai que dans votre famille, on est Brasseur de père en fils depuis 1820 ! C'est une maison sérieuse, un label de qualité. Vous savez tout faire ! Vous avez joué le rôle d'un indien champion de bobsleigh qui finit scalpé, vous faisiez les cascades vous-même ! Vous avez failli vous faire amputer pour jouer le rôle d'un cul-de-jatte, heureusement, au dernier moment, le réalisateur a dit « Coupez ! » et le mauvais film s'est arrêté.

Vous avez même fait du Ickx ! Jacky Ickx, dans la série des films intitulés « Paris-Dakar », bien avant la série des « Taxi » ! Une sorte de road-movie, trois semaines de tournage, un voyage initiatique tout en décors naturels et en technicolor, avec des actrices bien carrossées, maquillées à l'auto-collant. Un scénario plein de rebondissements, des travellings et des panoramiques sublimes, du cinéma en relief. Vous jouiez comme dans un fauteuil, une sorte de drive-in, tourné en accéléré, avec plongées, contre-plongées, montées dramatiques, fondus enchaînés à la route. Il fallait démarrer tôt le matin, on vous disait « moteur » et vous montiez sur vos grands chevaux vapeur, un vrai western ! Sans oublier cette géniale idée des producteurs d'autoriser la diffusion des rushs chaque soir à la télé ! Et pas de postsynchro, tous les bruitages en direct ! Et la nuit, dans le ciel, il y avait toutes les étoiles du cinéma pour se ressourcer et des rêves à décrocher les dunes... Le seul reproche qu'on puisse vous faire, c'est que sur la plupart des épisodes de la série, vous avez été doublé. Sauf en 83, dans Paris-Dakar 5, personne n'a osé vous doubler et rappelez-vous, ce fut un triomphe ! Vous êtes arrivé premier au box-office ! Vous avez bien fait d'arrêter : maintenant, ils en sont à Paris-Dakar 24, ça commence à lasser.

On vous retrouve aujourd'hui, en curé, au volant d'un confessionnal, dans *Chouchou*. Une sorte d'abbé Pierre Brasseur qui recueille Gad Elmaleh en stop. On vous donnerait le bon Dieu et la confession ! Derrière votre grille en bois, vous confessez comme si vous aviez fait ça toute votre vie ! C'est bien la confession : quels que soient les problèmes, on trouve toujours l'absolution !

J'ai un ami qui va être très touché par le film. Au niveau de son vécu. Il s'appelle Michou. Enfin, Michel. Il est pépiniériste à Soyaux, dans la banlieue d'Angoulême, son magasin s'appelle le Gairidon. En ce moment, il est sur un nuage ! C'est le professeur Nimbus, il a la tête qui dépasse par le trou de la couche d'ozone. C'est bien simple, il décolle, il lévite en permanence. C'est bientôt le printemps, il faut qu'il plante son jardin, je ne sais pas comment il va faire : il ne touche pas le sol ! Il est amoureux. Père Léon, il faut le comprendre, Michel, il est plus tout jeune, il a dépassé la trentaine, enfin... il allait tellement vite quand il l'a dépassée, qu'il a dépassé tout le peloton qui était devant : la quarantaine, la cinquantaine, et j'en passe ! Disons qu'il est en tête. Avec pas mal de longueurs d'avance. Il est même en retraite. Enfin, attention, il pédale toujours ! Et bien, justement, Père Léon, il veut se pacser. Il ne parle que de ça ! Dans sa tête, c'est les cloches de pacs en permanence ! Oh, pas le bourdon, au contraire ! Ce serait plutôt la fée Clochette ! Moi, je n'ai pas réalisé tout de suite : je suis un petit peu dur à la comprenette et très traditionnel comme type, alors je lui ai dit bêtement : « Se pacser... se pacser... et pourquoi tu ne te maries pas ? » Il m'a répondu de but en blanc : « Parce que ma future s'appelle Mohamed ! » Oui, Père Léon, Michel s'est entiché d'un musicien marocain. Heavy metal. Lui qui pleure comme une madeleine dès qu'il entend Cecilia Bartoli à la radio. Vous vous rendez compte qu'il a chez lui l'intégrale de Sissi impératrice en DVD !

Le nom de scène de Mohamed, c'est Mohamed VI, le roi du hard-rock !

Michel aurait pu mieux tomber, parce que le Mohamed en question, à l'heure qu'il est, il est en prison au Maroc, accusé de satanisme ! Il ne fait pas bon être chanteur de hard-rock et fée Clochette, de surcroît, du côté de Casablanca, par les temps qui courent. Alors, demain matin, Michel va aller manifester devant l'ambassade du Maroc à Paris. Il dit qu'il veut organiser un rallye Paris-Casa ! J'ai l'impression qu'il se prend pour Jacky Ickx ! Lui, c'est plutôt Jacky i grec. Paris-Casa... en vélosolex ! Père Léon, si vous pouviez faire quelque chose. On est tous le chouchou de quelqu'un. Moi, Michel, c'est mon chouchou !

Vous polissiez ? Eh bien tancez, maintenant !

à Philippe de Broca

En cette période de fièvre électorale, où tout le monde est à cran, à cran de sécurité, il est bon de redorer le blason de la police. Le terme de *policier*, il faut le savoir, vient du verbe *polir* qui signifie : rendre lisse, uni et luisant par frottement. À l'époque, les suspects subissaient des interrogatoires salés, durant lesquels les représentants de l'ordre les *polissaient* par frottement, pour les faire parler. On les frottait à mains nues ou au moyen d'accessoires divers, tels que annuaires téléphoniques, en privilégiant les pages jaunes, plus résistantes, ou indicateurs de chemins de fer (les fameux indicateurs de police). Les suspects sortaient effectivement de ces séances lisses, unis et luisants. Ils n'élevaient plus la voix, ne protestaient plus, on disait alors qu'ils étaient devenus très *polis*.

De nos jours, les policiers ne *polissent* plus, ils se contentent de *tancer*, suivant les nouvelles directives du ministère de l'Intérieur : « Vous *polissiez* ? Eh bien *tancez*, maintenant ! » Une certaine liberté de manœuvre est pourtant laissée aux policiers : s'il ne se sentent pas de *tancer*, ils peuvent aussi *admonester*, *sermonner* ou *morigéner*. Attention, toutefois, le mot *morigéner* rappelle de très vieilles pratiques, elles aussi révolues, qui consistaient à frotter le suspect avec du deux cent vingt volts, histoire de le mettre au courant : « Si tu ne parles pas, je te *morigégène* ! » entendait-on parfois. De nos jours, le *gé* est tombé en désuétude et l'on *morigène*, simplement. Le deux cent vingt volts ne sert plus qu'à éclairer la lampe de bureau dirigée sur le visage du suspect. C'est pas gégène, mais c'est moins gênant pour l'image de marque de la police.

En matière de police, la règle est la « présomption d'innocence ». Il faut être très clair : toute personne qui rentre dans un commissariat, encadrée par deux policiers en uniforme, avec aux poignets deux bracelets en fer blanc reliés entre eux par une petite gourmette également en fer blanc, la tête enfouie sous une veste ou délicatement dissimulée à l'écran par un petit carré noir ou un rond flou artistique qui clignote, en traversant une foule de passants anonymes hurlant « Assassin, salaud ! » et précédés d'une horde de journalistes bardés d'objectifs, est par définition « innocente ». C'est au policier d'apporter la preuve de sa culpabilité. La preuve idéale est l'aveu du suspect. Attention : un aveu ne s'arrache pas. Il s'extorque. Nuance ! On peut assister dans certains films policiers à d'homériques séances d'extorsion d'aveux... c'est du cinéma, bien sûr !

Pour arriver à ses faims, on cuisine le suspect. On le sort du frigo, on le met sur le gril, on le larde de coups, on lui roule des pelles à tarte, on le poche, et parfois, à la fin, pour le faire bien digérer, on lui démonte la cafetière, expresso vite fait. Le suspect est alors à ramasser à la petite cuillère, de toute façon tout ce qu'il dit est louche. Après ce petit festival de cuisine, un p'tit cognac et, bizarrement, il se met à table. Les vieux films policiers français, sont aussi l'occasion de revoir à l'écran les policiers d'antan et notamment les fameuses hirondelles, reconnaissables à leur képi, leur bicyclette et leur pèlerine, qui était une sorte de pelisse de proximité.

Ce qui nous amène à la police de proximité : le rêve de tous les ministres de l'Intérieur ! Un policier derrière chaque citoyen ! Vous imaginez : un jeune délinquant attaque une vieille dame dans la rue, le policier qui lui est affecté aborde la vieille dame : « Bonjour madame, police nationale. Veuillez remettre à monsieur votre sac sans résistance, ceci afin d'éviter un bain de sang. » « Bien volontiers, Monsieur... mais veuillez vous adresser à mon agent, qui se fera un plaisir de régler les petits problèmes techniques ! » Ça n'en finirait pas ! Dans certains pays, comme au Canada, la police monte sur ses grands chevaux : on dit alors qu'elle est montée... C'est pratique, sauf pour les contrôles dans les boîtes de nuit situées en sous-sol. Dans ces cas-là, les descentes de pouliches sont très périlleuses pour les policiers et pour leurs montures (pour ceux qui portent des lunettes, bien sûr).

Tout fard éteint

à Carla Bruni

On dit que l'homme descend du cintre, Carla Bruni, elle, n'y remontera plus !

Dans une autre vie, elle eut un métier original, fatigant mais très bien payé : elle fut support pour créatif, socle pour Jean-Paul Gaultier, trépied pour Saint-Laurent, présentoir pour Lagerfeld, elle fut femme-sandwich, mur d'affiche, panneau publicitaire, écran textile, terminal de novateur, elle fut poupée de chiffon, porte-plumes, meuble de styliste, penderie de tailleur pour dames, mannequin d'étalage, baldaquin garnie de rideaux, ciel de lit, elle fut toujours prête à porter, châssis pour constructeur de bolides de mode, canevas pour tapisserie fine, échafaudage pour grands chefs de fil, elle fut échelle de cordes et de corsages, porte-chemises, charpente médiatique, elle fut patère, porte-manteau, perroquet, carcasse de couture. Tissu de bonne famille, elle fut cadre supérieur pour peintre sur toiles d'apparat, elle fut chevalet sans peur et sans reproche, palette de couleurs, elle fut bloc de marbre pour sculpteur sur voile, établi, table d'harmonie, pupitre, desserte, boîte à coutil, console de maquillage, coiffeuse.

Montrée sous toutes les coutures, elle fut timbrée de collection, tableau de mètre à ruban, miroir de salon, galerie d'artifice, vitrine de grand magicien, devanture de batik, stand d'expo. Elle fut modèle déposé, prototype d'innovant, enseigne lumineuse, attraction universelle, étal de broderie. De fil en aiguille, elle a appris sur le taffetas, elle fut orchestre de chanvre, suppôt de satin, pâte à crêpe, usine à gaze, gueule moire, toiture de tulle, coton tige, étoile de mohair, machine à dessous, section de cuir, éleveuse de pull, disciple d'organdi, porte-maillot. Nuit et jour,

Carla avait des sweats dans les idées, son esprit était tailleur, elle jouait sur du velours, faisait dans la dentelle. Elle fut porte-fringues, maîtresse des cols et des tours de cou, une vie réglée comme du papier à musique, sans la musique, toujours en période de mensuration, du signe de la balance de précision, neuf kilomètres de jogging par jour, elle pétait dans la soie et faisait péter le champagne, de la veuve-tricot. Elle fut enrobée de matériaux composites, encapuchonnée de synthétique, enjuppée à corps et acrylique, mise en plis, dans de beaux draps, jusqu'au cou ; sa vie ne tenait qu'aux fils et aux défilés des grands couturiers, « Un chiffon, fon, fon les petites marionnettes ! »

Elle fut brocardée jusqu'à plus soie, épinglée, agrafée, écharpée, froissée, shootée aux photos et flashée pour conduite en état de business, elle fut véhicule à mateur, objet de cons-voyeurs, cible de paparazzi, miss mondanités, mais aussi inlassable petit soldat de métier à tisser, inépuisable fantassin des podiums, infatigable piétonne de revue. Elle a pris le Concorde comme on fait de la trottinette, fréquenté le gratin et les gratinés.

On dit que l'homme descend du linge, Carla Bruni, même si elle descend du beau linge, n'y remontera plus !

Quelqu'un m'a dit qu'elle était passé de l'autre côté du miroir, de l'autre côté des palaces et du caviar. Carla ne joue plus à Lagerfeld, elle a descendu le Saint-Laurent, enlevé ses Rabanne, elle s'est définitivement rangée des coutures. À moitié étendue sur un divan à paroles, elle nous ouvre les portes de ses couloirs fréquentables : c'est elle maintenant qui tire les ficelles, les marabouts, bouts de ficelles de mots. Les images, c'est elle qui les fabrique : « tout le monde a de l'enfance qui ronronne au fond d'une poche oubliée », c'est du Bruni, il faudra s'y faire. Un dé à coudre, un d minuscule, un double décimètre pour la mesure, deux consonnes trois voyelles, une araignée dans le plafond qui tisse des vers à soi, un habile coup de Téléphone, quelques fils de guitare et la voilà qui lance sur la plage d'un disque douze chansons modèles, qui sait si l'une d'elle ne sera pas un jour au top, un bout d'étoffe de Barbara, un peu de la fibre de Jeanne Moreau, une rime à l'endroit, une déprime à l'envers, elle taille dans le vif et coud des couplets au point de suspension, bricole des refrains, elle a même reprisé une vieille chanson de Gainsbourg ! C'est de la belle ouvrage, du bien fichu, des chansons tout fard éteint, sans blush, sans mascarade, sans rimmel ni mélo, sans vernis à onguent qui dégouline, du brut de cordage, de la toile écrue.

Bien sûr amour rime encore avec toujours, mais quelques chansons plus loin, amour rime avec traître de velours, amant avec pas vraiment et rose avec pas grand-chose, ce qui est assez réconfortant, on ne nous prend pas pour des abrutis.

Chère Carla Bruni, d'aucuns diront que vous vous enterrez, en vous livrant ainsi aux vers et aux chansons, en laissant le rimmel pour la rime. C'est peut-être juste un peu de repos : Carla Bruni a rendu son tablier, après l'étoffe story, et popeline star, voici la star accalmie !

CÉSAR DU MEILLEUR DÉSESPOIR MASCULIN

à Emma de Caunes

Chère Emma de Caunes,

s'il y a bien une chose qui m'agace dans votre dossier de presse, ce sont les petits originaux qui disent que vous vous êtes fait un prénom ! Quand on a la malchance d'avoir le même prénom que madame Bovary, moi j'aurais tendance à dire que vous avez réussi à vous faire un nom ! Si Emma Bovary avait gardé son nom de jeune fille, au lieu de prendre celui de ce gros pataud de Bovary, elle n'aurait pas fini par se repeindre l'œsophage à l'arsenic et vomir son sang dans d'atroces souffrances. Certes, elle a eu un énorme succès sous le nom de Madame Bovary, elle s'est fait un nom, comme on dit ! Un nom à graver sur sa tombe. Je ne sais pas pourquoi je parle de madame Bovary puisque votre héros, c'est plutôt Peter Pan. Pan, pas facile à porter comme nom ! Vous vous rendez compte, si vous vous étiez appelée Emma Pan ? De quoi se tirer une balle dans la tête ! Non, croyez-moi, De Caunes, c'est bien comme nom. Ça fait joli cône de Gervais, vanille chocolat pistache, les années Miko, la grande époque, les bonbons de l'entracte, les vieux films américains, qui vous fascinent Emma, fascinent Emma !

Ah oui, parce que notre invitée est une droguée de cinéma ! Née avec des pellicules dans les cheveux, une bobine sur les épaules, tombée dans la lanterne magique quand elle était petite, elle a le cinéma dans les Gene, Gene Kelly et Gene Tierney, une passion chevillée au Cukor, autant en emporte le vent, la vie est belle, elle a chanté sous la pluie, elle a l'Elvis dans la peau et

Marilyn au cœur, elle a été folle ingénue, comtesse aux pieds nus ou dame au manteau d'hermine, glace, bonbons de la pie qui chante, joli de cône, extrême de cône, royal de cône ? Premier film en 96, premières prises, et puis en 98, paf ! Le césar du meilleur espoir féminin ! Bon, féminin, je comprends : vous êtes plutôt fille comme garçon... mais César ? Est-ce que « César », ça n'est pas un peu présomptueux ? En ces temps où le moindre président des États-Unis se décerne le Jules César du meilleur star war masculin, on ne pourrait pas trouver un mot plus élégant ? Et « meilleur espoir », est-ce que ce n'est pas un pléonasme ? N'espère-t-on pas toujours le meilleur ? Et pourquoi récompenser un espoir ? Quand Patrick Dewaere s'est tiré la révérence à bout portant, on ne lui a pas décerné le césar du meilleur désespoir masculin.

Mais revenons à vous, Emma : vous êtes une grande romantique. Vous avez déclaré dans une interview : « Je suis convaincue qu'il n'y a que l'amour qui compte vraiment au final. Le monde dans lequel on vit est franchement désespérant, non ? Alors, est-ce que la solution, ce n'est pas de s'évader par le rêve, de mettre de belles images dans sa vie ? » Ah, mais pourquoi le président des États-Unis ne vous a pas entendue plus tôt, chère Emma ! S'il avait pu s'évader par le rêve, mettre des belles images dans sa vie, celui-là ! C'est à croire qu'il n'est jamais allé au cinéma, qu'il n'a jamais vu les jambes de Cyd Charisse. Un type qui a vu Gene Kelly et Cyd Charisse dans *Chantons sous la pluie* ne peut pas déclencher une guerre préventive, ça n'est pas possible ! Il faut le comprendre, le petit Georges ! Son papa ne l'emmenait voir que des John Wayne ! Pour le coup, le petit Georges n'a eu à se faire ni un nom, ni un prénom ! C'étaient ceux de son père ! Alors, il s'est fait une lettre. Debeuliou. Et maintenant il voit des armes partout ! Pauvre petit Debeuliou : le soir dans son lit, il essaye de s'endormir en comptant les matons de la prison de Guantanamo, et quand le marchand de sabre est passé, il fait des cauchemars ! Il voit des seins en forme d'obus, des roquettes de tennis, des steeple-chase électriques, il mange des salades à l'huile d'ogive, des chocolats glacés à l'anthrax, des hamburgers nucléaires, il voit des irakiens sans missile fixe qui boivent du coca-collabo, il rêve qu'il est dans un fast-foutre, il commande un croque-Saddam, il hurle dans son portable, passez-moi Chirac, C-h, plus loin I-r-a-c oui Irak, c'est ça. Il lui explique le principe des masques à gaz communicants : plus les États-Unis seront armés, plus l'Irak sera désarmé ! Il nous fait une montagne de son fidèle ami Colin, non, pas Coline Serreau, Coline Powel ! Bernadette essaie de calmer le petit Debeuliou : elle lui chante une berceuse : *C'est une maison blanche / viens bosser là mon Colin !* Colin! Colin appelle Debeuliou, mais Powel est à l'ONU, et Coline Serreau est chez Stéphane Bern, pour dix-huit ans après... dix-huit ans avant, papa Bush fabrique du Saddam Hussein en culture biologique pendant que Kim Il Sung tourne Trois uranium et un coréen.

Vous avez raison Emma de Caunes, il faudrait donner un peu d'amour à Debeuliou. Mais que fait madame Debeuliou ? Lançons une campagne *De l'amour pour Debeuliou !* Envoyons des roses au Pentagone, des cigares à Georges Bush, des robes tachées à sa secrétaire. Chère Emma de Caunes, excusez-moi, je me suis à nouveau égaré en double film. Allez, tournez, tournez, Emma, faites-nous encore de belles images pour que le monde soit moins désespérant !

Le fakir traverse dans les clous

à Georges Charpak

Georges Charpak est né le 1er août 1924 près de Tchernobyl. Il est donc Lion ascendant centrale nucléaire. D'où son amour pour les noms à particule. Comme Stéphane Bern. Il a un physique de rêve, il a même gagné un prix Nobel récompensant son physique. D'ailleurs, depuis sa tendre enfance, il croit au père Nobel et, contrairement au commun des mortels, c'est à sa naissance qu'il a légué son corps, ses neurones et son temps, à la science. Et si, sous chaque œil, il a un Cern, ce n'est que le Centre Européen de Recherche Nucléaire.

Cher Georges Charpak, j'aimerais que vous dédicaciez votre livre à mon ami Michel, pépiniériste à Soyaux dans la banlieue d'Angoulême, son magasin s'appelle le Gairidon. Il n'est pas très normal. Enfin, disons qu'il est paranormal. Bizarre, quoi ! Lui, il est du genre à deviner l'heure au moyen d'un pendule. Un pendule femelle. Qui est installé dans son salon. D'ailleurs, Michel dit « une » pendule. Il a des mœurs paranormales : il lit l'avenir dans les lignes de chemin de fer. Il a passé trois jours à la gare de triage de Laroche-Migènes. À son retour, je lui ai demandé : « Alors, l'avenir ? » Il m'a répondu en faisant une tête de trois pieds de long : « Duraille ! » Il lit aussi dans le marc de décaféiné et dans les taches d'huile sous les voitures, au parking du Carrefour, à Angoulême. Il est télépathe. Au Pistou. Le Pistou, c'est un club de télépathie. Ils sont une centaine de membres disséminés dans toute la France. Tous télépathes. Ils ne se réunissent jamais. Chacun reste chez soi ! Et ils correspondent par télépathie. Ils ne se sont jamais vu. Ni courrier, ni mail, ni téléphone. C'est cent euros l'inscription. Il a envoyé un chèque au trésorier du club. Je lui ai dit : « Mais qui c'est le trésorier du club ? » Il n'en a aucune idée. Télépathie sans laisser d'adresse...

Michel est crédule. Il croit en la réincarnation. Il dit qu'il va se réincarner en orchidée. C'est pour ça qu'il est pépiniériste. Il gagne son paradis. Quand il plante une orchidée, il dit qu'il creuse sa tombe. Il dépose une petite graine au fond du trou, et quand l'orchidée pousse, il dit qu'il ressuscite ! Il est givré, Michel. Si un client veut acheter une orchidée, il refuse catégoriquement ! Il ne veut pas se vendre ! Et pourtant il dit qu'il fait tourner sa boutique ! Oui, il est médium. Sa boutique s'appelle le Gairidon. Alors il fait tourner le Gairidon.

Un jour, il m'a donné un carnet d'adresses, il m'a dit : « Choisis un nom, au hasard. » J'ai choisi un nom, au hasard. Il m'a dit : « Téléphone à cette personne, elle est en train de manger de la dinde. » J'ai téléphoné. C'était vrai. J'ai dit à Michel : « On est le 25 décembre, il est minuit trente, ça ne te rappelle rien ? » Il m'a répondu : « Et alors ? Tu aurais pu tomber sur un végétarien ! » Qu'est-ce que vous voulez répondre à ça ?

Il marche sur les braises, Michel. Un jour, il faisait des grillades avec des amis paranormaux. Ils sont grimpés à quatre dans le barbecue. Une sacrée brochette ! Brûlés au troisième degré, alors ils ont marché un peu sur l'eau, pour calmer la douleur. Ah, oui, parce qu'il est sourcier, aussi ! Il a deux baguettes et il cherche de l'eau, dans sa salle de bain. Ses deux baguettes vibrent tellement qu'il en a profité pour apprendre à jouer du tambour ! Il faut dire qu'il y a des fuites partout chez lui, toute sa plomberie est à refaire ! Il est un peu fakir : il traverse dans les clous. Et il dort sur des clous. Pour l'instant, ce sont des clous de girofle, faut bien commencer. Du coup, son lit embaume toute la maison.

La nuit, il fait des rêves prémonitoires. Un jour, il m'appelle au téléphone, il me dit : « J'ai rêvé que je t'appelais au téléphone, ce matin, à cinq heures trente. » Je lui ai hurlé : « Mais pourquoi tu m'appelles à cette heure-là ? » Il m'a dit : « Quelle heure est-il ? » J'ai regardé ma montre : « Cinq heures trente ! »

Il m'a dit : « Tu vois ? Mon rêve est prémonitoire ! » Je lui ai dit : « Et dans ton rêve, quand tu m'appelais à cinq heures trente, qu'est-ce que je te répondais ? » Il m'a dit : « Je ne sais pas, tu as crié tellement fort que ça m'a réveillé ! » Qu'est-ce que vous voulez répondre à ça ?

Michel lit consciencieusement son horoscope tous les matins. Il est persuadé qu'il est scorpion ascendant poisson. Je ne sais pas comment il a trouvé ça ! Il ne sait même pas où et quand il est né. Moi, je lui dis : « Tu es Dass ascendant Dass... » La première fois qu'il a lu un horoscope, il a choisi le signe qui lui correspondait le mieux. À « Scorpion », il a lu : *Amour, vous avez du mal à trouver l'âme sœur*. Et à « Poisson » : *Amour, vous avez du mal à trouver l'hameçon, les hommes ne vous laissent pas indifférents*. C'était l'horoscope du journal *Elle*. Il en a déduit qu'il était Scorpion ascendant Poisson, il a des mœurs paranormales...

Cher Georges Charpak, je me demande si c'est une bonne idée de lui donner votre livre. Michel, il ne va plus me réveiller à cinq heures trente, il ne va plus faire de grillades, il va abandonner le tambour et laisser tomber ses télépathes au pistou. Il va réaliser qu'il vit seul et qu'il est même pas Poisson ! En plus, ça sentira plus la girofle dans sa maison... Remarquez, ça va lui permettre de vendre ses orchidées. Il en a des milliers en réserve ! Il va peut-être faire fortune, grâce à vous ! Pourvu qu'il ne se débarrasse pas de son pendule. Il est très ancien. Un pendule femelle, c'est si rare...

Et je ne vous dis pas ce que le Coffe donne en bouche...

à Jean-Pierre Coffe

Le Commandant de bord, Jean-Pierre Coffe, et son équipage sont heureux de vous accueillir sur ce zinc ravitailleur de la compagnie à prix cassés « Sylvan-Air ». Des vols à moins de dix euros, en période rouge, rosé ou blanc, pour la France d'en bas qui s'envoie en l'air ! Décollage imminent. Notre appareil devant survoler des zones viticoles, la sécurité nous oblige à vous montrer le maniement de la bouteille qui se trouve sous votre siège. Il est conseillé de détacher sa ceinture pendant toute la durée de la dégustation, notamment lors de la traversée des zones de somnolence et au moindre tonneau. En cas de pépin ou de dépressurage, des ballons de Saint-Nicolas-de-Bourgueil à six euros cinquante la bouteille, tomberont devant vous : saisissez un ballon, appliquez-le sur le visage, comme ceci. Ne soufflez pas, aspirez ! Nous atteindrons notre vitesse de croisière gastronomique, trente-deux hectolitres par hectare, à une attitude de neuf mille pieds de vigne. La température au sol est de douze degrés cinq, nous espérons vous revoir prochainement sur nos vignes... santé !

Sacré Jean-Pierre ! Faire le tour du vin en trois cent quatre-vingts domaines ! Huit heures de goulot par jour ! Lui qui se bat contre les produits chimiques, il dort au Mercure et publie chez Plon, du mercure et du plomb, ça lui monte à la tête ! Son médecin lui avait pourtant dit d'arrêter ! Il n'était plus dans son assiette, forcément, il était dans son verre ! Il avait les globules rouges, l'œil blanc, le teint rosé, les côtes rôties, les joues Crozes, les veines caves, les idées en Brouilly, le regard Graves, un jour, il a même traité sa secrétaire de Cornas ! Il faisait des rêv's vignobles ! Il participait à des orgies classées cru ! Gamay au dernier degré, il était complètement dans le Syrah, il passait ses journées aligoté dans les Cabernet, à chanter comme un Chardonnay. Il était temps de fermer le robinet ombilical !

Bien sûr, Jean-Pierre Coffe avait fait le sarment de ne plus mettre les pieds dans une cave. À la vigne, à la mort ! Il était temps de tourner cépage. Personne ne l'a cru ni grand cru ! On a eu raisin ! Comme dit l'échanson : « Chasselas naturel, il revient au goulot ! »... Chez Jean-Pierre Coffe, le vin, c'est une seconde nature ! Il a le vin dans le sang, il est né avec le chromosome hic ! On dit que l'homme descend du singe, j'ai l'impression que Jean-Pierre Coffe, lui, descend du Saint-Joseph ! Il a poussé ses études jusqu'au niveau Bacchus plus cinq ! Depuis que son ami Jean Carmet n'est plus là, il déguste pour deux ! Avec son alter ego dans les nuages, c'est le dialogue des Carmet-litres. Jean-Pierre Coffe, c'est un lyr-hic, c'est notre Bison cuité hexagonal ! Avec lui, on revient à l'âge des tavernes : « Ici le vin est roi et votre bouche est son palais ! »

Écoutez-le, je cite : les Pinot noirs sont fringants comme des mousquetaires, le Riesling est droit comme un I, presque géométrique, le Brouilly est bavard, le Morgon a de belles épaules, certains vins sont trop efféminés, vulgaires, voire putassiers, et le rosé du Cap corse, tenez-vous bien, a un caractère vineux. Vineux ! Mais où va-t-il chercher tout ça ? Vineux signifie « qui a le goût ou l'odeur du vin ». Le rosé du Cap corse a le goût et l'odeur du vin, merci Jean-Pierre ! Il est vrai que vous aimez les tomates tomateuses, celles qui ont le goût et l'odeur de la tomate ! En tout cas, une chose est sûre, c'est que le Coffe est Coffeux, quoiqu'il fasse, il a le goût et l'odeur du Coffe ! Et sa dernière livraison est un Coffe à bijoux...

La vérité, c'est qu'il se décrit lui-même, Jean-Pierre ! Il est comme le vin ! Il n'aime pas rester en carafe et il adore qu'on le chambre ! Il se bonifie en vieillissant, il a du corps, de la cuisse, de la sève ; il est élégant, robuste, bien charpenté, charnu, et comme le vin a de la jambe, il ne peut s'empêcher de regarder sous sa robe, c'est le bouquet ! Et son nez ! Vous avez vu son nez ? Il dit que c'est le nez du vin, mais c'est son nez qu'il enfonce aux trois quarts dans le verre ! Un nez de pierre à fusil, tout en longueur, très aérien, évolué, surmaturé, Cyrano peut aller se rhabiller ! Le nez de Jean-Pierre, c'est un nez de tilleul, de cerise, de garrigue, de griotte, de fleur blanche, c'est plus un nez, c'est une pépinière ! Et je ne vous dis pas, le Coffe, ce qu'il donne en bouche ! Ça ne me regarde pas !

Cet homme est un jubilatoire, un jeté du jaja et de la jactance, il est pété de mots, beurré d'adjectifs, torché de métaphores, il déborde, il débonde, il dégorge, à vous mettre la langue en capilotade, à vous parfumer le cortex, à vous titiller les neurones gustatifs, bref, à vous faire péter la sous-ventrière ! Bien sûr, l'abus de Coffe est dangereux pour la santé, il faut le consommer avec modération ! Mais c'est un taste-vin de garde. Cet homme n'a pas fini de nous en faire boire de toutes les couleurs, il a une Sancerre joie de vivre, c'est un bon buvant, et puis... on ne va quand même pas jeter l'imbibé avec l'eau du vin !

Le vaccin contre l'injustice du docteur BCG

à Costa-Gavras

Je fais partie de cette génération de rêveurs qui sont allés se faire voir chez les Grecs. Ces jeunes antiquités, qui se sont crues sorties de la cuisse de Zeus, nourries aux théorèmes de Thalès et de Pythagore, qui ont appris la philosophie chez Sabatier et Foucaut autour d'un bon Platon-repas et la musique avec les Aphrodite Child, qui ont reçu le bonheur en intraveineuse et en Épicure, qui ont dansé le sirtaki avec Zorba (maintenant, on danse le mia et on chante avec Zebda) ceux qui pensaient, les naïfs, que la guerre de Troie n'aurait plus jamais lieu, qui ont appris la flemme olympique avec Moustaki, qui se sont shootés, c'était il y a belles lunettes, aux chansons de Nana Mouskouri, nous, les téléspectateurs lambda, bercés au feuilleton mythologique, Hellène et les garçons, Hermès, le dieu des foulards, Pan, le dieu des fantassins et des chasseurs, Atlas, le dieu de la géographie, et quarante-huit heures Chronos, le dieu de *La Redoute* !

Nous, les voyageurs impénitents, les Adonis amoureux de Liliane et de l'Odyssée, Homère m'a tué, les douze trav'los d'Hercule, les espoirs remis aux calendes grecques, nous qui avons mené une vie spartiate, en sandales, (maintenant on roule en Clio, la muse de chez Renault ou en Ulysse, de chez Fiat, avec des calandres plus grecques du tout), nous les illuminés qui avons fait la fêta, tomates, olives et champignons à la grecque, implorant les pythies qui venaient en mangeant, (à force de prendre de la Grèce et de l'âge, on voit venir l'embonpoint), qui avons mis les poings sur les i grecs, qui ne voulions pas changer un iota à nos convictions... tous ces idéalistes qui sont allés pousser leur cri au théâtre d'Épidaure, ces accrocs de l'Acropole, nourris aux macédoines de légumes, et aux déesses 19, ces allumés de la section A, maths-latin-grec, nous les adorateurs de Lesbos, nous les petits apollons aux corps fous, petits coqs, la Crète à l'air, avec des œdipes gros comme le poing, et des ego aux dents longues comme des scies égoïstes, satyres en tous genres, perdus dans les dédales à faire le grand Icare, de plus en plus près du soleil, à faire des serments d'hypocrite, à s'envoyer en l'air jusque dans les bras de Morphée, dieu du sommeil réparateur...

À peine réveillés de mai 68, nous avons plongé dans Z... Ah, Z ! C'était notre Amélie Poulain à nous, et Mikis Théodorakis, notre Yann Tiersen ! Pierre Dux et Julien Guiomar, en uniformes et décorations, jouaient les pourris absolus, Bozzuffi le salaud parfait, et nos nouveaux dieux de l'Olympe s'appelaient Montand, saint député de gauche et martyre, Trintignant saint juge d'instruction et Jacques Perrin saint journaliste... Stéphane Bern, lui, ne savait pas, il venait de naître, quand on n'a pas vu Z, on ne peut pas comprendre ! Z, c'était notre vaccin contre l'injustice, notre BCG, notre Bon Costa-Gavras, on sortait de Z, bouche B, on avait la N et des L, on avait un peu l'impression d'avoir des lettres, quoi ! Z nous avait pris, gamins, par les sentiments, l'injustice et la vérité, on ne pouvait que suivre Costa-Gavras, alors on s'est rangé à ses côtés, aux côtés des David, contre les méchants Goliath.

Ah, ça manquait pas, les Goliath : on a tous perdu des kilos et des illusions avec Montand dans « L'Aveu », on n'aurait peut-être pas dû... on était pas beau à voir, on n'avait plus que la peau d'balle sur les os... Cher Costa-Gavras, vous êtes passé d'un Goliath à l'autre, on vous a suivi, après David, on était prêts à tout, jouer la veuve et l'orphelin, la cinquième roue du carrosse, le noir, le Juif, le sans-papiers, l'exclu... On a été Tupamaros, on s'est fait lyncher par les cagoulés du Ku-Klux-Klan, on a participé au putsch à Santiago du Chili, on vous suivait partout, on a tout fait, on a même, tout récemment, enfilé la soutane de Mathieu Kassovitz et on est allé déverser aux pieds de Pie XII les horreurs de la guerre, mais Pie XII nous a dit amen avec un sourire pontifiant, tant Pie douze pour lui !

Trente ans qu'on se prend des claques avec vous, Costa-Gavras ! Trente ans que vous prenez un malin plaisir à montrer le monde qui s'effondre, à débusquer les méchants déguisés en bons et réciproquement, trente ans que nos beaux schémas s'écroulent. C'est bien simple, maintenant, je vous appelle Costa-Gravats. Allez, vous avez encore du boulot ! Les Goliath courent encore... Que diriez-vous d'un film sur Jean-Marie ? Messier, bien sûr ! Vous savez, Messier... merci, Messier... je vous en prie Messier... si Messier veut bien se donner la peine... le repas de Messier est servi... Bon, le problème avec lui, c'est qu'il tient les cordons de la Bourse. Alors le déboulonner, c'est un peu Messier impossible !

Depuis Z, le monde n'a pas beaucoup changé : quand y en a Amélie Poulain, il n'y en a Amélie pas pour tout le monde !

LE MONOLOGUE DU PÉNIS

à Fanny Cottençon

Chère Fanny Cottençon,

excusez-moi, mais, aujourd'hui, nous sommes le 9 septembre 2002. J-anniversaire moins deux. Il y a un an, presque jour pour jour, nous devions recevoir Princess Erika pour *Les Monologues du vagin*, pièce que vous aviez interprétée si brillamment la saison précédente. L'émission du 12 septembre fut annulée, pour cause de destruction de deux phallus en plein New York. Je me retrouvais avec, si j'ose dire, un vagin sur les bras...

Loin de moi, l'idée de reproposer aujourd'hui la chronique inédite du 12 septembre 2001, ce n'est pas dans mes habitudes. Mais, avouez tout de même que nous faisons un drôle de métier ! Ce 11 septembre, entre deux images abominables d'avions kamikazes, voilà qu'il me fallait me pencher sur le vagin. Oserais-je dire que, pour un homme, il s'agit là d'un terrain glissant ? Quoi que je dise sur le vagin, j'allais passer pour un épouvantable macho qui va dans le mur, un insupportable représentant du pouvoir mâle, qui parle de ce qu'il n'a pas et de ce qu'il ne connaît pas. Je le reconnais bien volontiers : je n'ai pas de vagin. Il y avait une chance sur deux au départ, et bien c'est raté ! Non seulement je n'ai pas de vagin sur moi, mais, pour des raisons indépendantes de ma volonté, je n'en avais pas sous la main, ce 11 septembre. Je partage mon existence avec une personne qui a la chance d'avoir un vagin. Croyez-bien que, si cette personne avait été à mes côtés ce jour-là, je n'aurais pas passé ma nuit le nez collé sur l'écran de la télévision, à broyer du noir... et, quand je dis broyer du noir, je ne pense pas à Princess Erika. Vous le voyez, tout est sujet à sous-entendu, quand on parle de vagin. Ce mot est tabou et, pourtant, il est sur toutes les langues... (Dois-je parler de la première page du dossier de presse du spectacle que l'on nous avait remis, où l'on voyait en très gros caractères VAGIN et dessous, cette sentence imparable : « Un an de sucé ! » ?)

Non, je préfèrerais ne pas m'aventurer plus avant dans cette zone à risques. Fallait-il pour autant écrire ici un monologue du pénis ? Je suis certes plus habilité à la chose, puisque j'en ai un à portée de main qui me suit toute la sainte journée. Qui me précède, devrais-je dire ! Oh, je ne souhaite pas mettre mon pénis en avant, ni le monter sur un piédestal. Mais, là où il est, à l'heure actuelle, il ne peut atteindre le micro : il peut paraître normal que je sois ici son interprète. Mais je ne veux pas être le Houellebecq du pénis, écrire la vie sexuelle de Vincent R. et passer chez Begbeider exhiber mon anatomie, même si je dois faire, c'est bien naturel, un énorme pic d'audience. Je ne veux pas non plus paraître trop cucul la branlette et entonner l'hymne de la grande réconciliation « ah, si pénis et vagin voulaient bien se donner la main etc., etc. ». Je peux bien m'amuser à mélanger pénis et vagin... pain né et vagisse... génie et vin passent... vingt piges et Sénat... j'avine et pincé... mais je vais vite tourner en rond. Et ça n'empêchera pas hommes et femmes de s'envoyer sur la gueule des pains ou des cendriers...

Pas question non plus d'évoquer mes compagnons du sexe masculin viril de chez viril masculin, ces prédateurs joueurs de pénis, qui arborent fièrement leurs baballes et leurs raquéquettes, toujours flanqués sur le gazon, spécialistes de la femme battue, avec ou sans filet, à Flushing de mes deux ou au gland Rarros, Evguéï Kalachnikov qui tire à boulets rouges et Pit' s'embrasse... ça joue long ou ça joue court et que je t'envoie une volée de bois vert, viens chez moi je te montrerai mon lob, mon passing-shot et mon revers slicé, tu feras bien une petite partie intime ? Dieu les pénisse ! Idem pour ces baroudeurs qui envahissent les plages avec leur pénis de débarquement, qui tirent sur tout ce qui bouge avec leur gros magnum goût vanille et violent à l'arraché, ou ces pauvres malheureux compagnons phallucinogènes qui vont en bande, à la queue nœud nœud, chasser le vagin à la nuit tombante dans les quartiers chauds, ou ces persona viagrata qui, après la prise de la pastille, peuvent jouer les sans-culottes en brandissant fièrement l'étendard turgescent de leur virilité retrouvée (et pourquoi ne pas créer dans la foulée des pastilles stéréo pour ceux qui bandent sonore, des pastilles boussoles pour ceux qui bandent magnétique, des pastilles Mickey pour ceux qui bandent dessinées ou des pastilles d'autoroute pour ceux qui bandent d'arrêt d'urgence)...

Je mettrais bien au musée tous ces objets du culte, ces bazars, ces bébêtes, ces petits Jésus... Un musée du pénis, c'est ça, une sorte de pinacothèque ! Où l'on entasserait le démonte-pneu, le pied-de-biche, la barre à mine, le pylône de haute tension, le fusil à pompe, le minaret, le mât, le marteau-piquet, la lance d'incendie, le bâton de berger, la flûte à bec verseur, la durite, le piston, le gland méchant loup, le nœud coulant, le dard, l'étendard, le soudard, la queue de billard, la biroute de campagne, le barreau de chaise, la poutrelle, le tisonnier, oh my gode...

Excusez-moi, Chère Fanny Cottençon, je m'emporte ! Revenons à vous, à votre pièce : votre carrière théâtrale suit une logique implacable, après *Les Monologues du vagin* et *Love*, voici *Les Couleurs de la vie...* En anglais : *Speaking in tongues* ! Pourquoi pas *Calling in pataugas*, *Singing in charantaises* ou *Running in bottes of seven lieues* ? Un gros merde à vous et, sans aucun rapport avec tout ce qui précède, je vous souhaite bien sûr, « un an de sucé » !

Le tailleur de Pierre, Paul, Vincent et les autres

à Jean-Loup Dabadie

C'est pas tous les jours qu'on reçoit au *Fou du Roi* un travailleur de la mine et du taille-crayon, un ouvrier du sentiment qui met les mains dans le cambouis, le cœur dans la jaserie et la plume dans l'encrier, un artisan tourneur-phraseur ! Un fabricant de jactance, tailleur de bavette, peaufineur de baratin, écouleur de parlerie, un tripatouilleur de non-dits, un acharné de la belle ouvrage, un piocheur d'images, un trimeur de la tchatche, un O.S. du dialogue, un manutentionnaire de la phrase, souffleur de verbes, inventeur de mots-luminaires en tous genres, confectionneur de réparties, un décorateur de confidences, charpentier de scénario, un retoucheur d'histoires. Un tailleur de Pierre, Paul, Vincent et les autres, un façonnier en caractère, et qui plus est, un graveur de refrains, créateur de haute-césure, un vitrier de la rime, un poseur de syllabes sur des musiques.

C'est que ça ne se fait plus beaucoup ces boulots-là, c'est pas facile de trouver un écrivain avant deux heures de l'après-midi, comme ça, au débotté. Les auteurs de chansons des rues, ça court pas les rues, justement ! C'est comme le boulanger, ça bosse de très tôt à très tard, ça pétrit, ça malaxe, ça laisse reposer, c'est pas dans les pages jaunes, c'est plutôt devant la page blanche, à fixer la feuille dans le blanc de la trame, ça transpire, ça creuse, ça fouille dans les nappes féeriques, ça descend dans le tréfonds, ça remonte dans le temps, ça gamberge, ça suppute, ça rêve, mais faut que ça produise, du bon mot chaud et croustillant, qui habille des petites vérités et distille des grandes douleurs. Le premier ouvrier scribouilleur venu, il colle et il attend que ça sèche. Dabadie, lui, il sèche, il sèche des heures, et il attend que ça colle, que les mots collent, que la phrase colle, que le refrain colle au chanteur, que la réplique colle à l'acteur, à la situation.

Attention, ne confiez pas vos travaux d'écriture à n'importe qui ! Les escrocs pullulent ! Les « pollueurs » vous prennent un sujet et en font de la bouillie pour les charlatans, pour les satisfaits. Essayez, vous verrez ! Tenez, par exemple : donnez les mots *fille, pantin* et *lâcher les chiens*, au premier écrivaillon-plombier de la Star Ac venu, il vous fera une chanson en forme de baignoire, de robinet d'eau chaude et de raccord de siphon, on la trouvera en tête des ventes en tête de gondole à Auchan : regardez-le travailler, l'auteur de bidet, qui a pignon sur ruse, bien sûr il vous trouve une rime à *petite fille*, en moins de temps qu'il faut pour boucher un trou, votre poète du tuyau de gaz a déjà déniché *torpille* et vous voilà avec votre refrain :

C'est la chanson des jolies filles
Qu'on chante à la Port' de Pantin
C'est la chanson des lanc' torpilles
À l'heure où on lâche les chiens !

Tout dans la grâce et la délicatesse le plombier des mots ! Donnez les mêmes mots à Dabadie, ébéniste, marqueteur en perle rare, dites-lui que c'est pour Barbara et le bricoleur vous sortira de son atelier d'orfèvrerie, ces quelques vers :

Mais elle était une petite fille
Alors ils ont lâché les chiens
Sur un pantin de pacotille
Et je ne me souviens pas bien
Il lui donnait la main
Ils allaient ensemble
un oiseau un pantin

Pacotille, c'est quand même autre chose que lance-torpille !

Mais pour une pépite de chanson, combien de pelletées de sable gris, sans âme, combien de mots jetés, de cheveux arrachés, de boyaux torturés ? Ah, il a fallu en jeter des noms qui ne sonnent pas juste, des tournures bancales, des vers vides, des alexandrins sans âme, des octosyllabes sans souffle, des poncifs raturés, des lourdeurs biffées, des mentions inutiles rayées... que de déchets ! Chez Dabadie, il y a de la sciure partout ! De la sciure de couplets, de la poussière d'article, des miettes de verbes, des cendres de rimes, des résidus d'adverbes, des bourres de discours, des épluchures d'envolées lyriques, du marc de comique resté au fond du cahier. Remarquez, c'est les éboueurs qui sont contents ! En fouillant dans les poubelles de Dabadie, on doit pouvoir trouver de beaux restes, dans les ramettes de papiers chiffonnés, il doit bien y avoir quelques miettes d'or, de quoi faire une petite chanson d'éboueur, à vous réchauffer le cœur par moins dix degrés à cinq heures du matin.

Cher Jean-Loup Dabadie, vous dites que vous n'avez pas choisi cette vie, c'est cette vie qui vous a choisi. Il a fallu que ça tombe sur vous : une paire de dicos sur le coin du paletot, une plume au bout des doigts. Continuez à nous tricoter du rêve, au point d'exclamation ou au point d'interrogation, évitez le point final et les paires de parenthèses, les gens ont vite fait de vous enfermer au musée guillemet !

La Lozère fait bien les choses

à Dave et Ariane Massenet

Permettez-moi de répondre à une auditrice, Christine, de Saint-Beauzile en Lozère, qui me reproche mon petit couplet sur son département, dans ma chronique sur Jean-Pierre Beltoise du 29 mars dernier. J'avais mis dans la bouche d'un chauffard français aviné cet épigramme, je me cite : « Regarde ce con, il est immatriculé 48 ! La Lozère, je rêve ! Va donc, eh plouc, retourne dans ta cambrousse ! » Bon, je reconnais qu'il ne s'agit pas là d'une envolée particulièrement élégante, digne d'un poète hexagonal, je ne pense pas qu'on la retrouve dans l'équivalent du Lagarde et Michard traitant du XXIème siècle, mais je tenais à répondre à mon auditrice :

Chère madame Christine de Saint Beauzille en Lozère,

vous me dites qu'en Lozère, il y a peu de feux rouges, peu d'embouteillages, mais qu'il y a par contre des petites routes tranquilles, contrairement à Paris qui est un enfer. Sachez, chère Christine, que le nombre de feux rouges en Lozère est, si mes calculs sont exacts, rigoureusement le même que celui des feux verts et que j'aurais très bien pu prendre un autre département comme, par exemple et au hasard, la Creuse, ce qui aurait donné ceci, dans la bouche de mon conducteur irascible : « Regarde ce con, il est immatriculé 23 ! La Creuse, je rêve ! Va donc, eh plouc, retourne dans ta cambrousse ! » Bien sûr, j'aurais reçu dans les trois jours une lettre d'une auditrice, Yolande, de Saint-Léger-le-Guérétois dans la Creuse, qui m'aurait reproché de mésestimer la Creuse, et j'aurais été obligé de lui répondre ceci :

Chère madame Yolande de St-Léger-le-Guérétois en Creuse,

votre lettre est arrivée en même temps que celle de madame Christine, votre amie de Saint-Beauzile en Lozère. Manifestement, vous vous êtes données le mot, sachez que mon intention n'était pas du tout de donner de la Lozère et de la Creuse une image dégradante, c'était juste un exemple. J'aurais pu prendre n'importe quel autre département sinistré. Aussi je vous demanderais de signaler à vos amies Josette de Saint-Yrieix-de-Déjalat en Corrèze (le 19), Florence de Cérans-Fouilletourte dans la Sarthe (le 72) et Marceline de Pontfaverger-Moronvilliers dans les Ardennes (numéro complémentaire : le 8) qu'il m'est impossible, quand j'ai besoin d'un département pouvant symboliser la cambrousse aux yeux d'un automobiliste abruti, de dresser un comparatif des différentes régions de notre beau pays. Peut-être aurais-je dû faire hurler à mon fou du volant pochetronné : « Regarde-moi ce con, il est immatriculé NL ! La Hollande, je rêve ! Va donc, eh batave, retourne planter tes tulipes dans ton polder ! », j'aurais reçu un abondant courrier provenant d'à peu près tous les recoins de l'hexagone, me félicitant pour mon papier décapant et plein d'humour, ainsi qu'une lettre de madame Astrid Vandenbroucke de Valkenswaard, dans le Brabant septentrional, Netherlands, me vantant les mérites des polders, des canaux et des moulins à vent et m'invitant à venir admirer les cent cinquante variétés de tulipes de Kukenhof !

Et pourquoi pas organiser un concours destiné à élire le département le mieux pourvu en voies vicinales ? Vous imaginez ? Chaque département enverrait un représentant avec un petit poème, ça s'appellerait Francovision, il y aurait tout un système subtil de comptage, avec un jury composé de représentants de chaque département, le tout diffusé à la télévision sur France 3 à une heure de grande écoute ! Ariane Massenet et Dave, embauchés tout spécialement pour l'occasion, commenteraient avec ferveur ce défilé de nos petits folklores locaux. Quatre-vingt-quinze départements + quatre Dom + cinq Tom = cent quatre candidats, quinze heures de programme non stop ! Pour l'occasion, Dave aurait goûté pendant trois mois toutes les spécialités des cent quatre départements, il aurait pris cinquante kilos et serait méconnaissable...

Notre première candidate, Julie Lespinasse, de Châtillon-sur-Colmont, représentant la Mayenne (53), nous vous écoutons. Et Julie Lespinasse s'avancerait et, devant la France entière, réciterait son quatrain mayennais :

je ne suis pas une hawaïenne
encor' moins une himalayenne
je ne joue pas les Arlésiennes
je suis tout just' dans la Mayenne

Comme il se doit, le département de la Mayenne (53) lui attribuerait la note maximale et le département du Doubs (25) refuserait de voter, car dans le Doubs, abstiens-toi. Ariane Massenet ferait la moue, car elle aurait un faible pour Charlotte Pontadec de Saint-Sulpice et Cameyrac, parce que c'est tout à côté de Bordeaux !

Candidate suivante, Clotilde Géselay de Saint-Alban sur Limagnole, représentant la Lozère (48), nous vous écoutons. Et Clotilde Géselay, accompagnée par la chorale de Saint Étienne du Valdonnez en tenue folklorique et tambourin, lancerait à la France médusée son quatrain lozérois :

Pas de feux roug' c'est un désert
aucun bouchon ni bulldozer
chemins tranquill's oiseaux diserts
loin de Paris c'est la Lozère

– Excusez-moi qui a écrit ce beau poème ?
– C'est une amie, Christine, de Saint-Beauzile en Lozère (48).

Chère Christine,
je vous promets que si un jour je rencontre Dave et Ariane Massenet, je leur parlerai de la Lozère et s'ils le peuvent, ils sont tellement gentils, ils feront une émission « En route pour la Lozère » où l'on partira en chansons à la recherche des feux rouges perdus !

Pour un meurtre avec toi, je ferais n'importe quoi

à Michel Delpech

Il faut que je me rende à l'évidence, malgré tous mes efforts, je ne suis pas Barbelivien. Pourtant j'ai essayé : j'ai travaillé sur les mêmes thèmes que vous, Michel Delpech. J'y ai mis mon cœur, mes émotions, mes révoltes, mais je n'ai jamais réussi à émouvoir personne. Enfin, je vous laisse juge. Vous me direz, je n'ai pas de chance au départ. Tenez, par exemple, mes parents habitaient la Meurthe et Moselle, j'ai donc écrit un début de poème sur eux, que j'ai intitulé :

La Meurthe et Moselle

Ma famille habite en Meurthe et Moselle
Ces gens-là ne font que d'la mirabelle
Ils passent tout l'automne pétés comm' des quetshes
À s'passer des disqu's de Michel Delpetch
Mais j'les aim' toujours ils m'ont tout appris
Schnaps et tord-boyaux qu'elle est bell' l'eau d'vie
Je n'peux vivr' longtemps sans aller les boire
Je pass' mes dimanche en Meurthe et Moselle

Je ne suis pas allé plus loin ! Quand, gamins, nous sortions de l'école, la brasserie du coin s'appelait « Chez Maurice ». Allez faire une chanson avec ça !

Chez Maurice

À sa façon de nous appeler sal's mioches
On voyait qu'il nous aimait pas beaucoup
Son seul souci c'était notre argent d'poche
Qu'il ponctionnait on l'app'lait Onc'Picsou
Après les cours on allait boire chez l'oncle
Quand on entrait Maurice rouspétait
Et d'un seul coup nos boutons nos furoncles
Apparaissaient quand il nous embrassait

C'était bien chez Maurice, on f'sait du psoriasis
Dès qu'il venait vers nous, Maurice
Mêm' l'éléphantiasis, parfois ça nous prenait
C'était une plaie pour nous, Maurice

Bon, je passe sur ma période chanteurs yéyés, j'avais assisté à un grand concert à l'île de Ré, avec mes chanteurs préférés de l'époque, j'en avais fait une ébauche de poème. Comme je parlais couramment l'anglais, j'avais intitulé ça :

Ré is Ré

Ré is Ré
Sheila is Sheila
Ré is Ré
Viva Dalida
C'est comme le sommeil
un' chute artérielle
Ré is Ré
C'est yéyé yéyé yéyé
Yéyé yéyé
yéyé yéyé

En 67, j'avais été marqué par la sortie du film « Bonnie and Clyde. » Je voulais tout faire péter, j'avais une copine à l'époque, et je lui avais dédié ce texte :

Pour un meurtre avec toi
Je ferais n'importe quoi

Pour un meurtre avec toi
Je serais prêt à tout
Pour un simple mauvais coup
Pour un meurtre avec toi
Pour un petit crime
Illégitime
Au bazooka
Pour un petit crime
Illégitime
À la mort-aux-rats
la la la la la la...

On a attaqué un Shopi à Pigalle, ça nous a rapporté un pack de lait et un paquet de six saucisses de Strasbourg. On a divorcé tout de suite après. Pour fêter ça, je lui ai envoyé un petit poème de haine, qui pourrait faire un joli tube, si vous vouliez bien le mettre en musique, Michel :

Petit poème de haine à l'usage des divorcés

Tu sais qu't'as des yeux hideux
Des yeux d'alligator
Ma ruminant' mon omnivore
C'est comm'ça que j't'abhorre
Mon petit canard boiteux
Mon sucre empoisonné
Mon plat d'côt' ma creus' mon collier
C'est comm'ça que j'te hais
On dit qu'l'amour rend aveugle
J'te vois en multicolore
Ma ruin' romain' mon poison d'or
C'est comm'ça que t'abhorre
J'rêv' de toi dans ton linceul
Mon arsenic ma vieill' dentelle
Mon abat de poulet
C'est comm'ça que j'te hais
Tu sais que j't'ai dans la peau
Un bouton dans chaqu' pore
C'est comm'ça que j'abhorre
Ma coqu'luch' mon typhus

Mon bubon mon lupus
Mon ulcèr' mon prurit
Mon zona ma cystite
Mon herpès ma pustule
Ma mycos' mon calcul
Ne pars pas ce s'rait trop beau
Mon infection ma plaie
C'est comm'ça que j'te hais

Voilà. Il ne me reste qu'une chose à faire, quand j'aurais soixante-treize ans, je raconterais à mes petits-enfants la grande époque du *Fou du roi*, dans un poème intitulé :

Le poète

J'ai mon romantisme
Qui devient gnangnan
Mon pauvre anévrisme
A soixante-treize ans
Je fais du fauteuil club
Et j'ai une papy-silhouette
Je traînais moins le iambe
Quand j'étais poète
Un jour chez Bernie
J'faisais Michel Delpech
Ma femme attendait
Planquée dans la vieill' deux deuche
Ils se sont tous fait j'ter dans l'Indre
Ma femme insomniaque
Ma monocylindre
Et Richard Lornac
Mon pauvr' Stéphane
J'ai soixante-treize ans
J'ai appris que Jordi
Est mort dernièrement
J'ai fêté les adieux de Pascal Sevran
Pour moi, il y a longtemps qu'c'est fini
Je n'écris plus grand'chose aujourd'hui
Mais sur TF1 j'vois encore Stéphane Bern
Et ça distrait ma vie.

QUAND ELLES ONT LES ABEILLES, LES FLEURS FONT L'AMOUR

à Julie Depardieu

Chère Julie Depardieu,

vous au moins, vous ne cherchez pas à épater la galerie, vous ne chiadez pas la déco, vous n'avez pas l'intention de vous mettre en valeur pour qu'on vous achète ! Pour décourager le chaland, vous n'y allez pas de parole morte, je cite, en vrac : « Je ne supporte pas les vacances, je déteste voyager, je n'ai aucun talent commercial, la mode m'exaspère, ma penderie est déprimante, je ne suis pas une fan de boutiques, je ne suis pas glamour, je ne fais pas d'effort de présentation, je n'achète plus rien, la consommation me déprime, je ne me balade même pas, les enfants, c'est vraiment pas mon truc, je n'aime pas le consensus, j'ai horreur de l'océan, j'ai la phobie des insectes... » Ah, ça nous change d'Arielle Dombasle ! Et vous ajoutez : « je vis plutôt comme une sexagénaire, je préfère m'occuper de mes pétunias, j'ai vraiment une vie de vieille maintenant, j'ai soixante-quinze ans et je le revendique ». Bon, soixante-quinze ans, c'est plutôt septuagénaire, mais c'est pas grave, on a compris le message. Il y a une époque où vous passiez vos soirées aux Bains Douches, maintenant, c'est un bain ou une douche et hop ! Au lit.

Vous trouvez que l'existence est glauque, alors vous vous penchez sur le monde des fleurs où tout marche comme sur des ciboulettes. Vous dites que vous aimez les fleurs besogneuses, comme le pétunia qui bosse pour fleurir jusqu'en octobre.

C'est vrai, les fleurs bossent ! Ça ne pousse pas sous le sabot d'un cheval, une fleur ! Il y a des fleurs qui ont leur bac ! Qui dira l'éloquence du poireau ? La ferveur des basilics ? L'introspection du narcisse ? Il y a des fleurs qui ont un bulbe entre les oreilles ! Il paraît que Julie Depardieu a signé le manifeste des trois cent quarante-trois échalotes, pétition pour que chaque plante potagère puisse dispenser de son bulbe comme bon lui semble ! Et pour lutter contre le pouvoir machiste des oignons. Aux slogans imbéciles tels que « L'oignon fait la force ! », « Pour un gouvernement d'oignon national ! » ou « Préservons l'oignon conjugal ! », elle répond : « Oignon, ordure, le peuple aura ta p'lure ! » Dieu pistil vous entendre ! Julie vous reçoit dans son jardin, à la fortune du pot ! Elle vit au milieu des branches de houx. Des branches de houx ? Bougival, une petite maison avec un jardin. Non, je dis de houx ? Bougival, c'est dans les Yvelines, à l'Ouest de Paris, entre Rueil et Saint-Germain-en-Laye. Non, de houx, le houx, la plante qu'on offre à Noël, avec les boules de gui. Guy Carlier ? Non, gui, le gui l'an neuf ! Ah !

Excusez-moi, mais revenons côté jardin ! Julie collectionne les fleurs, elle a de tout : des colchiques frénétiques, des asperges qui font des pointes, des anémones et de l'ancolie quarante-huit heures chrono. Elle fume de temps en temps, vite fait à la civette, quelques fines herbes. Les gens disent qu'elle est devenue un peu jacinthe-nitouche. Attention : elle ne dit pas cyclamen à tout le monde ! Elle ne supporte pas les gens qui débarquent, comme un éléphant dans un champ de jonquilles et qui piétinent ses plates-bandes. Elle ne mélange pas les torchons et les sarriettes : un jour, elle a croisé une giroflée avec un nénuphar, ça a donné des gyrophares. Ça clignotait de partout, les voisins ont eu peur ! Elle a tout refilé à la police, avec les pervenches, les aubergines et les primevères, toutes ces fleurs qui vous mettent à lavande. Le soir, devant sa cheminée, elle recoud les boutons d'or, reprise les violettes et repasse les tournesols. Elle fait un brin de causette avec les muguets, puis se couche à même le sol, sur des cardons, ou sur des lauriers, et d'un coup de clé des sauges, elle ferme les œillets. Elle rêve de fleurs délices, de roses crémières, d'origans déchaînés.

Elle rêve qu'elle joue au théâtre devant un parterre de fleurs. Elle se voit en tenancière louche d'un bar à tisanes, où l'on fumerait de la camomille, où l'on chiquerait de la chicorée, où l'on se saignerait aux quatre verveines en se gavant de crème Chantilleul ! Elle se réveille au chant du coquelicot, elle se fait des cures d'étamine, elle aime les fleurs, pollen à ras bord, qui font l'amour quand elles ont les abeilles ! Dans un coin de son jardin secret, il y a un glaïeul paternel et des géraniums : géranium Depardieu, s'il vous plaît ! (Après tout, il y a bien eu des Gérard tulipes !) Elle prend du bon thym, elle élève sa vanille, elle va jusqu'au bout de ses pensées, elle a de la suite dans les orchidées. Par moment, elle est un peu chou-pommé, bien sûr, elle ne trouve pas toujours la vie amarante, elle se fait du mouron, des soucis, elle se dit qu'elle ne sera peut-être pas immortelle, qu'elle se fanera, comme tout le monde, en perdant les pétales, et qu'elle finira dans un pavot de famille, en buvant ad vitam aeternam de la tisane de racines de pissenlits. Par ici les orties et les chrysanthèmes ! Qu'importe, elle aura vécu comme une fleur, « lotus, ficus et hibiscus », oui c'est du latin, ça veut dire, je roule en lotus, je mange bi-ficus, et je dors dans les hôtels hibiscus... ils sont fous ces romarins !

Chère Julie Depardieu, parfois quand vous sentez l'ennui qui pointe, vous tournez, vous cherchez le bon angle, l'œil de la caméra. Vous êtes comme le tournesol : vous tournez. Et la caméra vous effleure. Au théâtre, c'est pareil : au moindre problème de texte, pensez à creuser sous les planches : il y a des fleurs, comme une mémoire enfouie. On les appelle les sous-fleurs de théâtre.

Le mausolée nouveau est arrivé

à Christiane Desroches Noblecourt

Christiane Desroches Noblecourt porte bien son nom : elle passe sa vie à étudier dans des roches le noble cours de l'histoire des pharaons. À l'âge où les gosses lisent Astérix, elle lit l'Obélisque dans le texte ! Une bande dessinée de vingt-trois mètres de haut ! Elle joue à question pour un Champollion, collectionne les boîtes d'amulettes, se passionne pour le feuilleton *Dynastie* tourné en Égypte, il y a trois mille cinq cents ans. La pellicule est un peu poussiéreuse, mais les acteurs sont plus vrais que nature. Plus de trente épisodes, qu'elle ne manque sous aucun prétexte, avec un petit faible pour le dix-neuvième épisode, intitulé *Ramsès II le retour.*

Question école, très jeune, elle se jette dans la gueule du Louvre et tombe amoureuse d'un tout jeune fan-pharaon mort à vingt ans, Toutankhamon, qui régna dans les années 3280 avant Jésus-Christ. Dès l'âge nubile, elle s'intéresse à la Nubie, elle est littéralement ob-Nubi-lée ! Ce n'est plus une Nubie, c'est une lubie ! Elle écrit, dans le sable et les caillasses, son chef-d'œuvre : *À la recherche du temple perdu. Du côté de chez Assouan.* Elle travaille à plein temple ! Au diable les trente-cinq heures. D'ailleurs, les cœurs de ses momies ne battent plus depuis longtemps, c'est le sien qui bat pour elles.

Avec la bénédiction Nubie et orbi d'André Malraux et avec l'aide de fonctionnaires Nassermentés, pierre par pierre, elle change les temples de place, fouille partout ! Elle se dit elle-même « fouilleuse de base » ! Elle est la Charles Pasqua de l'égyptologie : en plein désert, un morceau de caillou lui semble suspect ! Hop ! Fouille obligatoire ! Elle passe au peigne fin la moindre des roches, noble courage. Elle est même la seule experte déclarée persona grata (qui signifie en latin « personne qui gratte ») par le gouvernement égyptien, dans les années cinquante. Elle roule des pelles au désert, des pioches, passe l'Égypte au tamis, elle rêve de décrocher la dune ! Les momies qui ont une tête de déterrée, elle les ramasse à la petite cuillère. Attention ! Elle fouille, mais ne fait pas les poches : on dit que les archéologues s'en mettent plein les fouilles, c'est faux ! Christiane Desroches Noblecourt ne mange pas de ce parpaing-là. Elle ne fait pas partie de cette race de pilleurs de troncs anciens, de « tombe bradeur », ces violeurs de vieilles sépultures, ces petits laveurs de caveaux sans scrupule ! Christiane ressuscite les vieilles histoires. Elle roule à tombeau ouvert. Son cri annuel, chaque automne, raisonne dans tous les bars de la vallée du Nil : « Le mausolée nouveau est arrivé ! » Grâce à elle, des médecins français rapiècent le faciès de Ramsès et lui retirent de la bouche l'omelette aux champignons qu'il était en train d'avaler. Les Français ont toujours été experts en gastro-momie !

Chère Christiane Desroches Noblecourt, votre métier est un beau métier ! Au milieu de la tempête médiatique actuelle, vous êtes gardienne de phare, gardienne de pharaon ! Et quelle longévité ! Même si vous avez un peu les temples grisonnants, vous nous racontez sur cinq cents pages l'histoire de la reine Ach... Atch... Ach'tez Proust, Ah séchez ces poutres, Attache tes bagages en soute, Ah j't'ai absoute, HAT-SHEP-SOUT ! Votre livre est un défilé de grands noms à dormir couché, depuis trois mille cinq cents ans... on les comprend, Thoutmosis, Sénènmout, Sébekemsaf et Ahmès Pen-Nekhbèt. On reconnaît l'influence de Goscinny et Uderzo...

On a envie de vous poser la question : « Mais où allez-vous chercher tout ça ? » En Égypte ? Oui, bien sûr ! J'aurais dû y penser. On n'imagine d'ailleurs pas ce que les pierres peuvent nous révéler. Je vous cite : « L'émotion gagna les deux Thébaines lorsque la reine douairière se fit annoncer ! » Alors là, chapeau bas ! En grattant un bas-relief avec une petite brosse à chiendent, vous avez déniché de l'émotion trois mille cinq cents ans après les faits ! Il est vrai qu'elle arrivait par douairière, ça surprend ! Et ça laisse des traces. Vous indiquez même dans votre chronologie que les obélisques ont eu une érection le dernier jour du quatrième mois de l'an 16 du règne d'Hatshepsout. Elle devait être bien jolie, la reine Hatshepsout !

Mais quel travail ! Vous imaginez, dans trois mille cinq cents ans, les archéologues qui tombent, si j'ose dire, sur le caveau de famille de Nicolas Sarkozy ? Et qui, grâce à quelques morceaux d'os, quelques bouts de ferraille et deux trois cartes postales de vacances à La Baule, réussissent à reconstituer l'histoire complète du règne du Petit Prince de Neuilly à Matignon durant sa fameuse régence aux côtés du Petit Pharaon Ate-Chichip-Soute II le Retour, qui bouta les engrais hors de France ?

Chère Christiane Desroches Noblecourt, vous êtes venue à l'Égypte par la bandelette, si j'ose dire. Votre vie est une belle traversée du désert, peuplée de cailloux, de morts, de vivants, de scorpions, de cobras, d'obélisques en érection et de sables émouvants... la vie, quoi !

VACHES FOLLES, COCHONS GIVRÉS ET CHÈVRES BARJOTES

à Manu Dibango

Qui sait ? S'il n'était pas né sous le signe du Sagittaire, peut-être n'aurait-il jamais eu un tempérament de nomade et le goût de l'aventure !

Qui sait, en effet ! Expédié en Europe dès l'âge de quinze ans, Manu Dibango serait revenu au Cameroun bardé de diplômes... Une thèse de doctorat en musicologie intitulée « SAXOLOGIE : DU POTENTIEL ACOUSTICO-EXPRESSIF DES SEPT SAXOPHONES, DU CONTREBASSE AU SOPRANINO » et le voici bombardé ministre puis, président de la République du Cameroun. Alpha Blondy qui, lui, ne serait pas né sous le signe du Scorpion, serait président de Côte d'Ivoire, Papa Wemba président du Congo, Angélique Kidjo présidente du Bénin et Mory Kanté président du Ghana !

Entraînant ses collègues présidents africains, Dibango crée les États-Unis d'Afrique, avec libre circulation des biens, des personnes, des instruments de musique et du vin de palme... Les États-Unis d'Afrique vivent en autosuffisance. Les seules importations en provenance de France concernent le beaujolais ! L'hymne d'Afrique est créé au cours d'un mémorable bœuf improvisé réunissant tous les chefs d'État et devient hit number one en Amérique et au Japon ! En France, il est deuxième derrière « Tous Ensemble », l'œuvre méconnue de Catherine Lara. Manu envoie des ingénieurs gabonais construire des pistes en terre en plein Paris, pour désengorger la capitale française, des pépiniéristes maliens viennent planter des manguiers sur les Champs-Élysées et des entraîneurs sénégalais tentent de former une nouvelle équipe de France de football, en apprenant aux joueurs à se passer de portable et d'eau minérale.

Une équipe ivoiro-béninoise d'architectes est envoyée aux Minguettes à Vénissieux et dans toutes les banlieues-dortoirs des grandes villes françaises, pour envisager la destruction des grandes barres HLM et la reconstruction de cases en terre, à un étage, plus conviviales, avec terrain de football, salle de concert et cinéma en plein air. Un rallye Dakar-Paris d'endurance est organisé : il n'a de Dakar que le nom, puisque les coureurs, tous africains, après une spéciale autour de Dakar, sont envoyés en avion à Bordeaux et parcourent cinq mille cinq cents kilomètres dans la brousse française, empruntant des routes entièrement goudronnées et des autoroutes très dangereuses, sous l'œil ahuri des Français à casquette Ricard qui, parfois, n'ont jamais vu un homme noir sur une autoroute !

Les États-Unis d'Afrique envoient en Europe des coopérants qui forment des autochtones à la culture du coton, la musique avec les pieds, la médecine douce et la vie après soixante-cinq ans. Monsieur Emmanuel Dibango, président camerounais, lance le projet invraisemblable de construire un pont entre l'Afrique et l'Amérique, un pont sur l'Atlantique ! Un pont en matériaux de récupération : morceaux de guitare, débris de vieux saxos, disques usagés, vieilles partitions, carcasses de pianos, amplis foutus, racks de lumière agonisants, batteries déficientes et projecteurs déglingués. Le nouveau pont est baptisé « Soul Makossa », il est envahi par une foule d'Américains et d'Africains, tous anglo-saxos, rejoints bientôt par quelques Européens clandestins passés en Afrique en douce, pour fuir le sarkozisme, nouvelle idéologie en vogue au nord de la Méditerranée, raz-de-marée bleu des uniformes de police.

Les touristes africains, de plus en plus nombreux, doivent se faire vacciner avant de partir en Europe, dans des instituts pasteurisés, où des chercheurs nigéro-burkinabés ont mis au point un triple vaccin contre les trois maladies endémiques européennes : la vache folle, le cochon givré et la chèvre barjote. Des pétitions circulent dans tout le continent africain pour lutter contre l'exploitation en Europe des animaux dits « domestiques », l'envahissement des rayons de nourriture pour chien-chien à sa mémère et chaton à son pépère dans les supermarchés et l'asservissement de l'homo europeannus aux poissons rouges, aux hamsters et aux lapins de compagnie ! On conseille même aux Africains qui arrivent en Europe d'emmener des sortes de moustiquaires les protégeant de tous les animaux domestiques, appelées domesticaires. Des safaris-photos sont organisés aux sièges des partis politiques français, véritables réserves d'éléphants, comme au PS ou au RPR.

Le président Dibango, en visite officielle à Washington, offre un saxophone et quelques leçons particulières à Bill Clinton, qui, en échange, lui offre une boîte de cigares « Monica ». L'Afrique est partout et la musique fait son entrée dans la Déclaration universelle des droits de l'homme !

Cher Manu Dibango, excusez-moi, je me suis un peu emporté. Vous êtes bien né sous le signe du Sagittaire, vous n'êtes pas président, il y a encore de nombreux ponts à bâtir, mais par moment, grâce à vous, on se prend à espérer... à quand la musique dans la Déclaration universelle des droits de l'homme ?

À Dieu cent à l'heure

à Dieudonné

Les religions tuent plus que l'alcool, les cigarettes et les drogues douces.

Je suis croyant. Très croyant ! J'aurais jamais cru croire à ce point. C'est de famille. J'ai été élevé sous la mère supérieure, baptisé à la clairette de Dieu, au vin de messe, à la bénédictine, à la Chartreuse, au spiritueux, je communie sous les deux espèces, à l'eau-de-vie et au pain parasol, je rends grâce à l'absinthe vierge, j'avale des chapelets et des chapelets de Jésus de Morteau (oui, Jésus est mort tôt, à 33 ans !). Mais attention, pas de favoritisme ! J'ai pris soin de diversifier mes croyances, on ne sait jamais, il ne faudrait pas qu'un Dieu se sente délaissé. J'ai les fois, comme on dit. Je passe d'une foi à l'autre, en toute infidélité. Il m'arrive de pratiquer plusieurs fois par jour ! J'ai même atteint des records, lors d'une année particulièrement sabbatique : exactement mille deux cent trente-quatre fois, en une seule année : extension, génuflexion, prosternation ! J'étais sur les genoux !

Je suis comme le chrétien de base, le chrétien des Alpes, je suis convaincu que depuis le premier rhum sur la terre, du Negrita je crois, il y a quelque part, au-dessus de nos têtes, un être suprême de volaille, un gros alambic qui distille la bonne parole et nous envoie pour nous purifier l'esprit-de-vin divin. Oh, qu'on ne se méprenne pas : pour moi, tous les dogmes sont égaux ! J'ai le feu au culte, j'ai le rite dans la peau, je prie à l'unité, je prie au kilo, je prie à la tonne, les yeux au ciel, la tête tournée vers la Mecque et les pieds tournés vers le mécréant. Grâce à Dieu, ma vie a un sens, ma voiture une essence, ma libido une excroissance et ma cave un Sancerre !

Je vis à Dieu cent à l'heure : je me prélasse avec des prélats, je vais dans des hammams avec des imams et des rabbins turcs, j'écoute de la musique religieuse orthodoxe, la musique pope, je pontifie à loisir, je pars en vacances en papamobile-home, je fréquente des sultanes occitanes en soutane en fumant des gitanes mahométanes, pas au méthane, mahométanes ! J'achète des foulards islamiques chez Hermès, je vais dans les concerts ecclésiastiques et j'attrape au vol les petites calottes jetées par les évêques ! Les cardinaux des quatre coins du monde me déboussolent, je me fais des cures de curés, je me parfume à l'extrait de baptême. J'aperçois un chanoine qui traverse devant moi : c'est mon jour de chance ! J'ai eu la médaille de bonze, aux Jeux œcuméniques de Salt Lake city, j'ai fait de la moto avec le mollah Omar, je bois des bières trappistes et je mange de la chaussée aux moines. J'ai poussé des études sur les dieux gréco-romains jusqu'au niveau Bacchus + 5 !

Tous les jours, Jéhovah au bistro, Allah bonne franquette ! Et les pieds sous les Tables de la loi, je me soûle de religions : je me pinte aux versets sacrés, je m'arsouille au jus de psaume, je me camphre à la charia, je me charge au talmud. Après force méditation transcendantale et labiodentale, je m'endors dans les bras de Morphée, en chantant la Cabale du pêcheur du père Cabrel, pleurant tous les lacrima-christi de mon corps, avec sous le bras un thermomètre au Dieu Mercure, et sur la langue un petit bout du dieu de la guerre... un Mars ! Je suis un prosélyte zélé, j'arbore tous les signes ostentatoires de mes croyances : salut les kippas, je mets les voiles, j'adore les tchadors, croix de bois, croix de fer, si je mens je vais en enfer ! Je colle religieusement un Judas sur toutes mes portes, y compris celle qui donne sur la rue, c'est une porte casher...

Je collectionne les Bouddhas, les Bouddhas noirs, les Bouddhas blancs, les Bouddhas antillais, je reste zen, je crois en l'au-delà, enfin de là-haut, ou Lao-Tseu, je n'sais plus...J'ai l'esprit un peu Confucius, j'ai des diarrhées Krisna, je me roule des joints dans du papier bible, je fume indifféremment du chiite ou du sunnite, je suis un illuminé accroc aux prises de Coran, je me suis même branché sur le sectaire : liqueur de Mandarom, clair de Moon, un verre de Mormon et deux doigts de fiente-au-logis.

Parfois, je me dis : trop, c'est trop ! Certains soirs de blues, je songe à me désintoxiquer : pouvoir rentrer dans un bar, sans mettre la main au bénitier, regarder le barman bien dans les yeux et lui dire : « Servez-moi un athée bien chaud ! » « Au saint chrême, à la torah, avec une étoile, un croissant ? » « Non, un athée nature... avec un nuage de légèreté... »

SAVARY-PHOTO AU PAYS DES MERVEILLES

à Arielle Dombasle

Arielle Dombasle,
Ari-elle Dombasle,
ira-elle Dombasle
dira elle ombale
dira la ombelle
on dira la belle... on dira la belle !

Il y a des gens comme ça qui ont le label de la belle ! Alors vous êtes sortie de votre conte de fée, où les belles tombent amoureuses des bêtes, où l'amour est à portée de nain, où les princes charmants se cachent dans les chaussures des géants, où les costumes en vinyle jouent la transparence, où Blanche Neige se Grimm en poudreuse et se shoote à l'héroïne de Walt Disney, il y a des jours où l'on aimerait être une toute petite bête... Hérisson, je sais, c'est déjà pris, mais j'aurais pu être un oursin en peluche, un rat, un rat comique, un petit rat d'opéra-comique, ou une taupe modèle, j'aurais dormi à l'hôtel grillon, je jouerais au criquet, j'aurais pu être un hamster danseur de claquettes, vous auriez dit, tiens v'là Fred Hamster, ou un lièvre, je me serais maquillé avec du rouge, du rouge à lièvre, j'aurais été un crabe, un pince-charmant, je vous aurai raconté des histoires drôles, des histoires de tourteau, je me serais réduit en mouette, je serais venu en échassier, en héron de la résistance, en émeu ému, en cormoran marrant pas encore mourant, en goéland et vous m'auriez dit « Jonathan que toi ! », j'aurais été une huître, vous auriez pris mon pied, un pingouin pas manchot, un flamant pas Flavie, j'aurais été une hirondelle là-bas et en mélangeant les syllabes, l'air de rien, hirondelle là-bas, ça aurait donné on rit d'elle là-bas, haridelle lon ba, arielle dombasle.

J'aurais été un membre de la secte des insectes, une mouche tsé-tsé, ouais, la mouche, t'sais, t'sais, celle qui donne la maladie du soleil, t'sais, t'sais... J'aurais été un pou modèle, je serais venu avec mes potes qui prennent tous un x au pluriel, caillou-genou-chou-joujou-hibou, j'aurais été un poussin peintre en sentiment, un ver luisant, un autre ver reluisant, un ver séduisant, une cantharide chauve, une araignée, j'aurais sorti toutes mes décorations, vous auriez dit : « Tiens, v'là mygale des anciens combattants ! », je vous aurais chanté la tarentule de Duteil, je serais venu en coccinelle, avec un moteur refait à neuf, j'aurais atterri en coléoptère, je serais arrivé en bras de chenille, ça vous aurait rappelé votre mari, j'aurais été une bête à Bourdieu, un hanneton communiste, et mes collègues de cellule m'auraient accompagné jusqu'au studio en chantant « Hanneton prend ta faucille ! », je serais arrivé tout miel, j'aurais les abeilles, le bourdon, le cafard, je serais une blatte de base-ball, j'aurais été une cigale et j'aurais chanté tout l'été du Aznavour, you are the one, fourmi, fourmi, fourmidable, un serpent à sornettes, ou une mante à cornette, une mante religieuse, une jolie mante de Mantes-la-Jolie, j'aurais été une punaise toujours étonnée, une punaise de sapristi, un cancrelat, là, près du radiateur, je serais venu en scarabée avec mon groupe de ska, ascaris, rascasse et escargot, j'aurais été un gentil petit canard communiste, et mes collègues de cellule m'auraient accompagné jusqu'au studio en chantant « caneton prend ta faucille ! », j'aurais été un bouquetin édité chez Albin Michel, j'aurais été une outarde et je serais monté à votre nez, une guêpe en guêpière, un aoûtat en vacances, je me serais déguisé en petit animal fabuleux, une licorne de gazelle, un faon ailé dans un magasin de porcelaine, ou un hybride, moitié Bernard l'hermite, moitié tapir, vous m'auriez dit, tiens v'là Bernard Tapir, j'aurais même été une paramécie ouverte le dimanche, une amibe de trente ans, j'aurais été une éponge en peignoir, un petit chien tranquille qui se tournerait les puces, j'aurais fait une apparition en éphémère et j'aurais trouvé le moyen de mourir avant même de commencer ma chronique, j'aurais été un lapin, et j'aurais raté notre rendez-vous, j'aurais été écureuil, rien ne vous aurait été épargné !

Ou alors j'aurais été un nain, moi aussi, un nain malheureux,

J'aurais voulu être un nain triste
Pour pouvoir être votre héros
Plutôt que de finir lampiste
Simple quidam à la radio

Oui, mais voilà, on n'est pas dans un conte de fée, je n'ai qu'à regarder sur ma gauche pour redescendre sur terre, c'est bien la trogne renfrognée de Didier Porte qui manifestement vient de recevoir sa fiche de paie de France-Inter, on a la belle qu'on peut ! Chère Arielle Dombasle, pendant deux heures de spectacle, vous m'avez embarqué comme un gamin dans un Savary-photo au pays des merveilles, la vie est belle, la vie est bête, sur cette foutue planète, qui est quand même un sacré opéra-comique !

LA JAVA VENAIT TOUJOURS APRÈS LA PEINE

à Patrick Dupond

Paris ne manque pas d'air ! Entre le Flore et la faune, les deux magots et les mégots, Paris s'envoie en l'air. Paris c'est toute une vie, on s'insulte à Cambronne, on se réconcilie à la Concorde, on se quitte gare de l'Est, on se marie à la Samaritaine, on se bat à la Défense, on gagne à la Bourse, on perd au Change, on change à Châtelet, on chasse les biches passage du Grand-Cerf, vrai faubourg, faux-vrai Beaubourg, pom pom Pompidou, et tant de petites places pour s'aimer !

Paris, au printemps, amuse les galeries sur de grands papiers boulevards, les touristes tombent des nues comme des bateaux-mouches ! C'est l'heure de la mouff', le Boul'mich est dans la Huchette, on y perd son quartier latin ! Bouffes parisiens, et bouffes du Nord, à Paris on passe de l'avenue du coq au Boulevard Lannes : Paris ouvre grand sa bouche de métro et tire une langue de Parigot. On soulève le voile du palais du Louvre, on longe le boulevard Saint-Germain des prémolaires, et tout au fond de l'avenue Georges V, la porte de la Luette ! Côté jardin, Paris a des goûts de Luxembourg ! Paris fait du porte-à-porte, Paris est tatillon porte de Châtillon, Paris est une crème porte de Gentilly, Paris est grise porte des Ternes, Paris se déshabille porte Maillot, Paris bronze porte Dorée, Paris se fait ses places au soleil, Denfert et dame Nation ! Paris fait acte de Plaisance, les bergères font des folies, de la Gaîté à Montsouris, et du Marais à la rue des Rigoles... et la Conciergerie ! Les petits hommes vers de la ville de Paris roulent en pigeons, en moto-crottes de chien...poubelle, c'est un nom qu'on dirait inventé pour elle ! Le parisien doit être Pariccide ! On marche au hasard, on lézarde à Saint-Lazare, aux arts et métiers, au Bazar de l'hôtel de Ville.

À la Madeleine, on se laisse aller aux souvenirs, quand on croisait Patrick Dupond place du danseur étoile ou place de l'Opéra. Un jour, à deux cents kilomètres heure, Patrick Dupond de l'Alma s'envoie dans le décor, la Tuilerie ! Ses os sont en hachis, entre Parmentier, Saint-Maur et porte de Pantin désarticulé. On lui propose une place assise au Père Lachaise, ça tombe bien, il reste des places, des places de vieux restes, on réserve déjà un requiem porte de la Chapelle, mais la rue des Morillons ne le tente pas, pas plus que le passage des soupirs ou les filles du Calvaire. Après un gros détour aux Invalides, solide comme Duroc, il renaît comme une fleur, regagne son Paris, et maintenant : Sous Patrick Dupond Mirabeau coule la scène du Comédia, faut-il qu'il m'en souvienne, la java venait toujours après la peine...

L'homme a plusieurs cordes à son arc de Triomphe ! Vous dansiez ? Et bien chantez, maintenant ! Patrick Dupond-Neuf prend un bol d'air de Paris, il fredonne du Renaud porte Dauphine, chante une balade au bois de Vincennes, fait un foutu vacarme porte de tintouin ! Il danse un tango sur le zinc, se pavane dans Paname, danse aux Capucines et fait valser l'étiquette ! Au diable les cancans et le boulevard à ragots, il n'a pas l'intention de Saint-Mandé ! Patrick Dupond chante et danse l'air de Paris, la musique de Belleville, les flonflons de Pigalle, la chanson de Ménilmontant, chant de mars, chants élysées, il donne de la voie sur berge, la Goutte d'Or fait déborder le jazz, y'a du Boulogne sur les planches.

Paris est sur pied, chaussée d'Antin, Paris bat la semelle et le pavé avec un boulevard de ceinture et des bretelles pour retenir son Panthéon, Paris s'habille tout en couleurs, boulevard magenta, Moulin rouge, vert-galant, blancs-manteaux, place blanche et rue des roses. Paris s'emmêle les pinceaux, la rue des Pyrénées est plein Est, l'obélisque n'est pas à Alésia, y'a pas un pékin rue de la Chine, le quartier juif n'est ni à Charonne, ni rue de la Palestine, il y a une rue des Beaux-Arts mais pas de rue

Béjart. On se fait une toile en se branchant sur le Canal Saint-Martin ou Canal de l'Ourcq. Paris nous montre ses tours, rien que des Tours de magie, la Tour Saint-Jacques, la Tour Montparnasse et pour nous faire grimper aux rideaux, il nous fait la courte Eiffel, Bercy, Paris ! La neige tombe place des Vosges, une Bastille pour la toux, un vin chaud, la Coupole au bord des lèvres, un gobelet aux Gobelins, un peu trop d'apéro au Trocadéro, et quand on a bien bu, qu'on s'est bien repu à Répu, les yeux Edgar Quinet, on va voir les buttes, la Butte-aux-Cailles, la Butte Montmartre, les Buttes-Chaumont.

On lèche les vitrines des boutiques de bisous, place Vendôme, on demande l'heure à la Brasserie Lipp, Paris bâille, Paris by night, Paris a sommeil. On en a plein les Batignolles, ras la Villette, on se couche sur un banc public, on ne dort que d'un Neuilly, en rêvant à une autre dame, une autre dame... de Paris ! Bercé par le battement du Sacré-Cœur parfumé au Basilique en fredonnant la gamme de Paris : Dau...mesnil, Ré...aumur, Mi...chel-ange, Fa...vart, Sol...férino, La...Fayette... et s'il nous reste des si, on pourra toujours mettre Paris en bouteille !

Le gardien de Musset

à André Dussollier

Cher André Dussollier,

c'était un soir de la semaine dernière, j'étais parti pour aller au théâtre et je ne sais pas ce qui s'est passé, mais je me suis retrouvé dans votre salon. Je n'étais pas le seul : il y avait à peu près quatre cents autres seuls. En plus, on a dû arriver trop tôt, vous n'étiez pas encore là. On s'est assis, bêtement, comme dans une salle d'attente. J'avais été gentiment invité, mais j'ai l'impression que certains avaient payé. Payer pour se retrouver chez Dussollier, devant un fauteuil vide et un pouf ! On s'est tassé discrètement dans un coin sombre, en essayant de faire le moins de bruit possible... et vous êtes arrivé.

Vous avez enlevé votre manteau, vous avez fait quelques pas, manifestement heureux, vous vous êtes assis dans un fauteuil et vous avez lancé à la cantonade : « Enfin seul ! » Nous, la cantonade, nous étions un peu gênés. On s'est dit : « Tiens, il ne nous a pas remarqués, il se croit seul, le pauvre, sa vue baisse ! » On s'est tassé un peu plus dans nos fauteuils, retenant notre souffle, essayant de tousser le moins possible, faisant comme si nous n'étions pas là. Et bien, vous savez que c'est beau un homme seul dans un salon bourré à craquer. Un homme qui se croit vraiment seul, donc sans fard, sans code, sans couffin, sans caméra, juste votre chevelure poivre et seule. Vous avez parlé tout seul, pendant plus d'une heure ! Vous avez parlé au rideau, aux murs, aux fauteuils. C'est ce qui s'appelle meubler le silence ! Des palanquins de mots, des brouettes de vers, des divans de confidences, des armoires pleines de prose, vous sembliez surbooké de solitude ! Comme si vous aviez mis au point un POS :

un Plan d'Occupation des Seuls, mots et phrases à tous les étages ! Une sorte de concerto en seul majeur. Seul, mais pas seul pleureur, loin de là ! Vous avez le rire communicatif et la gaîté Montparnasse. Ça faisait un boucan, dans ce salon !

J'ai pensé aux voisins. Je me suis dit : « il est gonflé, il lave son linge seul en famille ». Et nous, la famille, on avait l'impression de faire partie des meubles, de vos meubles. J'étais comme une commode, avec des tiroirs, et vous, vous rangiez vos petites affaires. Chacun recevait un bout de Dussollier et un peu de sa voix, sa voix de Savoyard. Vous avez parlé d'un loup, solitaire, qui mourait, d'une vieille actrice, solitaire, qui décrépissait sur scène, vous avez dit des vers, solitaire. Avec téniacité ! André du singulier, André du solaire, du solitaire, du soliste, du solo, du soliloque, on avait l'impression que vous recherchiez l'âme seule. On était avec vous sur une île diserte, un radeau bavard, à la dérive sur un océan de mots. Une traversée de la vie et de la mort en solitaire. Une île diserte avec un port, un port sauvage... oui, c'est ça, un porc sauvage, un sanglier, un solitaire, qui laisse la porte ouverte, une porte phacochère. Vous étiez à fleur de peau, sur votre quant à soie, la soie du sanglier. André du sanglier. Un solitaire, un diamant taillé en milliers de facettes, un brillant, quoi ! Un acteur qui quitte le gros de la troupe et pour une fois, enfile son manteau de solo, un solo à grains de folie. Esseulé dans son cocon, il se dit des vers à soi, il fait sarabande à part, il joue Dubillard à une bande, il est gardien de Musset, un fêlé dans sa coquille, il fait casanier seul, se camisole, s'onanise, c'est un singleton cinglé, il se tapit, il est à part, hors champ, orfèvre, il s'isole, il cisèle, il fait du hors-piste, il s'abstrait, enfin seul, libre comme l'air, exempté, exonéré, doublement timbré et affranchi.

Sniper embusqué, Dussollier est un tireur isolé, un tireur d'élite, des litres et des litres de sens, un fin tireur de mots qui a déniché des grands crus, des monstres sucrés. André du cellier nous fait descendre dans sa cave, où il conserve depuis longtemps des mots qui ont travaillé, qui se sont bonifiés, des mots doux naturels, des mots de pays, des mots du cru, des mots pétillants, du brut, du doux, du mousseux, du sec, des mots fruités, gouleyants, ronds, des mots longs en bouche, âpres, râpeux, des mots capiteux, forts, généreux, des mots légers, mœlleux, André du sommelier, nous présente ses belles bouteilles VDQS, Vocables Délimités de Qualité Supérieure, ses AOC, Aphorismes d'Origine Contrôlée, il semble nous dire : « Enfin soûl ! Soûl de mots », c'est un échanson qui nous sert à boire des mots, oui, depuis Resnais, on connaît l'échanson ! Il débouche un sublime Victor Hugo de 1843 de derrière les fagots, un Château-Michaux, du Alfred de vinifié en fût, du Sacha tout craché, Château-Guitry grand crû bourgeois, un Bergerac, côtes de Cyrano, toutes ces pages célèbres. Il a le diable au corps, Dussollier de Satan ! Il avance nu, avec pour seul vêtement ses feuilles de lignes et une paire Dussollier, bien sûr ! Dussollier vernis, Dussollier à talent, il nous enivre d'amour, nous soûle de paroles, nous pinte de nostalgie.

Au bout d'une heure, André, dessoûlé, renfile son manteau de fou rire et s'en va. Il nous laisse plantés là, seuls. Chacun repart chez soi, avec dans son cabas, une bonne adresse et la vague impression d'avoir un ami en plus.

Bornéo et Juliette ou les amours impossibles

à Gad Elmaleh

11 septembre 2001. Les tours jumelles s'effondrent en boucle à la télé. Pour me changer les idées, je feuillette le *Libé* du jour. La dernière page est entièrement consacrée à Gad Elmaleh. Sacré Gad Elmaleh ! L'Amérique s'écroule et pendant ce temps-là, Gad Elmaleh mène une vie normale à l'Olympia. Gad Elnormaleh. Ce type est-il bien normal ?

Avril, mai 2002. Les deux tours de la présidentielle s'effondrent en boucle à la télé. Pour me changer les idées, je feuillette les dossiers de presse qu'on m'a remis pour l'émission *Le Fou du Roi*. Un de ces dossiers est entièrement consacré à Gad Elmaleh. Allons bon ! La France s'écroule et Gad Elmaleh reprend une vie normale au Casino de Paris à partir du 14 mai. Faut-il se méfier de Gad Elmaleh ? Y a-t-il une catastrophe en vue chaque fois que Gad Elmaleh reprend son spectacle, *La Vie normale* ? L'énorme deviendrait-il la norme ?

Y a-t-il un contentieux entre Gad et les Malais ? Est-ce que les Malais mènent une vie normale ? Qui connaît vraiment la Malaisie ? Y a-t-il un malaise avec la Malaisie ? Une chose est sûre : il n'y a pas de mélèze en Malaisie. Le mélèze est un grand conifère des montagnes d'Europe. Par contre, il y a un gros malaise en Europe. Normal : on a laissé les cons et les conifères. Dans l'ombre. Et maintenant les mélèzes pullulent. Des gros mélèzes. Des mélèzes obèses. Mais, courage ! La résistance s'organise : j'entends les messages codés à la radio :

Les matelas malais n'ont plus d'alèse. Je répète : les matelas malais n'ont plus d'alèse. Le kinési part en Mélanésie. Je répète. Le kinési part en Mélanésie. Au Caire, le raïs mange du maïs. Je répète. Au Caire, le raïs mange du maïs.

Et si Gad hait le Malais, Kad hait Olivier, la pluie hait le beau temps... Tous ces gens pourront-ils continuer à travailler ensemble ? Je n'aime pas le maïs. Bon. Est-ce une raison pour que les gens me haïssent ? Va-t-on devoir créer des zones maïs et des zones non-maïs ? On nous dit : Gad Elmaleh reprend *La Vie Normale* au Casino de Paris pour trente représentations exceptionnelles ultimes et irrévocables. Ultime et irrévocable ! Pourquoi ? Il s'en va définitivement, après ? On le met dehors ? Ses papiers maïs ne sont pas en règle ? Peut-être va-t-il couler des jours heureux avec une Malaise à Bornéo ? Oui, parce que dans une vie normale de star comique, il arrive toujours un moment où on se retrouve à Bornéo, dans un Méridien trois étoiles et là, on rencontre une Malaise. Gad est un doux, un décalé, elle lui semblera tout à fait normale ! Ce sera le grand amour : ils feront la Java à Bornéo ! Ils mangeront des loukoums de koala à Kuala Lumpur ! Elle s'appellera Juliette, elle sera soprano colorature. Il lui montrera sa nouvelle voiture : une Sumatra Simca.

Mais, voilà : Bornéo et Juliette, ou les amours impossibles ! Pauvre Gad Elmaleh, il ne l'aura pas vu venir... Ils auront un enfant, contre-ténor. Mais Juliette n'allaitera pas. Elle ne peut plus allaiter. Trop de maïs. Deux paquets par jour. Pourtant, sa mère, malaise elle aussi, l'avait prévenue : le maïs, si tu commences, tu ne peux plus allaiter...

Juliette Capulet n'a plus d'lait mais monte dans les aigus. Je répète : Juliette Capulet n'a plus d'lait mais monte dans les aigus. Les aiguilles du mélèze sont caduques, l'heure ne tourne plus rond. Je répète : les aiguilles du mélèze sont caduques, l'heure ne tourne plus rond. Le certificat de décès se glisse dans l'urne funéraire. Je répète. Le certificat de décès se glisse dans l'urne funéraire.

Et Juliette, la Malaise de Bornéo, mourra d'un arrêt du cœur. Lui Gad et elle, immolée. Comme quoi, il existe des malaises cardiaques ! Juliette caduque, le Roméo-Gad reviendra à Paris, en chantant tristement de Nantes à Montaigu, la digue, la digue, de Nantes à Montaigu, la digue... du curry ! Il mangera du curry dans un resto indonésien. On sera en mai 2007. Entre les deux tours de la présidentielle. Gad Elmaleh reprendra *La Vie normale*. Aïe, aïe, aïe ! Un Elmaleh n'arrive jamais seul ! Il sera avec son enfant. Son fils malais. Le maléfice. La France ne sera plus qu'un champ de mélèzes, une bande de résineux résignés.

Les requins ont perdu leurs dents de lait. Je répète. Les requins ont perdu leurs dents de lait. En mai fait ce qu'il te déplaît. Je répète. En mai fait ce qu'il te déplaît. Les sondés se dévergondent dans les îles de la Sonde. Je répète. Les sondés se dévergondent dans les îles de la Sonde.

Et l'enfant malais de Gad Elmaleh devra attendre sa majorité en 2022. La France sera caduque. Gad, cinquante et un ans, sera atteint d'absurdité galopante. Il fera comme tout le monde, il parlera le langage des cygnes, des sarcelles, des colverts et des oies cendrées.

Ah, j'oubliais... Dimanche prochain, c'est la Sainte-Judith. À la Sainte-Judith, il n'est plus temps que j'médite. Cher Gad Elmaleh, je vous souhaite comme à nous tous une belle vie normale. On va essayer de faire ce qu'il faut pour.

Toujours Faudel au poste

à Faudel

Enfin, Faudel au *Fou du Roi* ! Un peu d'air frais. Comme dit Victor Hugo, *« Un frais parfum sortait des touffes d'asphodèle. »* Parce qu'au *Fou du Roi*, on a tout eu. Des invités de tous les gabarits, de tous les timbres de voix, d'Arielle Dombasle à Philippe Séguin, en passant par Michel Leeb et Boutros-Boutros Ghali, mais des Faudel, jamais ! Des fauchés comme Jean-Pierre Mocky, des phobiques comme Coline Serreau, des faux derches, faux-monnayeurs et faux électeurs, oui on a quand même reçu Jean Tibéri, des faux frères comme Éric et Ramzy ou Chevalier et Laspalès, on a même eu des Fogiel, mais des Faudel, jamais !

On a eu des cancres notoires comme Michel Galabru ou Guy Roux, des grosses têtes, comme Albert Jacquard, Yves Coppens, ou Philippe Bouvard, mais des anciens élèves de l'école primaire des Coquelicots et du collège Paul Cézanne de Mantes-la-Jolie, jamais ! On a eu des chanteurs de rail, des grosses locomotives, Serge Lama, Claude Nougaro, des motrices diesel, Régine, Gloria Lasso, des chanteurs du temps des machines à vapeur, Adamo, Michel Delpech, des chanteurs de hall de gare, avec des valises sous les yeux, des chanteurs à guichet fermé, des terminus tout le monde descend, des chanteurs de ballast, comme Lavilliers, des funiculaires et des finis qu'ont plus l'air, des chanteurs convois, des qu'on voit plus, des chanteurs corail comme Voulzy, des omnibus comme Souchon, des chanteurs de marchandise, des tortillards du croupion, des chanteurs à soufflet comme Pascal Sevran, des frimeurs, des non-frimeurs, on a même failli avoir des voix Ferré abandonnées mais Lalanne n'est pas venu.

En rail, on a aussi eu des humoristes, comme Pierre Palmade, mais des Faudel qui vous disent : « je n'ai jamais été qu'un petit blanc qu'a touché au raï », jamais ! Au jeu d'échec, on a eu toutes les pièces planquées en deuxième ligne : on a eu des rois, Coffe, le roi du gueuleton à cent balles et du pinard à vingt balles, Devos, le roi de l'absurde, Ribes le roi du Rond-Point, Delanoë, le roi de Paris, on a eu des reines blanches, Anouk Aimée, Carla Bruni, Cecilia Bartoli, Jeanne Moreau, des reines noires, Princess Erika, on a eu des bouchées à la reine avec Maïté, des reines-mer avec Ellen McArthur, on a eu des cavaliers (Jérôme Garcin, Guy Marchand, Philippe Noiret), on a eu les tours de la Défense de maître Lombard, les tours de passe-passe de Jacques Vergès et les tours de cochons de Gilbert Collard, et on a eu Jean Dutourd, on a eu des fous en pagaille (Prévost, Serrault, Lucchini), et même un fou du volant, Jean-Pierre Beltoise, mais des pions comme Faudel, de simples pions, en première ligne, qui plus est, des pions élevés entre les tours du Val Fourré, non, jamais ! On a eu des jokers, André Rieu, le PDG de Royco, Knor, Maggi and Co qu'on a jamais vu, Laurent Baffie, alias Baffie Duck, qu'on attend toujours, mais des Faudel qui disent qu'ils viennent et qui n'ont pas un petit panaris de dernière minute, jamais !

On a eu du premier choix de comédien, du rumsteak de comédien-français, du Jean Piat encore bleu, du Michel Aumont saignant, de l'entrecôte Ludmila Mikaël à la sauce ravigote, de la semelle de Duchaussoy, de la Judith Magre de canard, du Jean-Marc T-bone et de la bavette de Villalonga, mais de la fine tranche de filet Faudel sans nerf et sans graisse, jamais ! On a eu du gibier de Bougrain-Dubourg, du Pernaut au prix coûtant, du Fellag en importation, du Poivre d'Arvor sur pied, on a eu des très vieux, Yvette Horner, Line Renaud, des vieux jeunes Moustaki, des jeunes vieux, Salvador, on a même eu des qui ne reviendront plus, Toscan du Plantier, Françoise Giroud, on a eu des quinquas, des quadras, des trentenaires, mais de la jeune pousse de Faudel qui nous enterrera tous, jamais. On a eu des gens de culture, Philippe Sollers, la culture du moi, on a eu un spécialiste de la culture d'appartement, Doc Gynéco, et son grand orchestre de chanvre, Richard Virenque, le bouillon de culture, Martin Lamotte, la culture irriguée au 12°5, Voynet, la culture bio, Bernard Debré, la culture d'embryon, Serge Dassault, l'embryon de culture, on a eu Ruquier, les perles de culture, mais du cocktail Faudel un tiers Tlemcen, *la cité des beaux cavaliers, de l'air et de l'eau*, un tiers Zup, Zone Utérine Prioritaire, un tiers Flamenco hip-hop et salsa, jamais !

On a eu le fils de Georges de Caunes, la fille d'Antoine de Caunes, le fils de Johnny, la nièce de Jean-Louis Barrault, mais le fils d'un OS de chez Renault, jamais ! On a eu un Franco-Hollandais, Dave, un Franco-Camerounais, Manu Dibango, un Franco-Tunisien, Boujenah, une Franco-Canadienne, Diane Tell, une Franco-Grecque, Nana Mouskouri, mais des Franco-Algériens de la troisième génération, jamais ! Bref ! Vous êtes un peu notre petit dernier, le dernier de la bande, pas la bande à Cheb Mami, Khaled et Rachid Taha, non, la bande FM, 87.8, la bande à Steph, la foire du trône du *Fou du Roi*, bienvenue au Club ! Permettez-moi un petit emprunt à l'un de vos pote-modèle, Aznavour :

Je vous vois déjà en haut de l'affiche
En dix fois plus gros que n'importe qui
votre nom s'étale
Je vous vois déjà adulé et riche
Signant vos photos aux admiratrices qui
hurl'nt et qui chialent !

Maintenant que vous êtes venu au *Fou du Roi*, que vous squattez la télé, il ne vous reste plus qu'à rester notre Sami fidèle, toujours... Faudel au poste !

L'IMPÉRATRICE VESPASIENNE INVENTA LA PISSALADIÈRE

à Marina Foïs et Élise Larnicol

Chères Marina, Élise,
chers Vincent, Pascal, Maurice, Pierre, François, Jean, Paul et les autres...
Chers Robin des bois, babouins des rois, beaux bois d'airain,

ah, merci, merci à vous tous, qui me donnez l'occasion de pouvoir enfin dire n'importe quoi, franchir la ligne maginot, la ligne imagino, truffer ma chronique de blagues de demi-pensionnaire de la Comédie-Franchouaise, la noyer dans l'humour potache, potaches aux varicelles, potaches de rousseur, ah juvé, juvé bien, juvénile ! Revenir aux temps bénis où je n'avais pas mes règles de grammaire, où j'arborais un menton glabre grave, un esprit boutonneux et une peau ravagée d'éruptions cutanées, comique de vergetures, érubescence sans plomb, furonculose au culot, succédané de poésie, succès d'années d'enfance, de popot-hérésie, reprendre enfin l'acné des champs, refaire l'école boutonnière, repasser tous mes eczémas, me mettre en eczéma pour abus de Robin sots, revisiter mes leçons d'histoire, l'impératrice Vespasienne qui inventa la pissaladière, les peintures rupestres de Van Goguenots, la tragédie des Latrines avec Électre Icité et un gars du même nom, m'adonner en toute innocence au comique à fleur d'épiderme, sous la ceinture, ventriloquer du bas-ventre sans être bourrelet de remords, convoquer le banc et l'arrière-banc de l'école primaire, refaire le plein de punitions, de blâmes, de bonnets d'âne, de coups de règles, de touche-pipi, de blouses, de trousses, d'encriers, de maîtresses, de cours de récré, de concours de bigarreaux, de buée sur les vitres, de tablettes de bureau qui claquent, de cahiers à grands carreaux, de kermesses de fin d'année, d'heures de colle, « Vous me copierez à tous les temps et à tous les modes, le verbe "Robindéboire" ! – Bien maîtresse, alors, présent de l'indicatif et du générique : je robin des bois, tu robin des fois, il ou elle robin déboîte, nous robin des bouffons, vous robin des buvettes, ilsss ou ellsss robin dégoisent... » Ne vous bousculez pas, il y en aura pour tout le monde, à chacun selon ses besoins naturels, de l'humour prénatal, made in utero, blédine e mouk !, de l'humour made in terreau, au ras des pâquerettes, avec du poil aux pattes, des paroles muqueuses, des légions d'odeurs et des turluttes intestines, de l'humour en glande surface, en tête de gondole, joyeux fœtal et gais lardons, pouvoir enfin lancer des boulettes de papier mâché sur Stéphane Bern, donner des coups de pied à Willy sous la table, copier sur Bruno Masure pour envoyer son prochain poème à la presse, lever le doigt pour aller faire pipi caca dans le piano, « Aujourd'hui, les enfants, nous allons parler de Robin des bois, héros légendaire connu des anglais grâce à la tradition orale et arrivé sur Canal grâce à la tradition anale... », immerger ma chronique dans la Foïs septique, déclarer l'ouverture de la chasse d'eau, faire du zizi pan pan, du pan pan cucul et du cucul la branlette, muscler en harmonie zygomatiques et sphincters, écrire des dialogues coulés dans le bronze, avec diarrhée sur image, et le tout à lavement, comme on dit, c'est reparti : « imparfait du subjonctif et du destructif : que je robin dépoisse, que tu robin des gouaches, qu'il ou elle robin déboutonnasse, que nous robin des boisissons, que vous robin des boissaucissonassiez, qu'illsss ou ellssss robindesmontparnassassassinassent », une chronique en forme de Claudel revisité au titre évocateur : *L'Anus fête à Marina...* ou *Le Soulier de crottin...* ou bien faire du Marcel Prout, *À la recherche du tampax perdu* ou *Du côté de chez couenne*, réécrire Corneille cul par dessus texte, Polyeucte, Acte I Scène III : « Je l'ai vu cette nuit ce malheureux Sévère / Un clystère à la main un doigt dans le derrière / Il avait même encore un pot de vaseline / qu'il avait rapporté de son voyage en Chine », faire péter l'audimat et sentir le succès à cent lieux à la ronde, rendre hommage à Cague et Olivier, aux Nuls partis ailleurs, au dynamiteur déconneur décodeur Dominique Farru-g-i-a, aux inspecteurs d'Éric et Ramène-z-y, à la sauce B-djamel, allons-y gaiement : « passé deuxième forme du conditionnel : j'eusse robin ce n'est qu'un des bu, tu eusses robin des bubons, il ou elle eut robin des budy building, nous eussions robin des bûches de Noël, vous eussiez scié du bois de rondins des bois de Vincennes, ilsss ou ellsss eussent et costumes de robin des bûcherons canadiens vaut mieux que deux tu l'auras d'égout », à ce train-là, je n'aurai jamais fini ma punition pour demain matin huit heures, il me reste encore l'impératif hâtif laxatif et bourratif, alors voilà, Marina, Élise et les autres, Robindéboisez, Robindébossez ou Robindébâtissez à loisir, entre inconditionnels présents et plus-que-parfait du subjectif, et retrouvons-nous tous, les détrousseurs sourire, les voleurs à la tire larigot, les va-nu-pieds de nez, pour une folle nuit d'humour dans la forêt de Sherwood !

Trafic d'affluence

à Max Gallo

Si la cuisine est l'art d'accompagner les plats et d'accommoder les restes, la cuisine politicienne est souvent l'art d'accompagner les platitudes et d'accommoder les restrictions ! Je ne sais pas si vous êtes déjà entré dans un restaurant politicien, mais il y a une sacrée affluence ! Un trafic d'affluence, même ! Ça rentre, ça sort, c'est le coup de feu en permanence ! Tout le monde se tire dans les pattes, c'est la foire d'empoigne ! Pour ménager les susceptibilités, on a été obligé de faire une séparation frimeur, non-frimeur. Oui, il y a des politiciens discrets qui n'ont pas du tout envie qu'on les reconnaisse ! On y vient en famille : gauche caviar, droite œufs de lump, écolos œufs brouillés, socialos œufs Guy Mollet, communistes œufs coco, extrême-gauche œufs durs-mayonnaise, UDF œufs de Pâques. La cuisine se fait sous les yeux des dîneurs. C'est la transparence ! Ici pas de poêles, de cocottes ou de friteuses, uniquement des casseroles, des casseroles et encore des casseroles ! On serre des cuillères, des louches, des pinces. On choisit sa table, table de négociations, tour de table, table d'écoute, poing sur la table ou dessous de table. Le couvert est mis, couvert par son ministre ou sous couvert d'une mission d'intérêt général...

Les politiciens ont de gros appétits, ils mangent à tous les râteliers ! Les régimes passent, les politiciens engraissent ! Il y a, là, de jeunes loups qui ont la dent longue et des vieux routiers de la politique, des habitués, qui ont leur table réservée, leur rond de serviette et leurs ronds de jambes. Les clients sont plutôt carnivores, un peu cannibales même, on mâche facilement sur son voisin. On peut être amateur de nouvelle cuisine : simple, légère et raffinée et, depuis peu, de nouvelle nouvelle cuisine : simple, légère et raffarinée ! On a dit que la cuisine politicienne se préparait à base de pourritures. C'est exagéré ! Tout le monde n'est pas Amélie Nothomb ! Non, c'est une cuisine très roborative, à la limite de l'indigeste ! Il ne faut pas trop en abuser, ça peut faire grossir l'ego dangereusement ! (On a vu certains ego exacerbés qui se sont fait entarter à la sortie, c'est assez douloureux !) Il n'y a pas que l'ego qui grossit : l'agenda, aussi ! Le nombre de relations qui se nouent dans les restaurants politiciens, c'est impressionnant. Il faut savoir que l'essentiel de la clientèle est constituée par les repas d'affaires : affaires de fausses factures, délits d'initiés, scandales financiers. La cuisine politicienne fait aussi grossir le porte-monnaie. Il faut faire attention, parce qu'on n'oublie jamais de vous présenter l'addition, un jour ! Mais les gens qui viennent là ont, en général, une bonne constitution ! Et puis, vous savez, on se régale entre amis et on ne regarde pas à la dépense ! Par contre, il est de bon ton de laisser un petit bakchich en partant, pour les services.

Vous pouvez choisir le menu ou les différentes cartes biseautées proposées par le chef politicien, carte d'électeur, carte de séjour (réservée aux clients étrangers de passage), et toutes les cartes de partis qui donnent droit aux petits plats dans les grands, plats à gratin, fine fleur et dessus du panier. En entrée, soupe à la grimace, par ici la bonne soupe, tapas médiatique, vengeance froide, crème d'anchois Mitterrand, salade de crudités, de grossièretés, petites revanches sur canapés, certains boivent le bouillon, d'autres décrochent la timbale, vol-au-vent, vol qualifié, amuse-gueules et coups fourrés à la crème. Suivent, au choix, des tartines de beaux discours, des gratins de courbettes, des grosses légumes marinées dans leur jus, des huiles bien grasses, des brochettes de quadras, des pigeons farcis d'oseille, parfois des boulettes, oh, des petites boulettes, des croque-monsieur et des crocs-en-jambe, des salades d'avocats, de médecins, de notaires, des mélanges de magistrats, « Et un salami de trente ans un peu balla-dur à cuire pour le douze ! », du beurre dans les épinards, du pain de campagne électorale, de la bisque de Omar m'a tuer réchauffée et même des vieux plats de résistance sortis du frigo, papons décongelés à la sauce ravigote. Enfin, pour terminer, en cuisine politicienne, c'est fromage et dessert : fromage de Hollande, reblochon de Mélanchon, comté de Juppé, bleu de la maison bleue, chabichou de Bayrou, beaucoup de brie pour Sarkozy, du crottin de Boutin, le caprice des Dieux de Bachelot, la vache qui rit d'Emmanuelli, le lait cru de Mamère, sans oublier le taillefine zéro pour cent de Maigret, la fondue de Robert Hue, la raclette de Jospin et, pour Chevènement, un camembert bien coulant interdit par la commission de Bruxelles. Mais, le plus important, la priorité des priorités en cuisine politicienne, foi de brillant-Raffarin, c'est le port-salut des Français !

Cher Max Gallo, depuis le dernier grand raout présidentiel, vous ne fréquentez plus ce genre d'établissement ! Vous êtes devenu une sorte de végétarien, vous vous nourrissez maintenant exclusivement de feuilles, de mots et d'histoires à raconter. Vous faites bien ! Vous allez enfin pouvoir vous refaire une santé !

Ostéopathe à modeler

à José Garcia

Alors José Garcia, excusez-moi, mais ça commence à bien faire ! Toute cette littérature sur vous, un concentré d'énergie, une ampoule allumée, marathonien du rire, capable de tous les débordements, excentrique, Dekonator, Don José de l'extravagance... Pourquoi pas le José Bové du loufoque, ou le José fine Baker de la banane ? Même Timsit s'y met : « Il peut tout oser, José, tout jouer, vous en avez rêvé, Garcia l'a fait ! » On l'a bien compris, José Garcia chausse grand ! Il se prend un grand panard dans le cinéma et il est devenu une grosse pointure ! C'est le Gargantua de la rigolade, habillé grande taille, un gros bonnet, une grosse légume, un magnat des plateaux, un géant comique, un grandiose grandississississime et démesuré. Il ne serait pas un peu grand d'Espagne, Garcia de Galicia de España de Tortilla de Tapas nocturne ? C'est une bombe, il est bourré de TNT (TNT, un tiers Tequila, un tiers Negrita, un tiers Tafia) TNT, ToNiTruant, il est fracassant, truculent, c'est une tornade, « bâti comme une 2 CV mais motorisé Ferrari », extraverti, débordant d'énergie, il bouffe l'écran (si c'est pas malheureux d'en arriver là, bouffer de la toile PVC, c'est quand même du chlorure de polyvinyle !), bref, il n'est pas doué, il est surdoué, d'ailleurs il n'y a que les mots en sur qui lui vont comme un gant ! Le type normal qui donne gentiment dans l'excès, on dit qu'il charge, qu'il chauffe, qu'il est sous pression, qu'il sature, qu'il est à plein régime, que c'est un excité, qu'il en rajoute, Garcia, lui, il est sursaturé, surexcité, suréquipé, il surcharge. Il en surajoute, il surchauffe, il surdose, c'est la surenchère, la surpression, d'ailleurs il est surbooké, surdimensionné, surprenant et constamment en surrégime !

On peut lire tout ça, en gros, dans son dossier de presse, avant même la sortie du film « Rire et Châtiment » ! Alors, un conseil à tous les inconditionnels du José Garcia déjanté frappadingue, allez voir le film mais surtout sortez après la première demi-heure ! Vous aurez eu votre Garcia pur jus en ostéopathe à modeler, plus tordu que ses patients, triturant les clavicules, jouant aux osselets avec les vertèbres, claquant les coccyx, un écervelé des cervicales, un drolatique de la sciatique, l'Édouard Baer des dorsolombaires, le José Artur des fémurs, le Bruno Solo du lumbago, le Mimi Mathy du torticolis, bref, un crâneur à l'occiput surdéveloppé, à la cheville gonflée à l'hélium, à l'humérus radieux, au bassin méditerranéen et à l'ego surdimensionné ! Vous aurez droit à dix minutes montre en main d'une histoire drôle racontée par José Garcia, enfin, Vincent, l'ostéopathe, enfin, un mélange des deux, allez savoir, une histoire absurde d'ours et de chasseur, qui donne à notre docker du bon mot, l'occasion de déménager en grand, en tirant des grosses ficelles, que dis-je, des ficelles, des cordes, des tiges, des câbles, du bon gros câble de télé-féérique, le tout agrémenté de hurlements de yéti, de roulements d'yeux titanesques, d'effets de manche colossaux, devant un parterre plié en deux, à tel point que la mort d'un des participants à cette beuverie comique nous paraît tout à fait naturelle, parce qu'on y resterait bien soi-même, sur le carreau, après cette démonstration de force, qu'est-ce que vous voulez aller vous donner en spectacle après ça, moi, je rends mon tablier, je retourne à l'école, je vais pointer au chômage et vendre « Lutte ouvrière » à la sortie des églises, bref, je vous l'ai dit, sortez du cinéma après la première demi-heure, allez boire un coup et continuez à mettre José Garcia aux nues fêlées, à le porter au pinacle des givrés, mais ne regardez pas l'heure qui suit.

Vincent l'ostéopathe va s'effondrer, délicieusement accompagné par José Garcia vers les profondeurs. Ah, ça va plus rigoler ! José Garcia rentre chez lui, il va retrouver son mètre cinquante-six, ses petits souliers taille trente-trois et le seul mot en sur qui lui va encore, « légère surcharge pondérale » ! Vous verrez un José Garcia effondré sur un canapé comme ça doit bien exister parfois dans la vraie vie, un mec qui bosse comme un malade la danse tzigane pour retrouver la femme de sa vie, un type qui plonge au fond de l'eau pour soulever le cadavre de sa surconnerie, un pauvre mariole comme vous et moi qui n'en finit pas d'épater la galerie pour pas trop s'effondrer, et qui prend des cours de bouche-à-bouche pour réapprendre à embrasser...

Alors là, mon admirateur de José Garcia, va falloir revoir ta copie, je sais pas, moi, toi aussi tu vas prendre des cours de plume-à-plume pour réapprendre à écrire, tu vas laisser tomber les poncifs, les évidences, te creuser la cervelle, et toi, mon petit Marc-O Fogiel, tu vas devoir changer ton disque, tu te prends par la main et tu vas voir les films de Garcia que t'as pas vu où il s'est crevé le cul à faire son boulot, il n'a pas pris des cours de planche-à-planche pendant dix ans pour que toi, Fogiel, tu lui demandes trois fois de suite s'il en a pas marre de tourner dans des grosses déconnades !

Allez, cher José Garcia, moi, je vais aller prendre des cours de corps-à-corps, parce qu'on a beau dire, l'ostéopathe, qu'est-ce que vous le faites bien !

SI LES AIGUILLES ONT DES CHAS, LES ACUPUNCTEURS ONT DES CROQUETTES

à Philippe Geluck

Philippe Geluck fait partie de cette race inestimable des chercheurs en conneries, ces découvreurs d'inepties, ces explorateurs en futilités, ces conographes, conophiles et conologues professionnels qui ont la lourde charge sur cette terre d'alimenter notre patrimoine en âneries (de veau), en bêtises (onnier), crétineries (cochet), idioties (di brahim), en imbécillités (au jasmin), sottises (iouzou), stupidités (missa est), fantaisies (zanie), en sublimes balivernes (Jules), bref, en conneries.

Conneries : patrimoine indispensable pour faire contrepoids à l'intelligence de la gente universitaire (Adélie), l'érudition et la compétence de ces brochettes d'énarques qui nous gouvernent (aïe !), de ces diplodocus diplômés, ces cerveaux rigoristes et frigoristes, ces alphabètes à concours surentraînés, ces gardiens du temple du Savoir. Geluck, lui, est licencié ès-conneries, pas la connerie avec un grand K, la connerie humaine, la connerie officielle et réglementaire (ebenthine), non, la connerie toute con, avec un petit « ke », la connerie au pluriel qui dort sous chaque mot, la petite connerie qui peut se glisser dans trois cases (de l'Oncle Tom), la connerie qui brûle les planches de la BD, la connerie qui joue au chat et à la souris avec les bulles, qui se glisse à dessein dans chaque dessin, qui se réfugie dans les coins sombres du discours ambiant.

Geluck est un dénicheur (siamoises), il traque sans état d'âme la pépite de connerie, la perle rare, le bon mot qui pète à la figure (onzan), la trouvaille dont il est le premier à dire : « Ah, quelle connerie ! », la connerie qui fait dire de son auteur avec un soupçon de complicité et un tendre sourire d'admiration : « Ah, quel con ! », la connerie essentielle (mon mari), le sixième élément, qui vient s'ajouter à l'air libre, le feu d'artifice, la terre ferme et l'eau plate (couture... Charlélie), la connerie élémentaire, la couillonnade basique...

Cher Philippe Geluck, vous avez la connerie infuse, vous déconnez plus vite que votre ombre, vous êtes le Gai Lucky GeLuke de la connerie, vous élevez la connerie au niveau de l'art et vos bouquins, vous le revendiquez, sont d'inégalables tissus de conneries sans nom (la Bretèche). Oui, ces conneries-là s'éditent, vous en êtes la preuve vivante. Elles s'éditent (Piaf) en plusieurs tomes, et les vôtres se cachent pudiquement derrière un gros chat (grin). Mais l'on peut aisément rebaptiser votre œuvre : *La Connerie, Le Retour de la connerie, La Vengeance de la connerie, La Connerie au Congo, Ma Langue à la connerie, La Connerie à Malibu, L'Avenir de la connerie, La Connerie est contente, L'Affaire la connerie, Le Meilleur de la connerie, L'Excellent de la connerie, Le Succulent de la connerie...*

Mais attention, ce genre de conneries, contrairement à ce qu'on pourrait croire, ça ne se fait pas tout seul. Ces conneries-là ne sont pas faites par des cons, de même que les chinoiseries ne sont pas faites par des chinoises, la chancellerie par Jacques Chancel, les chauves-souris par des chauves soûls et les pâtes au riz par des patauds. Au contraire ! Il faut une classe, une distinction, un précieux savoir-faire pour se lancer dans ce genre de conneries. Il faut le même doigté pour faire passer ce genre de conneries, que pour faire passer un fil dans le chas d'une aiguille (du midi). Ce qui est d'ailleurs une belle connerie, car les aiguilles n'ont pas de chat, vous imaginez si chaque aiguille devait se balader avec son chat, les acuponcteurs passeraient leur salaire en croquettes, les pins se mettraient à miauler et les montres à ronronner ! Et même si les aiguilles avaient un chat, est-ce que les pauvres bêtes se laisseraient enfiler sans faire le gros dos ?

La connerie, c'est l'aphorisme du pauvre, le rêve de comptoir, c'est le discours de la méthode Assimil, l'être et le néon, c'est l'état critique de la raison pure, c'est la lessive du savoir, le génie aux enzymes (boum boum). La connerie, c'est l'enfance de l'art, et l'art de l'enfance... Ah, certes, avec ce genre de connerie, vous n'allez pas révolutionner la planète, ça n'est pas vous qui allez réduire le chômage, capturer Ben Laden et reboucher les trous de la couche d'ozone, non ! Mais la connerie est votre métier, vos conneries s'achètent et vous vivez des droits d'auteur de vos conneries, que demander de plus ? Vous verrez, un jour votre œuvre complète, sous le titre *Les Conneries* de Geluck, rejoindra sur les rayons des bibliothèques *Les Pensées* de Pascal, *Les Axiomes* d'Euclide, *Les Principes* d'Archimède et *Signé Furax* ! Vous aurez droit à votre chapitre dans le Lagarde et Michard du XXIème siècle et sur votre tombe on jouera la connerie aux morts. Michel Drucker, viendra faire votre nécrologie, Ruquier trouvera une connerie de circonstance à dire, Bruno Masure vous récitera un dernier poème :

mon pauvre trouduc
les vers te reluquent
te voilà caduque
Adieu mon Geluck

et la connerie sera orpheline (Renaud).
Et nous aussi.

L'HOMME TRANSPIRE LA SANTÉ ET SUE DES PIEDS

à Françoise Giroud

Chère Françoise Giroud,

vous êtes d'une nature plutôt vinqueresse, opiniâtrice et têtuse, vous avez commencé comme sténote-dactylote, vendeuse-librairière, scripteuse-girl, vous avez été fondateur avec JJS-Eur de l'expreur, euh, pardon, fondatesse avec JJSS de l'Express, puis secrétariateuse d'État à la conditione féminine, puis à la culturette, ministresse express puis chômeuse (vous fûtes la prédécessrisse des juppettes, des jospines et des raffarines), vous êtes une écrivaine prolifiqueuse, une noircisseuse de papier à la plume vengeresse, une autrice boulimiquateuse, une journalistoresse éméritaine. Dans la grande lignée des rédactrices en cheffesse, vous n'avez pas vraiment eu de successrice, vous êtes une redoutable charpentière d'articles, chroniqueuse tous azimuts, une feuilletonisteuse inattendute, bref, désormais jeune octogénéreuse, vous êtes une fameuse femme féministe et féminine défenderesse de la féminitude qui avez beaucoup œuvré pour la féminisation des mots depuis un demi-siècle. Alors que nous, hommeux hommes hominístes et hominins défendeurs de l'hominitude nous avions pris soin de beaucoup œuvrer pour l'hominisation des mots les quatre ou cinq millénaires qui vous ont précédée. Vous nous avez bien réglé notre compte !

J'ai en effet relevé quelque part dans votre dossier de presse cette sentence : « J'aimais beaucoup les hommes. Je considérais que c'était des gens très gentils avec des grands pieds et des petites lâchetés. » C'est vrai, quand vous les connûtes, Pagnol faisait du quarante-trois, Renoir du quarante-cinq, Saint-Exupéry du quarante et un, mais il est mort en 44, Gide, Sartre et Jouvet faisaient du quarante-deux et Giscard du quarante-quatre fillette ! Bernard-Henri Lévy, à l'époque, était encore enfant, il faisait du treize et demi, mais toute sa vie jusqu'à aujourd'hui, il a touché au bout de ses chaussures (en grand philosophe, il dit qu'il a eu des chaussures trop petites, moi je pense qu'il a eu les pieds plus grands que le ventre !).

Oui, nous les hommes, nous avons toujours eu des grands pieds ! Ça ne nous fait pas une belle jambe, mais ça nous permet de vivre sur un grand pied, rubis sur l'ongle, avec des chevilles qui gonflent, des plantes vivaces et des talons de société, bref d'être des hommes qui ont quelque chose entre les orteils ! Et nous nous occupons tant bien que mal de nos petits oignons, nos cors, nos ampoules, nos durillons, toutes ces petites lâchetés et leur kyrielle de synonymes tous féminins, comme c'est curieux le vocabulaire, des bassesses qui nous suivent comme des bassets, des abjections votre honneur, des crasses juvéniles, des indignités, des insignifiances, des platitudes, toutes ces petitesses qui nous collent à la corne des pieds.

Alors, pour faire bonne figure de pied, si j'ose dire, nous, les hommes, nous enfilons des chaussettes aux couleurs tristes, nous nous harnachons de souliers vernis avec des lacets ou de baskets en plastique fluorescent qui transforment nos grands pieds en panards publicitaires... et puis, la nature humaine n'est pas très grandiose, nous transpirons ! Nous transpirons la santé, nous dégoulinons de bonté et d'humanité, nous exsudons, nous suintons, nous ruisselons, nous suons et nous nous faisons suer, alors on met des semelles, qu'il faut bien changer, comme les plaquettes de frein, toutes les trente-cinq heures environ, et oui, c'est la semelle des trente-cinq heures, la RTT, la Réduction du Temps de Transpiration ! Une fois équipés, les pieds bien au chaud, on s'amuse entre hommes à se damer les arpions, à s'écraser les nougats, à s'emmêler les pinceaux, oh, rien de bien méchant, on se fait des petits croche-pieds, des petites entorses au règlement, on se glisse des échardes sous la peau, on s'enfoncent des épines sous les ongles ! C'est ce qu'on appelle la comédie de la politique...

On organise des élections où l'on élit nos représentants au parlement, cinq cent soixante-dix-sept paires de pieds élus dans un fauteuil ! La parité est rigoureusement respectée : cinq cent soixante-dix-sept pieds droits et cinq cent soixante-dix-sept pieds gauches. (En Angleterre, les pieds élus ne s'appellent pas des députés, on les appelle directement des paires...) Cette année, en France, les grosses pointures masculines ont accepté en leur sein, soixante et onze belles plantes féminines. C'est ce qu'on appelle une majorité écrasante ou une minorité de petits pieds écrasés, au choix ! C'est pas encore cette fois-là qu'on verra à l'Assemblée des chauffeuses, des plombières-zingueuses, des professeuses, des sapeuses-pompières, des entrepreneuses, des maçonnes, des grutières, des éleveuses ou des maîtresses d'hôtel.

Chère Françoise Giroud, on est entre nous, maintenant vous pouvez tout avouer ! Vous êtes un homme ou une femme ? Vous chaussez du combien ?

Jusqu'au bouddhiste, la bête de zen

à David Halliday

Cher David Halliday,

vous avez deux passions : la musique des moteurs et conduire des albums, gratter les guitares sous les spots et gratter les secondes sur le macadam, le doux chant des soupapes et le bidouillage d'un son. Entre phares longue portée, portées musicales et projecteurs, vous êtes un meccano du mixage, un musicos du carbu ! Moteur à quatre temps, musique à deux temps. Prototype de compétition, disques en séries, la gomme en studio, les pneus qui collent à la route. Piste audio ou tour de piste, vous êtes compositeur et conducteur, mélodiste et machiniste, les mêmes fans sur les gradins, en concert ou en circuit, séducteur sur scène et coureur sur piste, fonceur tous terrains, autoroute du succès, une main sur les paroles, l'autre sur le levier de vitesse, un pied sur la pédale steel, l'autre sur le frein.

Ça doit être de famille. Vous fonctionnez par association d'Halliday. La musique de père et mère en fils, artistes de fils en filles et de fille en aiguille de phonos, quand on s'appelle Smet, c'est normal que l'on transmette. Votre père sur le Paris-Dakar, dans la catégorie poids lourd du showbiz, votre mère sur le Paris-Los Angeles, catégorie loin du showbiz, et vous, vous faites un pari sur la musique, pari d'accords et de mélodies, et vous êtes en passe, avec *Révélation*, de devenir champion de France dans la catégorie GT : Grand Tube ! D'ailleurs, vous êtes né à Boulogne-Billancourt, ça ne peut faire que des chanteurs, ça : regardez Renaud !

Flash-back en play-back : dans les années 70, vous êtes plutôt voitures américaines, vous faites du surf sur la plage arrière, pas de rétro, un peu de batterie sous le capot, groupe de rock, guitare électrique, groupe électrogène, y'a du plaisir, moteur américain, premiers rallyes, premières tournées. Vous avez même sorti un 45 tours au Japon. Pas terrible, comme moteur : 45 tours minute, faut bien commencer ! « Tonight You're mine / Come back to Japan » (C'est pratique l'anglais des tubes : on comprend tout de suite ! Pas besoin de Mickael Sadler pour faire l'adaptation française : « Ce soir tu seras à moi / Reviens au Japon » Remarquez que, si elle est à Los Angeles et si elle doit revenir au Japon dans la journée, elle a intérêt à avoir une sacrée bonne voiture de course !) Retour au pays de la 2 CV : vous conduisez un album à moteur entièrement français. Virage difficile. Les conducteurs du dimanche, dans leur siège baquet de salon rembourré de jalousie, qui ne trouvent pas normal qu'on soit le fils de son père, se réjouissent déjà de vos tête-à-queue et guettent la sortie de piste, la gamelle. Vous franchissez allègrement la ligne d'arrivée avec six cent mille albums vendus.

Un mariage. Est-ce tel que vous l'imaginiez ? Je ne sais pas. Vous mettez au point deux petits cabriolets, des voitures d'enfant. Puis vous construisez un bolide pour votre père. Sang pour Sang David ! Meilleures ventes ! Les constructeurs commencent à vous regarder différemment. Oubliés les retards à l'allumage, pannes de moteur, des sens et des mots, votre carrière française démarre sur les chapeaux de roues. Révélation, un douze soupapes ! C'est vous qui êtes aux manettes, vous pilotez, derrière la console, lâchez les freins à disques, on s'arrache le dernier David Halliday, le moteur s'emballe... et cent balles, comme dirait Bourvil, c'est pas cher, pour douze ballades électroplanantes. Comment vous faites pour tenir le coup ? Ah, c'est vrai, j'oubliais ! Coincé entre la bielle et la bête de scène, vous êtes adepte du zen. Zen ! Nippon, ni mauvais, zen ! Vous pratiquez la pensée bouddhiste partout et à tout moment : c'est ce qu'on appelle le jusqu'au bouddhisme ! Vous avez bien raison : après tout, le bouddhisme, c'est comme la voiture, c'est une conduite intérieure.

La conduite zen, je vois ça d'ici : vous êtes assis au volant, dans la position du lotus, dans une voiture lotus, vous appuyez sur le champignon hallucinozen. Les bougies sont remplacées par des bâtons d'encens, dansant sur une musique de David Halliday, un rock zen, microbiotique. Trouver les accords, les clés, se mettre au diapason du monde, une question d'harmonie, de rythme, de temps, de ton... et de méditation : la méditation est l'essence du zen, son kéro-zen, en quelque sorte. Vous êtes un doux, enfin, un demi-doux, un demi-doux zen, même... demi-douzaine, c'est amusant, ça fait six, six cylindres, six moteurs de six cylindres, ça fait trente-six bougies. Justement, vous avez trente-six bougies ! Un jour, vous chanterez un hit, zen, au Zenith, vous serez une bête de zen... Cher David Halliday, vous vouliez battre le record de vitesse sur terre : huit cent trente kilomètres par heure ! Zen, David, zen ! C'eût été dommage de finir en eau de Bouddha ! Même en trafiquant le moteur, vous n'iriez pas plus vite que la musique ! Pas plus vite que la lumière. Même si vous en crevez d'envie, mais trois cent mille kilomètres à la seconde, vous ne pourrez pas faire mieux !

JÉSUS EST VIERGE ASCENDANT DE SAGESSE

à Françoise Hardy

VERSEAU

Conjonction inquiétante de la Lune et d'Uranus dans votre dos. Retournez-vous vite vers votre ascendant recto plus propice. Prenez la vie du bon côté et faites face, d'autant que, la Queue du Dragon est située en Vierge dans la Maison du Soleil, ce serait dommage de ne pas en profiter.

POISSON

Neptune vous contrarie et Saturne est agité du bocal : votre vie prend l'eau de toutes parts, un rien vous arrête, vous êtes vidé, votre avenir vous paraît bien vague. Inutile de noyer votre chagrin : ayez la pêche, gardez la ligne et respirez de l'iode ! Tous les Poissons vous le diront : « Carpe diem ! »

BÉLIER

Vous êtes à la masse. À cause du au passage de Jupiter dans le trigone et d'une mauvaise perturbation dans l'hexagone. Vous vous tapez la tête contre les murs. Les choses vous résistent et vous broyez du noir. Ne vous échinez pas. La nuit comptez les moutons, le jour restez au pieu et ne soyez pas surpris si on vous plante là.

TAUREAU

Vos saillies sont appréciées de tous ! Seuls les Béliers trouvent votre raideur indigeste. Passez outre. Vénus en transit dans l'Axe du Dragon est en parfaite harmonie avec votre signe. Vous êtes fait pour l'amour vache. Montez-les, vous ferez tourner l'étable et déclencherez un de ces foins ! Si vous avez envie de changer de sillon à tout bout de champ, optez pour labour libre. Si vous voulez saccager la récolte, choisissez labour illégitime. Dans tous les cas, si vous voyez voler au dessus de votre tête un gros agriculteur nu, poilu, ventru arborant fièrement sa carte de « Chasse, pêche, nature et tradition » et qui vous envoie deux cartouches de chevrotine dans le derrière, c'est Cubidon, le Dieu de labour ! Méfiez-vous, il est aussi délicat et primesautier qu'un responsable CGT de la Cogéma accueillant Cohn-Bendit à La Hague...

GÉMEAUX

Le passage de la Lune dans votre Soleil natal, non seulement provoque une éclipse, ce qui est relativement normal, mais surtout vous pousse à vous dédoubler. N'oubliez pas de mettre votre clignotant. Prenez-vous par la main. Si vous sentez une résistance, provoquez-vous en duel. Tirez le premier. Attention car votre double, lui aussi du signe des Gémeaux, a certainement lu cette rubrique, il est donc au courant. Si vous en réchappez, vous avez de la chance.

CANCER

La puissance dominante du Scorpion et du Sagittaire dans votre signe, en harmonie avec la Lune Noire, diminuent dangereusement votre espérance de vie, d'autant que le Mercure baisse. Mettez tous vos espoirs dans les rayons, si le Soleil veut bien sortir de sa Maison et laisser le Dragon prendre soin de la Vierge (voir au Verseau). Le cancer est une maladie rendue célèbre par Pierre Desproges qui en a fait son fond de commerce. Quelque soit votre décan, sachez que votre signe ne vous prédispose pas du tout au cancer. Vous pensez bien que si tel était le cas, on n'aurait pas appelé ce signe comme ça. Est-ce à dire que les natifs du Cancer sont à l'abri ? La réponse est hélas non ! De toute façon, il est trop tard pour changer de date de naissance. Vous pouvez par contre avancer la date de votre mort. Comme disait un des proches de Pierre : « Étonnant, non ? »

Lion

Mars est dans la Maison du Lion. Ce n'est pas le moment de vous gaver de chocolat. Une conjonction de planètes vous est défavorable : Nuts en combinaison avec After eight rentre dans l'Axe de M&M'S, et Snickers avec le soutien de Bounty détériorent votre Maison Argent. Attention à la planète Cellulite qui rôde autour de votre Lune natale...

Vierge

Vous êtes sous l'emprise de Vénus qui continue d'asticoter la Queue du Dragon dans la Maison du Soleil (voir Verseau et Cancer). Vous méritez mieux : un destin national vous attend ! Épousez un charpentier. Si possible appelé Joseph. Il vous servira de couverture. Abandonnez-vous à votre esprit sain. Quant à l'enfant qui viendra, mettez-le à la crèche, puis envoyez un faire-part de naissance à Gaspard, Melchior et Balthazar : ils amèneront des cadeaux. Vous pourrez ainsi attendre des jours meilleurs. Méfiez-vous néanmoins de Jupiter qui criera à la concurrence déloyale.

Balance

Les natifs de la Balance sont attirés par les Lions solitaires et les Verseaux litaires aussi, et ne supportent ni les Cancers ni les maladies vénériennes. Si une Balance ascendant Poisson rencontre un Capricorne ascendant Taureau, cela va faire des étincelles ascendant feu d'artifice. Une Balance Cancer est attirée par les Scorpions Scorpions, d'autant que l'ascendant Scorpion chez un Scorpion a tendance à faire ressortir son côté agneau. Lequel, s'il est compensé par un ascendant escalope, peut nourrir une haine violente envers le Taureau Vierge, qui se rapproche plus du Bœuf en Daube que de la Corrida ! Du moins en période bleue.

Scorpion

Soyez patient avec le futur, il finira par arriver, plus vite que vous ne le pensez. Le passé, lui, s'accumule dans votre dos, sans que vous n'y preniez garde. Pris entre passé et futur, le présent a peu de temps à lui. Très peu. Un poil avant, c'est du futur, un poil après c'est du passé ! Tout le présent est donc dans l'épaisseur du poil. Comme on ne vit que son présent, votre vie ne tient qu'à un cheveu. C'était notre minute métaphysique. Merci les Scorpions !

SAGITTAIRE

Trois planètes sont en disharmonie avec votre signe : Pluton, Mickey et Dingo. Aussi les natifs de la Balance, toujours prêts à dénoncer, prétendent que vous n'êtes pas une flèche et vous regardent d'un air carquois. Tirez un trait. Ciblez vos relations : contactez votre ami Émile et mettez dedans.

CAPRICORNE

Silence, Saturne ! La chèvre est en rut pour les Tropiques. En conséquence, cantonnez-vous à quelques éléments qui vous porteront chance : le cap Horn, les pop-corn, l'Orne, les licornes, les bicornes, Yvette Horner, les borgnes, les mornes plaines, Ornella Mutti, et rappelez-vous : Gabriel Péri, c'est fini !

L'ACCORDÉON OMBILICAL

à Yvette Horner

1. MOI, CE QUE J'AIME DANS YVETTE HORNER, C'EST L'ACCORDÉON !

L'accordéon est un animal étrange qui ressemble au ver de terre, mais en plus gros. Contrairement au ver de terre, si on le coupe en deux par le milieu, il ne donne pas naissance à deux accordéons, par contre il est foutu. L'accordéon vit à l'état sauvage, souvent en bande. En bandoulière. C'est un bon vivant qui s'étire toute la journée et qui respire la musique. Certains hommes, munis d'un brevet d'accordéoniste en bonne et due forme, chassent l'accordéon, comme Valéry Giscard d'Estaing, grand amateur de chasse et d'accordéon. Au printemps, l'accordéon est en bouton et sort de sa tanière. Il pullule dans les bals républicains, dans les mariages et toutes les manifestations dites « populaires ». Les accordéons s'accrochent aux épaules des accordéonistes et ne les lâchent plus toute leur vie durant. Il est très difficile, pour certains accordéonistes, de couper l'accordéon ombilical. L'instrument peut peser plus de quinze kilos, il a un soufflet en carton en guise de poumon et des lames chevillées au corps, des lames sensibles qui vibrent au moindre courant d'air. Les gros richards prétentieux, qui trouvent vulgaire d'avoir un animal agrippé à eux en permanence, ont très vite abandonné l'accordéon et préfèrent nettement un pachyderme à la peau noire et laquée, aux dents blanches et noires, muni d'une énorme queue obscène, qui remue très difficilement, appelé piano. On dit parfois que le piano est l'accordéon du riche. Les jeunes filles ont du mal à porter l'accordéon et l'utilisent mal : une vieille tradition des écolières consistent dans les cours de récré à sauter à l'accordéon. Les accordéons sont des animaux rebelles qu'il faut savoir tenir en laisse. Certains accordéonistes engueulent carrément leur accordéon en lui remontant les bretelles...

Enfin, et l'on vient d'en avoir la démonstration flagrante par les urnes, l'accordéon est l'instrument français par excellence ! Observez-le entre les mains de l'accordéoniste : il a une partie gauche qui vient, qui s'en va, qui revient, qui s'en va à nouveau, tout ça dans un mouvement légèrement descendant, comme si la gauche faisait mine de se rapprocher à chaque fois un peu plus du macadam, du populo, mais hop ! Elle remonte aussitôt vers la droite, elle passe son temps à s'époumoner, elle s'essouffle, il faut la tirer, la pousser, elle s'agite, elle bouge dans tous les sens, la main gauche, modeste, y joue l'accompagnement, de gros accords programmés à l'avance qui font du bruit et marquent le rythme, bref, on a l'impression que c'est la partie gauche qui fait tout le boulot. Mais le vrai boulot, en sous-main, si j'ose dire, c'est la partie droite qui le fait : elle, pas folle, elle reste fixe, elle est la base, immuable, blottie près du cœur de l'accordéoniste, totalement immobile, et la main droite, à l'aise et sûre d'elle, s'y promène en virtuose. C'est la partie droite qui fait la mélodie, c'est la droite qui chante et qui mène la danse ! Bien sûr, on dira c'est l'éternel débat de l'œuf et de la poule : sans son clavier de droite, l'accordéon n'existerait pas ! Mais sans le souffle venant de la gauche, il ne serait pas grand chose... il serait borgne, pour ainsi dire ! En tout cas, certains soirs, ça donne une musique bien triste, c'est sûr !

Mais revenons à nos boutons...

Un jour un accordéon, égaré dans une charmante ville du Sud-Ouest, aborda une petite fille de douze ans, qui avait l'air d'une petite princesse débarquée d'une autre planète et qui répondait au doux prénom d'Yvette. On l'avait collée dans les pattes d'un gros piano à queue dégoûtant.

– Bonjour, dit l'accordéon.
– Bonjour, répondit poliment Yvette, qui se tourna, mais ne vit rien.
– Je suis là, dit la voix, dans la boîte, sous le piano.
– Qui es-tu? dit Yvette. Tu es bien joli... tu as deux bretelles, on dirait un pantalon...

– Je ne suis pas un pantalon, je suis un accordéon, dit l'accordéon. Je m'appelle Hohner, presque comme toi. Je suis alsacien. Une sorte de piano à bretzels...
– Viens jouer avec moi, lui proposa Yvette. Je suis tellement triste...
– Je ne puis pas jouer avec toi, dit l'accordéon. Je ne suis pas apprivoisé.
– Ah! Pardon, fit Yvette.
Mais après réflexion, elle ajouta :
– Qu'est-ce que signifie "apprivoiser" ?
– Tu n'es pas d'ici, dit l'accordéon, que cherches-tu ?
– Je cherche un homme, dit Yvette, avec un pantalon et tout. Qu'est-ce que signifie "apprivoiser" ?
– Les hommes sont de gros balourds, dit l'accordéon, ils appuient sur mes boutons avec leurs gros doigts boudinés. C'est bien gênant ! Je n'aime pas jouer sur le ventre des hommes. Ils feront pareil avec toi : ils appuieront sur tes boutons et te feront chanter. Ils te plieront et te tireront dans tous les sens, quand ils auront fini de jouer avec toi, ils te mettront dans une boîte et te laisseront tomber.
– Qu'est-ce que signifie "apprivoiser" ? dit Yvette.
– C'est une chose trop oubliée, dit l'accordéon. Ça signifie : "Travailler quinze heures par jour pendant toute sa vie..."
– Travailler quinze heures par jour pendant toute sa vie ?

Et c'est ainsi qu'Yvette, qui ne voulait pas qu'on la mette dans une boîte, se décida d'apprivoiser l'accordéon. Un jour, il lui demanda :

– Voulez-vous m'accorder votre main ?
– Les deux, si vous voulez ! dit Yvette.
– D'accord, Léon !
Oui, c'est une expression très prisée chez les accordéons, comme « Chauffe Marcel ! » chez les Azzola.

Le mariage fut très réussi. Surtout le bal... musette, comme il se doit ! Léon avait invité tous ses potes accordéons. Neuf mois après le mariage, Yvette portait Léon sur son ventre, comme un gosse...

2. Moi, ce que j'aime dans l'accordéon, c'est Yvette Horner !

Yvette Horner est née les mains devant. Avant même d'être totalement sortie du ventre de sa mère, son premier geste fut d'arracher les boutons de manchette en nacre du gynéco. Pour se venger, ce dernier, accordéoniste à ses heures perdues, offrit au bébé, son premier soufflet, une gifle retentissante qui eut trois conséquences radicales : un bras d'Horner du plus bel effet, une passion pour la musique et une haine tenace pour une petite bourgade située dans le 91, à trente kilomètres au Sud-Ouest de Paris : Gifle-sur-Yvette.

Yvette était rousse, ce qui lui laissait toutes les chances d'entrer un jour dans le dicti-Horner du même nom. Toute petite, déjà, les parents d'Yvette trouvèrent dix bonnes raisons pour la mettre au piano : ses doigts. Une vraie petite famille de doigts inséparables, élevés de main de maître par les parents Horner. Les doigts d'Yvette s'étaient depuis sa plus tendre enfance regroupés par affinités. Quand ils jouaient entre eux, ils formaient toujours deux équipes de cinq : les bleus et les rouges. L'arbitre, c'était Yvette. Elle s'habillait en blanc parce qu'elle aimait beaucoup son pays. (On raconte même qu'un jour, un petit camarade lui fit un coquard à l'œil. À sa mère qui lui demandait des explications, elle déclara en entonnant la Marseillaise : ce n'est pas un coquard, c'est une cocarde !) À quatre ans, les enfants de son âge allaient à l'école. Yvette, elle, fut mise au piano. Huit heures par jour, avec comme seul univers : un clavier, deux pédales et un tabouret. Ses doigts, majeurs et vaccinés bien avant l'âge, furent enrôlés pour faire leur service musculaire dans l'armée de l'air classique. Ses poupées furent mises à l'index. Elle aurait pourtant adoré se tourner les pouces, comme au bon vieux temps des doigts fainéants. Tandis que ses petits camarades jouaient en cour de récréation, Yvette jouait en cour d'assise sur son tabouret, les yeux rivés sur la partition. Ses envies étaient sur la touche, sur les quatre vingt huit touches de son piano !

– Tu n'as pas fait ta toilette des doigts ?

Yvette survivait en dealant la musique : quelques gammes par-ci, quelques gammes par-là. Ses doigts se démenaient dans tous les sens. Si elle protestait, ses parents l'envoyaient valser sur le piano et lui demandait de changer de ton ! Quand ils la battaient, ils le faisaient en mesure, pour qu'elle ne soit pas dépaysée. Jamais de pause, beaucoup de soupirs, à peine une petite fugue de temps en temps. Les seules fantaisies qu'elle s'accordait, à l'impromptu, étaient celles de Chopin ! Elle était femme au bord de la crise d'Horner ! À la fin de la journée, elle avait le do cassé, le fa effaré, le sol lessivé, le la plus que las, le si avait le moral en dent de si et il fallait voir la gueule de ré ! Yvette était une sainte ! Une sainte femme, condamnée à la peine instrumentale à perpétuité... un peu sainte nitouche blanche ou sainte nitouche noire... Elle était convaincue qu'elle mourrait un jour d'un concert.

Yvette poussa comme une grande arpège. Vers douze ans, au grand dam de ses parents, elle se mit à jouer de son premier instrument à bretelles : le soutien-gorge. Elle acquit très vite une collection d'instruments de belle taille. Obsédée par la musique, elle portait même des sous-vêtements « Aubade » ! Découvrant ses premiers boutons, elle tomba un jour en arrêt devant ceux d'un accordéon qui passait à sa portée musicale. L'accordéon qui n'était pas insensible aux charmes d'Yvette, fit la roue : il déplia ses soufflets un à un en poussant une mélodie romantique dont il avait le secret. Devant cette formidable érection, si mélodieuse, qui donnait à l'instrument des dimensions impressionnantes, Yvette ne résista pas ! Et c'est comme ça qu'elle fit musette avec son accordéon : elle le serra très fort contre sa poitrine et ne voulut plus s'en séparer. Pour se venger de toutes ses années d'étude, elle était bien décidée à laisser son empreinte... digitale dans le monde de l'accordéon ! Les petits boutons de nacre n'eurent plus de secret pour elle : elle devint une véritable *nacrobate* !

Toute vêtue de bleu-blanc-rouge par Jean-Paul Gaultier, Yvette fit l'amour avec la France, en tout bien tout horner, les doigts sur la couture du pantalon en accordéon ! Ce ne furent plus qu'Yvette « t'Horner » d'applaudissements dans le monde entier. Un jour, elle accorda une permission spéciale à son annulaire pour se marier. Comme Céline Dion, Yvette Horner avait trouvé son René. Elle fut décorée de la Légion d'Horner par François Mitterrand, promue officier par Jacques Chirac et commandeur de l'Ordre national du mérite par Catherine Tasca. Petit à petit des accordéons en tout genre ornèrent la maison d'Yvette. Yvette démontra qu'on pouvait jouer de l'accordéon, sans être forcément Aimable.

Elle avait gagné son combat pour défendre bec et ongles les doigts de la femme !

Elle a deux pierres bleues quand turquoise son regard...

à Isabelle Huppert

Elle s'est laissée filmer comme on filmerait une pierre.

– Ma petite Isabelle, qu'est ce que tu veux faire quand tu seras grande ?
– Je voudrais être une pierre !
– C'est dur comme métier, tu sais...

Oui, mais Isabelle, peut-être qu'elle était une enfant poreuse, qui se tenait à carreaux, prenait des bains de boue et dormait dans le lit asséché de la rivière, au milieu de la pierraille. Elle s'amusait dans les cavernes.

– Isabelle, elle sera polygrotte !

Les grandes personnes parlent en faisant plein d'alluvions, elles charrient toujours. Et si Isabelle était vraiment une pierre ? Isabelle, une pierre ! C'est beau, une pierre ! Attention, pas de la pierre de ballast, cette pierre un peu con, cassée et concassée, qu'on met sur des rails, une pierre fonctionnaire, labellisée SNCF, reproduite à des millions d'exemplaires et qui finit sur une voie de garage, toute sale et noircie à force de se faire rouler dessus. Non. Ni du moellon ni du parpaing.

Isabelle, c'est de la pierre tendre, de la pierre à feu, c'est de la pierre de taille (... de petite taille, du cent cinquante-deux centimètres, c'est sûr qu'au milieu des quarante mètres de la scène du Palais des papes et des murs de soixante mètres de haut, elle était comme un gravillon, Isabelle !). Sur un tournage, Isabelle, j'imagine qu'elle arrive faite de briques et de blocs, c'est un matériau de construction, de la pierre à bâtir... Oh, ça n'est pas qu'elle veuille bâtir une carrière, c'est déjà une carrière à elle toute seule, une carrière à ciel et cœur ouverts, c'est une mine, un filon, un gisement. Bien sûr, c'est épuisant d'être un filon : on vous creuse, on vous charcute, on vous tire les verres et les cristaux du nez. Et Isabelle, comme la pierre, est polie : elle se laisse faire, elle est là pour ça...

Elle peut tout faire, elle a l'esprit argile. C'est une pierre brute, mais qui a fait des études : une pierre philosophale ! Et grâce à elle, le metteur en scène, l'alchimiste, s'il ne rate pas trop son coup, transforme la pellicule en or. C'est une aigue-marine, une aigue à deux têtes, elle est à la fois silicate et si délicate, c'est du talc, du tact, du trac, du silex à étincelles, une rose des vents du large, c'est un récif d'aventures. Régulièrement, pour ne pas s'enterrer, elle met du vin dans son palais de pierre, elle se rince la dalle en béton : elle fait chabrol ! C'est un rocher, merci pour le chocolat, un pavé dans la mare, de l'ambre colère, un bâton pour se faire albâtre

Attention ! Parfois, une pierre, ça peut être un calcul, un caillou dans le sang. Elle peut être un marbre qui se taille les veines, une pierre suicidaire – vous savez, ces pierres qui se jettent dans l'eau avec un noyé autour du cou, pour ne pas se louper. Elle a tellement accumulé de cadavres dans ses rôles, qu'elle est une stèle, madame Une Stèle ! Isabelle, c'est un éboulis, une coulée de lave, un magma en profusion. C'est du gravier, c'est du sable émouvant, c'est un tourbillon de poussière. Elle peut se faire gravats, décombres, elle peut brûler ou geler à pierre fendre, elle sait se faire fissure, crevasse, lézarde, brèche ou faille.

Isabelle, c'est une pierre précieuse, elle est rare : Huppert ? gemme... C'est une solitaire, au jeu lapidaire ; c'est une aventurine, un diamant. Elle joue au rubis, aux agates, elle joue topaze, elle a deux pierres bleues quand turquoise son regard. Elle est un petit caillou brillant sur le bord de la route, pour qu'on retrouve notre chemin, onyx soit qui mal y pense ! Elle est, tour à tour, maligne et tourmaline, elle peut tout jouer ! Les grands rôles granitiques du répertoire ! Elle serait formidable en chanteuse d'opéra, vous imaginez : La Caillasse ! Avec Isabelle Une Pierre ! J'entends d'ici les mauvaises langues, ceux qui s'acharnent, qui lèchent la pierre, pour s'en approprier un morceau :

– Une voix rocailleuse, c'est du stuc !
– Elle est monolithique !
– Elle devrait jouer Cléoplâtre...
– Elle doit laisser des ardoises partout !
– Une vraie tuile !
– Elle craie, elle craie, d'accord ! Que des falaises !
– Elle est en glaise ou quoi ?
– Il paraît qu'elle chante ! Avec Murat... un murat en pierres, oui !
– C'est au pied du Murat qu'on reconnaît le limaçon !
– Elle portera des fossiles, comme toutes les vieilles pierres...
– Elle finira en pierre tombale !
– Au nom d'Huppert, édifice, et du saint-crépi, amen !

Chère Isabelle Huppert, une pierre, on ne voit jamais ce qui est à l'intérieur, une pierre garde son secret. Une pierre, ça vient du fond de la terre, et si ça tombe du ciel, c'est que ça vient d'une autre planète, d'un autre monde, c'est peut-être un morceau de soleil ou une pierre de lune, en tout cas, c'est une météorite !

Je crois à l'envie éternelle

à Albert Jacquard

Je suis croyant. Très croyant ! J'aurais jamais cru croire à ce point. C'est de famille. J'ai été élevé sous la mère supérieure, baptisé à la clairette de Dieu, au vin de messe, à la bénédictine, à la Chartreuse, au spiritueux, j'ai communié sous les deux espèces, à l'eau-de-vie et au pin parasol. J'ai cru, pendant quinze ans, et en même temps que je croyais, je croissais, oui, j'ai crû régulièrement, et j'ai cru que je n'allais jamais arrêter de croître. Et puis je n'y ai plus cru, j'ai eu raison parce que ça fait un moment que je ne croîs plus, que j'ai atteint ma taille de croisière, mais je crois toujours.

Je crois aux neurones et aux côtes du Rhône, aux synapses et au schnaps, je crois aux grands crus, aux rêves de comptoirs, je crois à la lune et son croissant, au grand crème avec ses croissants, à la presqu'île d'Ouessant, au croisillon de cardan et au vilebrequin, à la bielle de Cadix, je crois au cortex et au Grand Rex, je crois aux grandes crues, du Nil et du nihilisme, aux cures de soleil, au Kurdistan, je crois aux Tartares qui montent à cru, et dans mon credo, je crois aux clodos, aux cadeaux, au kendo, à Kenzo, à Quasimodo et au curaçao.

Je crois au point de croix, au point de croire au tricot, je crois au tripot et à l'affaire Luis trio, je crois au lait cru, à la toile écrue, et aux accras de morue, je crois au hasard, je croise les doigts, je croise les regards, je crois ce monde capable du malheur comme du pire ! Je crois à l'exaction des chefs d'État au sucrage universel, je crois au charcutage électoral, au vote à main armée, je crois aux agents pathogènes, agents de police et agents de change, je crois aux vies russes et aux vies tchétchènes, je crois à la hausse du pouvoir de crachat, aux bactéries de missiles et aux missels de croisière.

Je crois qu'un jour Dieu a dit aux corbeaux : croassez et multipliez-vous ! Mireille Mathieu qui passait par là lui répondit : *oui, je croâ, qu'une vie ça commence avec un mot d'amour*... mais elle ne s'est pas multipliée, Dieu merci ! Je crois aux crapauds qui coassent, aux serbos qui croatent, au gravier qui crisse, et à France-Inter qui Kriss du lundi au vendredi entre quatorze heures trente et quinze heures. Je ne crois ni au père Nobel, ni aux prix Noël, ni aux pommes de terre nouvelles, on ne m'ôtera pas de l'idée que, chaque année, toutes les pommes de terre sont nouvelles, je ne crois pas une minute en Gianni Agnelli, Fiat voluntas tua, je ne crois ni au tribunal de La Haye ni aux afféteries banales de Brigitte Lahaie.

Je crois aux mots, croisés avec des notes, ça donne des chansons, je crois au mélodieux et à ses saints, saint-Sévérino, saint-Bénabar, je crois à la vierge Marie Kiss la Joue, et à Jeanne, ma sœur Cherhal sauvage, je crois à Souchon sur parole, à Salvador sur musique, à EDF sur facture, et à Boulogne-sur-Mer. Je crois en un seul Dieu, le Père, le mien, qui m'a discrètement, un soir au fond de son lit, confié la moitié de son patrimoine génétique, sans contrepartie, alors que ma mère, tout aussi discrètement, m'offrait la moitié du sien, tous les deux faisant comme si je n'existais pas encore... et plus d'un demi-siècle après, il m'arrive de me dire : pourquoi tant d'ADN ?

Je crois en Jésus-Chrysler, créateur de l'auto-cruiser, moteur deux litres essence, quatre cylindres, seize soupapes développant cent quarante et un chevaux, je crois en Moulinex, son auto-cuiseur et sa soupape qui chuchote, mais je suis sceptique sur la papamobile, moteur deux pater quatre ave, et son surpape qui clignote. Je crois au bon roi-ffarin qui a mis sa calotte à l'envers et qui répand les vigiles et la bonne parole, les vigiles selon Saint-Nicolas, ceinturon, rangers et flashba-balle à son chien-chien.

Par la beauté du catéchisme planétaire, je suis bien obligé de croire en Georges Bush et en son fils inique, Debeuliou, notre seigneur de guerre tout puissant, big brother du ciel et de la terre, qui a été conçu d'un sale esprit et de la vierge Amérique, qui a souffert sous Ben Laden, a été crucifié par Al-Quaida, est mort de trouille, a été enseveli sous les décombres, est descendu au ground zéro, est ressuscité d'entre les morceaux d'avion, est monté dans son bureau ovale, est assis à la droite de Colin Powel, d'où il viendra juger les vivants, les Irakiens et les locataires de Guantanamo, oh les jolies petites poupées oranges qui font « Allah Akbar » quand on les touche, je crois rêver !

Je crois en l'esprit singe, à la sacro-sainte bêtise cathodique, à la collusion des cinglés, à la rémission des PC, à la restriction de la chère liberté, et je crois, je le crains, à l'envie éternelle ! Alors, pour garder la fibre neuronale en éveil, je crois en Jacquard, pas l'inventeur du métier à tisser ou du pull-over, non, l'unique, le seul, Albert Jacquard, un quart génétique et trois quarts croisé du Jacquard-monde, qui se prend sans arrêt les pieds dans l'utopie, permettez-moi de vous appeler mon Jacquard, si, si, tenez, je vous en prie...

Notre Jacquard qui êtes précieux,
que votre nom soit authentifié
que votre rêve arrive
que vos idées soient enseignées au Collège de France comme à la maternelle
sortez-nous aujourd'hui
de notre train-train quotidien
ne nous laissez pas succomber à la consommation
et délivrez-nous de Vivendi Universal
maintenant et à l'heure de tout le sport sur France 3, amen !

LE GLANDEUR SUDORIPARE

à Marc Jolivet

Que ça soit clair pour tout le monde, Marc Jolivet est contre l'ordre établi ! Il n'a rien contre l'ordre de virement, il reconnaît l'utilité de l'ordre des médecins, il ne peut rien contre l'ordre chronologique ou l'ordre alphabétique, même si *Jolivet* se retrouve coincé entre *joliment* et *jonc*, non, Marc Jolivet est contre l'ordre établi ! Le bon gros ordre installé devant sa télé, dans ses pantoufles, sous le coup de la loi et sûr de lui. Qu'on se le dise, l'ordre établi lui pèle joliment le jonc. Je l'ai vu la semaine dernière jouer à Tain l'Hermitage, dans un hall de gare. Dans la salle, c'était l'ordre établi : huit cents personnes serrées comme des sardines dans un sauna, et bien lui, il est contre ! Sur scène, il est SEUL, il refuse d'être une sardine. Enfin seul... l'ordre établi pour un one-man-show, c'est d'être « one », alors, lui, il n'est pas « one », il a des musiciens. Et ce n'est pas fini ! Il joue dans une région de côte du Rhône, dans une salle bourrée de spectateurs bourrés au saint Joseph, au Cornas et à l'Hermitage... Lui, il sort sur scène une bouteille de Bordeaux ! « Je suis Marc Jolivet, je bois ce que je veux, où je veux, quand je veux. » Et, qu'on se le dise, monsieur Jolivet boit bio. Il boit bio, il mange bio, il chie bio, c'est ce qu'on appelle une chi-bio thérapie !

Monsieur Jolivet est contre l'ordre établi. Si on lui dit deux et deux font quatre, il voit rouge ! Bio, mais rouge ! Et il se lance dans une longue diatribe, comme quoi deux et deux peuvent faire ce qu'ils veulent, mais surtout pas quatre ! D'abord, ce ne sont pas n'importe quels deux, il ne prend que des deux bios ! Et bien, deux bios et deux bios, ça peut faire la fête, ça peut fer à cheval ou faire un scrabble, ça n'a pas intérêt à faire quatre ! Chez Jolivet, treize et cinq font dix huîtres, cinq et quatre font veuf, cinquante et cinquante se font du mauvais cent ! Marc Jolivet est ingérable ! Bien sûr, certains ne désespèrent pas de pouvoir le gérer, le gouverner :

– On va lui greffer un gouvernail dans la coque à Jolivet, lui mettre un mât, le mâter, oui, c'est ça, on va le mater Marc Jolivet ! Comme on aimerait bien mater tous ces emmerdeurs dont le nom se termine par « vé » : Jolivet, Bové, PV, H.I.V ! On va le gréer, que ça lui agrée ou non, on va fixer une grand voile à sa vergue. Oui, tout le monde sait qu'il a une belle vergue, il s'en vante assez : quatorze au repos et quarante-quatre en période d'érection ! On va le manœuvrer, il deviendra un cata-très-marrant de compétition, il sera sponsorisé, labellisé. Nous avons déjà le slogan : « Le Jolivet nouveau est arrivé ! » Sous la surveillance efficace de son conseil d'administration, monsieur Jolivendi Universaligot est sur les rails. Que les Français se rassurent, sous ses airs d'éconologue et de déconologue assez r'monté, il a voté Chirac, nous vous le confirmons, comme quatre-vingt pour cent des Français dont les vingt pour cent restants ont voté pire, bref, il a participé comme vous et moi à ce que nous appelons pudiquement « la politique de l'Autriche » !

Oui, mais voilà, Marc Jolivet n'est pas un multicoque, il est plutôt du genre coque de noix. Il est là, je cite, « pour inoculer dans nos rêves et nos fantasmes de la rébellion et de la soumission » ! Alors, à partir de ce soir à Bobino, venez vous faire inoculer ! Marc a, dans sa tête, de jolis vaisseaux, de jolis vélos, de jolis végétaux et de jolies vénus... Il s'entraîne tous les jours ! Il boit son bol de terre tous les matins, écrit dans les nuages, il lit Racine au pied des arbres, Corneille dans les branches. On sent qu'il a une tendresse particulière pour les petites sueurs des pauvres... il défend la veuve Clicquot et l'orphelin ! Venez voir transpirer Jolivet ! Il écume, il excrète, il a l'humeur muqueuse, il suinte, il exsude ! Il sue ! La vérité, c'est que Marc Jolivet est un glandeur sudoripare... il se la coule douce : sudation contre sédition !

Il a la terre à fleur de peau et la mer lui sort par tous les pores... la mer, qui reste quand même un beau terrain vague. Jolivet, c'est le garde-barrière de corail ! Il roule en lagune, il tire la sirène des lames, et la mer mouille dans sa petite calotte glaciaire. Il fait de l'atoll pour assistance à ozone en danger, il fait la Manche, fervent pacifique, il est le maître d'océan ou simple employé de banquise sollicitant des embruns à long terme. Il invite les pingouins à la brasserie flots, il leur fait l'Arctique, commande des icebergs vanille-fraise, discute à bâtons rompus avec des esquimaux, pas des Gervais-Danone, non, des esquimaux de marque, des esquimaux « Jolivet ». Il paie en espèces animales ou végétales, grimpe à l'échelle de Beaufort, hisse les couleurs de l'arc-en-ciel, fait la brise aux oiseaux, cargue les voiles, borde les phoques et les otaries, et, pour les endormir, leur raconte en morse des histoires de l'ancien temps...

Rappelez-vous, c'était la fin de l'été 2002, Messier avait fait ses balises, des stock-options plein son Fourtou et voguait vers les Amériques. Le 3 septembre, Marc Jolivet embarquait dans un navire plein à craquer tous les soirs, il menait le public en bateau, direction Point-à-Pitreries, la Java, l'archipel de Frénésie et les îles de l'Utopie...

Avis d'tempêt' sur Bobino
t'as de l'écum' plein ton pal'tot
et t'y crois dur comm' le tonnerre
Marco t'as un' gueul' d'atmosphère.

LES TATAMIS DE MES AMIS SONT MES TATAMIS

à Kad et Olivier

Chers Olivier et Kad. Je suis assez fier de mon début, parce que tout le monde attend « Chers Kad et Olivier », mais il fallait, au bout de deux ans de labeur, se remettre un peu en question, bousculer les habitudes, marcher hors des sentiers battus. Alors, « Chers Olivier et Kad », on est tout de suite sur le fil, on se dit : Ouh, là ! Là, il prend des risques, s'il commence comme ça, ça va déménager.
– Simone ! Viens écouter Roca, je pense que ça va être quelque chose ! Il a commencé son papier sur Kad et Olivier par « Chers Olivier et Kad », pour une fois, il essaie de sortir des sentiers battus ! Téléphone vite à ta mère pour lui dire de se brancher sur France-Inter !
C'est mon ami Michel, il est pépiniériste à Soyaux, dans la banlieue d'Angoulême. Son magasin s'appelle le Gairidon. C'est un fan inconditionnel.

En plus, je me connais : « Chers Kad et Olivier », c'est la porte ouverte à toutes les facilités dans lesquelles il m'arrive parfois, trop souvent au goût de certains (Simone, la femme de Michel, par exemple !), de plonger la tête la première. Je vois ça d'ici :
Chers Kad et Olivier, j'ai un petit souci. Enfin... j'ai deux soucis, mais le plus petit c'est le cadet, le cadet de mes soucis. On a toujours une petite préférence pour le cadet, c'est normal, c'est le plus jeune, le petit dernier. On se fait toujours plus de souci pour le cadet de ses soucis que pour l'aîné. Alors, voilà, le cadet de mes soucis c'est de savoir quel est le cadet, Kad ou Olivier ?

Si c'est Olivier le cadet, Kad est l'aîné, bien. Par contre, si c'est Kad le cadet, Olivier est l'aîné, alors pourquoi dit-on « cadet-Olivier » ? Et si Kad est l'cadet, ça me ramène à l'aîné de mes soucis ! Oui, je n'oublie pas l'aîné, sinon, je le connais l'aîné, si je l'oublie, il commence à froncer les sourcils. Ah, il faut savoir que mon aîné a deux sourcils. Enfin, mon néné... pas mon néné ! Mon « aîné ». Non, pas mon « henné », je ne vais pas me passer les sourcils au henné ! De toute façon, chez les sourcils, il n'y a ni cadet ni aîné, les sourcils sont jumeaux, et les longs sourcils sont lonjumeaux. Qu'est-ce que je disais ? Ah oui, l'aîné de mes soucis : si Kad est l'cadet, est-ce que Gad est l'Malais ? Malais ? Pourquoi pas Japonais pendant que vous y êtes ? Gad, japonais ? Alors là, c'est le cadet de mes sushis. Je vous avais prévenu, vous commencez par « Chers Kad et Olivier » et vous tombez dans tous les pièges ! Le cadet de mes sushis, je ne peux pas saké les sushis, ni les sumos jumeaux de Lonjumeau sur leur tatami. Le tatami est un tapis nippon. Personnellement, je n'ai pas de tatami. Quand j'ai besoin d'un tatami, je vais chez des amis. Les tatamis de mes amis sont mes tatamis ! J'ai des tas d'amis qui ont un tatami. Alors, je trie parmi mes amis ceux qui ont un tatami et ceux qui n'ont pas de tatami. Comment je les trie ? Je les passe au tamis. Ceux qui n'ont pas de tatami passent au travers, ceux qui ont un tatami, forcément, ça prend de la place, les mailles sont trop petites et ils restent au fond du tamis. Il suffit alors de choisir un ami resté au fond du tamis, il a donc un tatami et je vais chez lui. Et arrivé chez lui, avant même que je puisse mettre un pied sur le tatami, mon ami, l'oreille collée au poste, me dit :

– Excuse-moi, mais je t'écoute sur France-Inter, chapeau ! Oser commencer une chronique sur Kad et Oliver par « Chers Olivier et Kad », c'est courageux ! Simone a même prévenu sa mère in extremis !
– Mais, Michel, comment tu peux m'écouter sur France-Inter alors que je suis chez toi ! Je venais te demander si je pouvais utiliser ton tatami ?
– Ben, vous l'avez certainement enregistrée cette émission ? Attends, deux secondes, j'aimerais savoir comment tu termines...
– J'en suis où ?
– Écoute : « Si Kad est l'cadet, est-ce que Gad est l'malais ? Malais ? Pourquoi pas Japonais pendant que vous y êtes ! »

– Ah, oui ! Après il va y avoir le passage sur les tatamis. Écoute bien, c'est assez joli ! Effectivement, c'est en différé ! Moi, j'en suis déjà vingt lignes plus bas. Au moment où je dis « Moi j'en suis déjà vingt lignes plus bas… au moment où je dis… »
– Chut ! J'y comprends plus rien ! Je serai curieux de savoir comment tu vas t'en sortir !
– Alors là, c'est le cadet de mes soucis, Michel ! En fait, je reviens à ma première idée : commencer ma chronique par « Chers Olivier et Kad » comme ça, plus de Gad Elmaleh, plus de tatami et je ne viens pas chez toi ! Ça m'évitera de répondre à tes questions. Mes amitiés à Simone !

Chers Olivier et Kad,

vous déclariez à propos de votre époque Delarue : « l'essentiel n'était pas de chercher à plaire, mais de chercher à ne pas déplaire ». Dorénavant, c'est le cadet de vos soucis, vous avez décidé d'en faire qu'à votre tête. Vous avez raison, faut pas être dans le moule. Mais, je peux bien le dire, maintenant, la femme de Michel ne s'appelle pas Simone, elle s'appelle Robert.

ESPÉRANCE DE VIE, ESPÉRANCE DE RICHE !

à Bernard Kouchner

Ah, docteur Kouchner,

vous tombez bien ! Permettez-moi une petite consultation à l'improviste. Je vous explique : tout est parti d'une petite toux grasse. Je me précipite sur Internet, www.doctissimo.fr, on me conseille le sirop des Vosges expectorant, un fluidifiant bronchique. Il contient de la carbocistéine, exactement ce qu'il me faut ! L'inconvénient, c'est les effets secondaires (je sais bien qu'en médecine il n'y a pas de risque zéro ; les effets secondaires, ça fait partie du traitement), le sirop me provoque donc des diarrhées carabinées ! Mais alors, carabine à répétition, si vous voyez ce que je veux dire ! Je prends un antidiarrhéique, du Smecta, un argile qui par son pouvoir couvrant et sa viscosité protège ma muqueuse digestive, très efficace ! J'ai peut-être un peu abusé, je me retrouve constipé ! Alors là, pas de problème, je prends du chlorumagène, je gardais une vieille boîte de ma dernière constipation, en juin 96. C'est un laxatif à base de magnésium qui stimule la motricité du colon et facilite le transit. Ben, mon colon ! Si j'avais su ! Mon pauvre colon, trop stimulé, s'enflamme, je dois faire une petite coloscopie, juste par précaution, et comme c'est remboursé et que je suis sur place, j'en profite pour faire un scanner et un IRM, au cas où. Bien sûr, à l'autre bout du colon, mes hémorroïdes rentrent en rébellion ! Je mets un calmant local, un anal-gésique, et je prends du Cyclo 3 fort, un antihémorroïdaire vasculoprotecteur et veinotonique. Ça tombe bien, à force d'aller et venir aux toilettes, j'avais les jambes lourdes ! Du coup, je retrouve mes jambes de vingt ans, et en courant déposer ma feuille de sécu à la caisse d'assurance maladie, je glisse sur une diarrhée canine, je me casse le doigt, radio de la main, je me fais prescrire trente séances de kiné, résultat le soir même, à cause de mon attelle, j'ai dû mal enfiler mon préservatif, ma femme tombe enceinte, échographie, palpations, elle tombe amoureuse de son gynéco (qui lui susurre à l'oreille « I'm just a gynéco...» en lui étalant la vaseline sur le nombril), je fais une dépression, antidépresseurs, séances chez un psy à hurler ma douleur, extinction de voix, irritation de la gorge et je me remets à tousser ! Me voici revenu au point de départ !

Alors, si vous pouviez me faire une petite ordonnance. Vous êtes bien toujours agréé ? Je n'aurais pas de problème pour me faire rembourser ? Et puis, soyez gentil, rajoutez-moi du Doliprane, du mercurochrome, du Valium, des compresses, du Synthol, et puis, pendant que vous y êtes, mettez-moi une petite boîte de Viagra, on est entre hommes, vous me comprenez... Ne vous inquiétez pas, je sais où trouver tout ça, depuis le temps, j'ai mes habitudes ! Les pommades à Escarrefour, les anticoagulants chez Au sang, les pansements à Monsieur Bandage, les antibiotiques chez Leroy-Médecin, les remèdes pour le rhume dans les établissements Leglaire, les bains de bouche aux Caries Lafayette, et les aspirines au Shopital...

Tous les samedis, en famille, ordonnances sous le bras, on va faire le plein de médicaments ! Chacun son caddie et on fait la course aux promos !

♪♪

Messieurs ! Super promo de Noël ! Ne faites plus la queue au rayon pannes sexuelles. Le Viagra vous attend en tête de gondole. Il y en a pour toutes les bourses : Viagra truffé, médaillon de Viagra, Viagra fermier, pâté de Viagra, carpaccio de Viagra, mousse de Viagra, Viagra grillé au feu de bois... Finies les érections en ballotage ! Bandez dès le premier tour !

♪♪

Cinquante euros la fibroscopie noir et blanc ! Tarifs étudiants !

♪♪

Des bons de soins de quinze euros pour cent cinquante euros de consultation dans les rayons psychiatrie, toxicomanie, diabète, obstétrique, kystes et laryngologie (à valoir sur l'ensemble du magasin sur vos prochains soins d'au moins quarante euros, sauf points rouges, herpès ou psoriasis).

♪♪

Si votre appareil digestif tombe en panne, nous intervenons chez vous sous quarante-huit heures. En cas de réparation longue, nous vous prêtons un œsophage flambant neuf !

♪♪

Si vous trouvez des soins identiques moins chers ailleurs (hors soldes, bien sûr) dans les trente jours qui suivent votre hospitalisation et dans un rayon de trente kilomètres, nous vous remboursons la différence et nous vous restituons votre maladie intégralement !

♪♪

Vingt ans c'était l'printemps / quarant' c'était l'été / en attendant l'hiver / mettez un sonotone !

♪♪

Perfusions à profusion chez Prémortem !

♪♪

Poumons d'acier, santé de fer !

♪♪

Attention, un rein peut en cacher un autre ! Un rein vaut mieux que deux tuyaux d'rat.

♪♪

Espérance de vie, espérance de riche ! Nord ou Sud, il y a ceux qui respirent la santé et ceux qui sentent le sapin. Boulogne-sur-Alzheimer ou Nice couette d'Azur, il faut choisir. Jack Lang ou Jacques Peyrat, n'est pas médecin qui veut !

♪♪

Qu'il est beau le lobby des labos, qu'il est beau l'alibi de la libido, qu'il est bobo le placebo, qu'il est beau le lobby des labos !

♪♪

Et en prime, un pin's du SAMU ! Avec la devise de la maison : Soins du Samu, feuille de Sécu, planche de Salut ! Soins, soins, tagada soins soins !

♪♪

Cher Bernard Kouchner,

vous êtes né sous le signe du caducée, ascendant sanitaire, vous vous étiez mis en tête de soigner la santé en France, en devenant

un homme politique ! La politique s'est retournée contre vous et vous a renvoyé à vos chères utopies sans frontières. Vous reprenez votre bâton de médecin pèlerin au chevet du cancer des nations.
Good luck, poor lonesome french doctor !

Le chanteur en navrance sur son temps

à Serge Lama

Cher Serge Lama,

vous avez déclaré récemment : « Quatre-vingt dix pour cent de mon répertoire est nostalgique, voire tragique. » J'ai épluché votre discographie et j'ai eu soudain l'impression d'éplucher des oignons, vos chansons s'égrenaient, feuille à feuille, comme des pelures, d'ailleurs toutes vos chansons me plurent et plus j'épluchais, plus je pleurais. À côté de vos textes, les plus grandes tragédies du répertoire, me parurent fades, presque légères, Phèdre avait les allures d'une héroïne d'opérette, Andromaque se mettait à ressembler à Muriel Robin et Antigone à Fifi Brindacier !

Oui, Serge Lama, vous êtes notre monsieur Mélancolie, le Roger Gicquel de l'octosyllabe, le Candeloro de la chute de tension, le Besancenot de l'accusé de déception, notre Docteur Désabuse, notre radeau-nostalgie, je ne sais pas combien vous touchez d'appointements, mais vous nous touchez avec vos désappointements. Vous ne chantez pas, vous désenchantez, vous écrivez accablé autour d'une bonne bouteille, oh, pas pour boire, mais pour déboire, vous n'êtes pas un nanti mais un anéanti, vous êtes né sous une étoile de la consternation du Verseau, un certain 11 février 43, exactement cinquante-huit ans et sept mois, jour pour jour avant les attentats du 11 septembre, ceci expliquant peut-être cela, je sais on dit que la nuit tous les lamas sont gris

Même les quelques chansons joyeuses que vous avez écrites, vous dites qu'elles sont tout sauf joyeuses, qu'il suffit de lire le texte à plat pour s'en apercevoir. Il est vrai que si vous lisez à plat *Femme, femme, femme, fais-nous in the room du Prosper youpla, youpla, youpla, youpla, youpla, youpla, boum*, c'est terrifiant, c'est tragique ! Même chose pour : *Je m'en vais voir les petites femmes de Pigalle / C'est mon péché, ma drogue, mon gardénal / Et je suis content, je suis content, je suis content / Je suis content, je suis cocu mais content...* alors là, il y a toute la tragédie humaine, la drogue, les barbituriques, le crime, Pigalle, la solitude, la déchéance et l'humiliation. Vous surfez sur le vague à l'âme, vous avancez en zigzag dans les tourments, vous êtes un sauteur en langueur, un enfant de trouble, vous avez de la suie dans les idées, vous êtes en navrance sur votre temps !

Vous rêvez d'interpréter au théâtre le Créon d'Antigone ou le Misanthrope, que des comiques, en somme ! Je conseille vivement à tous ceux qui veulent écouter le single de Serge Lama, « Quand on revient de là », d'aller avant toute chose se faire faire des analyses, un check-up complet, électrocardiogramme, prise de sang, mammographie, scanner, IRM. Si possible consultez un psy pour remettre un peu d'ordre dans votre passé, résoudre vos traumatismes, soigner vos angoisses, n'hésitez pas à revisser les boulons, changer les durites, refaire la caisse, il faut être armé jusqu'aux dents pour écouter le dernier Lama ! Il faut péter la santé, avoir les nerfs solides et un optimisme à tout crin, sinon c'est le suicide assuré ! Déjà pour lire les paroles sur le livret du CD, vous avez intérêt à avoir dix à chaque œil ou une loupe qui grossit deux cent cinquante fois ! C'est écrit en tout petit, en marron ou en gris sur fond noir, je me demande si Serge Lama n'est pas sponsorisé par Afflelou ! Ce n'est plus un livret, c'est un faire-part de décès !

Et voilà qu'après ce dernier opus, vous envisagez d'aller vous enfermer dans un monastère, vous avez dû être piqué par un mystique. Frère Serge, qui a toujours été un jusqu'au bouddhiste, a pris le voile du palais, et s'est retiré dans une lamaserie. Quand lama pas content, lama faire toujours comme ça ! Après le bourdon, l'abbaye. Dieu et Dieu font cloître. Une fois dans votre cellule, il ne vous restera plus qu'à méditer sur vos anciens succès, en les adaptant à la situation :

Je m'en vais voir les p'tits moines du Bengale
C'est mon destin, mon dogme, mon idéal,
Et j'suis content, j'suis content, j'suis content
J'suis content, j'suis tondu mais contem-platif

ou bien encore :

Moin', moin', moin', fais-nous voir le ciel
Moin', moin', moin', fais-nous le Carmel
Moin', moin', moin', rends-nous les sermons
Les sermons lourds et longs de notre enfance
Moin', moin', moin', mets-nous à la Trappe
Moin', moin', moin', en bure ou en soutane
Moin', moin', moin', fais-nous l'Te Deum
De prière youpla, youpla, boum

Cher Serge Lama, je ne sais pas si vous êtes un téléspectateur assidu, mais il y a de grands moments de télévision que j'adore tout particulièrement, ce sont les bandes annonces des talk-shows *Tout le monde en parle*, *On ne peut pas plaire à tout le monde* ou même *Vie privée, vie publique* : tout l'art de monter en plans très courts de la bonne humeur, des éclats de rire en veux-tu en voilà, de la rigolade en toasts, de la gaudriole sur canapé, de fines tranches d'euphorie pour attirer le chaland à ces grands raouts de la gaîté. Inutile de regarder l'émission, on a déjà notre dose de drôlerie. Quand je vois cet étalage de joyeuseté obligatoire, où le spectateur est tenu en liesse, où l'on vend du bonheur à la criée, je me dis qu'un peu de spleen estampillé Serge Lama de temps en temps, ça nous fait des vacances !

LE CABERNET EST FERMENTÉ DE L'INTÉRIEUR

à Martin Lamotte

Lors de ma dernière crise d'anxiété, j'ai fait un rêve ignoble. Mais alors... vignoble ! Je roule tranquillement sur l'autoroute, à cent soixante à l'heure, une bouteille de Morgon sur le siège du passager. Oui... comme on dit toujours, à droite du conducteur, c'est la place du Morgon ! Un verre ballon dans la boîte à gants, je coince le volant avec un genou, de la main gauche j'attrape la bouteille, de la droite le tire-bouchon, je l'introduis délicatement, je glisse le tout entre mes jambes tout en maintenant la pression de mon genou sur le volant, et... Paf ! Un flash de radar. Ébloui, je renverse la bouteille, le Morgon millésimé 78 se déverse inexorablement, la voiture fait un tonneau, deux tonneaux, trois tonneaux, toute la cave y passe, et finit sa course au beau milieu des vignes. Je suis indemne ! La bouteille saigne encore quelques précieuses gouttes. Le seul qui a trinqué, c'est le verre ballon : il a le pied cassé ! Quand je me suis réveillé, j'étais dix fois plus anxieux que la veille.

Et bien, figurez-vous qu'un mois plus tard la police de la route m'envoie une photo souvenir... avec la facture : deux mille cinq cents francs ! C'est là que j'ai compris que ce n'était pas un rêve. Mais la réalité « live » ignoble... mais alors, vignoble ! Deux mille cinq cents francs ! Pour un seul tirage ! Et complètement flou par-dessus le marché ! Ils boivent dans la police, ou quoi ? Ils m'ont retiré mon permis : je ne peux plus ni boire en conduisant, ni conduire en buvant. Dorénavant, dès que je monte dans ma voiture, mon sang est présumé coupable. Alors on m'envoie les policiers du VIGN. Le V.I.G.N. ! Non contents de me pomper l'air en me faisant souffler dans le ballon, ils me sucent le sang. 0,5 gramme d'alcool par litre, c'est dérisoire ! Ils doivent tirer deux mille litres de sang pour se faire un petit litron d'alcool, c'est pas rentable ! Il paraît qu'on nous prépare une série de mesures draconiennes : un plan Vigi-picrate, en quelque sorte : on va nous coller des barrières de sécurité pour empêcher le stationnement devant les comptoirs de bar ! La ceinture de sobriété. Retour au régime de Vichy, application des accords d'Évian, instauration des congés Pérrier, cures de désintoxication dans des chambres à gazeuse. Alors, je me suis dit : il faut être raisonnable ! Du coup, j'ai décidé d'arrêter complètement... la voiture ! Et j'ai créé l'Association pour la Défense de l'Oenolisme chez les Piétons Exigeants : l'ADOPE. Niveau d'études requis : Bacchus + 5 ! Notre slogan : « Un verre, deux verres, ça va, trois verres, bonjour la bodega ! » Boire ou conduire, il faut choisir, VDQS ! Euh, pardon... CQFD ! Et surtout : garder ses distances avec l'automobile. Comme nous disons d'une façon imagée : « L'alcool, tu, la voiture, vous ! »

Ah, bien sûr, il faut faire attention où on met le gosier : c'est pas au pied du Saumur qu'on reconnaît le Mâcon ! L'autre soir, je me suis fait racoler par une femme de mauvaise vigne. Un grand échalas planté à deux pas de chez moi. « Tu montes, mon chou ? Prête-moi ton tire-bouchon, je te montrerai mon grand cru... » Elle proposait une vendange-pressage plus contrôle des niveaux, pour deux cent cinquante francs TTC ! Je me suis laissé aller. J'ai même goûté son petit rouge volcanique, 12°5 sur l'échelle de Richter ! Je n'aurais pas dû : le cabernet était fermenté de l'intérieur. Et je n'avais pas pris mes précautions : du coup, j'ai attrapé le phylloxéra, des champignons partout ! « Des ceps de vigne » dit ma femme, en souriant ! Le saint patron de notre association, c'est Jésus en personne ! Grand piéton devant l'éternel, symbole de notre lutte, lui qui changea l'eau en vin et fit de ce vin son propre sang, cent pour cent d'alcoolémie, en toute impunité, chapeau Jésus ! Nous recueillons aussi les âmes perdues : l'autre jour, nous avons sauvé un Bourguignon qui se tenait les côtes de Beaune en hurlant : « Pommard m'a tué, Pommard m'a tué ! » Nous organisons des séminaires de réflexion, où nous posons les vraies questions : l'alcool est-il « hic » ? Le coma est-il « hic » ? J'ai même écrit un petit poème, pour faire plaisir à Stéphane Bern :

Foin du cholestérol
Des cirrhos's des ulcères
Et autres fariboles
Qui nous bouff'nt les artères
Sans vouloir faire école
Souffrez qu'en vers succincts
En ces temps de vach's folles
Je défend' les beaux vins
Ô vin donn' moi tanin
Tes senteurs et ta flore
Le cœur a ses raisins
Que la raison dévore
Noyons sept fois la langue
Imbibons nos palais
Mêm' si le navir' tangue
Au vin nous sommes liés.

Une chose est sûre : tant qu'il y a de la vigne, il y a de l'espoir...

L'ÉLÉPHANT DES BOULONNAIS

à Jack Lang

Cher Jack Lang,

depuis que je suis au *Fou du Roi*, vous êtes, si je ne me trompe, mon premier éléphant. Du PS. (Oui, parce que nous avons reçu Philippe Séguin – qui briguait la mairie de Paris... la mairie de Paris, quelle drôle d'idée, enfin, ça ne vous concerne pas... – et Claude Allègre qui, lui, n'a rien d'un éléphant, un petit éléphanteau, qui s'est fait écraser par un méchant mammouth !) Donc, un éléphant, et, qui plus est, indéboulonnable ! Aux dernières législatives, non seulement vous n'avez pas été déboulonné, comme certains de vos collègues éléphants, mais vous avez été brillamment élu par... des Boulonnais. Des Boulonnais sur mer, même ! Une mer plutôt démontée, suite à une méchante tempête médiatique et un raz-de-marée noir, tempête qui s'est soldée par une grosse vague raffarine, qui apparemment n'a pas réussi à repeindre en bleu le Pas-de-Calais. (Une vague raffarine qui, comme son nom l'indique, va donner du grain à moudre à ceux qui ont du blé, vague sur laquelle va surfer ce monsieur Raffarin, dont le nom commence un peu comme raffiné, continue comme blafard ou cafard et finit comme coup de frein, un bon gros pâtissier farineux, autant dire qu'on est dans un sacré pétrin !)

Les mauvaises langues, si je puis me permettre de juxtaposer ces deux mots, disent que vous avez été parachuté ! Un éléphant parachuté qui atterrit en douceur, c'est déjà un exploit ! Un ex-Blois. L'art du parachute n'est pas donné à tout le monde : il faut déjà ne pas manquer d'air, être dans le vent, vous l'êtes depuis une vingtaine d'années, savoir se faire porter par les courants, une des règles de base au PS, affronter les turbulences, être aussi gonflé que son parachute et bien sanglé (Messieurs les sanglés, sautez les premiers !). Sans compter que, quand on est parachuté, on peut atterrir un peu n'importe où : faut savoir parler la langue du coin ! Il est vrai que vous, vous parlez plusieurs Lang : la culture, couramment, l'Éducation nationale (vous l'avez apprise allègrement), le blésois, le parisien (ça ne vous a pas servi), il paraît que vous avez failli apprendre le vosgien. Et maintenant le boulonnais. Boulonnais, mais pas écroué, c'est tout à votre honneur ! Et puis, être parachuté, c'est encore un des meilleurs moyens pour ne pas avoir la tête dans les nuages et rejoindre la France d'en bas.

Ah, la France d'en bas ! Notre nouveau concept rassembleur, le premier gâteau étouffe-chrétien de notre pâtissier en chef, Jean-Pierre Tartarin de la modestie politique ! Donc, il y aurait une France d'en bas ! Des caves, en somme ! Et c'est Jean-Pierre Romarin qui les aurait découvertes. Ça nous rappelle Giscard qui allait jouer de l'accordéon avec la France d'en bas. Ben oui, forcément, on ne pouvait pas descendre le piano à queue à la cave, ça passait pas dans les virages, alors on y allait avec l'accordéon, le piano du pauvre, un piano bas de gamme, de bas étage.

Bon, là, l'escalier est toujours aussi étroit, mais on va pouvoir quand même descendre tout le matériel de police, de justice, les douanes, le fisc, des BAC, les Brigades Anti Criminalité, les flashball de la tolérance zorro. Vous vous rendez compte que la France d'en bas squatte toutes les caves, les catacombes, les égouts, partout, même à Neuilly ! Jack Lang, vous avez certainement de la France d'en bas, dans votre nouvelle circonscription ! Oui, mais un éléphant, ça ne passera jamais dans l'escalier ! Et puis, Jospin, qu'est-ce qu'il a fait pendant cinq ans ? Il n'est jamais descendu à la cave ? Mais, Jack, on vous avait donné nos voix ! Vous nous aviez promis de les rénover, ces caves, les assainir, refaire les peintures, construire des étagères pour les bouquins, installer l'électricité, oui, c'était pas simple, les verts voulaient mettre des panneaux solaires... des panneaux solaires, dans une cave ! Et les communistes, pourtant gardiens de caves depuis des générations, ne voulaient surtout pas qu'on enlève le charbon. Et Chevènement, lui, voulait tout murer d'un seul coup.

Bon, je sais, Jack... Vous, vous avez commencé à en faire monter quelques-uns d'en bas, à l'air libre, deux ou trois fois par an, c'était pas idiot ! La fête de la musique, ça, c'était une bonne idée ! La Gay Pride, le Printemps des poètes, les techno parades, ah, il y avait du monde sur le pavé ! Ça gênait un peu la France d'en haut, tout ce raffut ! Monsieur Jean-Pierre Savarin aux amendes qui vivait encore à l'étage, devait fermer ses baies vitrées, en plein été ! Et bien, maintenant, tout va rentrer dans l'ordre ! La France d'en bas reste en bas ! Et monsieur Jean-Pierre Sous-marin va s'en occuper, des profondeurs ! France d'en bas, dans l'baba ! France d'en bas, passage à tabac !

Cher Jack Lang, si vous pouviez me mettre de côté, un petit deux pièces à Boulogne-sur-mer, pour les vacances... même à la cave... cinq ans, ça va être long !

Quand le violon est triste, il pleure de longs sanglots

à Catherine Lara

Pour des milliers d'apprentis mélomanes en culottes courtes, le Graal à conquérir a la douloureuse forme du violon ! Attention ! Contrairement aux apparences, le violon est un instrument de musique. Et non un instrument de torture. Même si parfois le bruit du violon d'étude s'apparente à la fraise du dentiste. Il est parfois possible d'arracher des aveux au moyen d'un violon, en confiant celui-ci à un débutant. Un quatuor à cordes, composé uniquement de débutants, est d'ailleurs appelé parfois un orchestre de chambre de torture. Si un apprenti violoniste a des voisins mal insonorisés, ces derniers peuvent mourir dans d'atroces souffrances.

À partir d'un certain nombre d'heures de viole, le débutant souffre de *violonite* : le violon fait désormais partie de son anatomie, il se situe globalement entre l'épaule et le menton. C'est une sorte de goitre à musique.

Le violon est un instrument à cordes. La première difficulté du débutant en violon est de ne pas se pendre aux cordes de son violon. La tentation est grande ! Pour son malheur, un violoniste n'est jamais ni vainqueur, ni K.O. : il est toujours renvoyé dans ses cordes. Commencer le violon, c'est se passer quatre cordes au cou : on n'en meurt pas, mais c'est très contraignant.

Attention, si le violoniste est très attaché à son instrument, le violon n'est pas pour autant une prison, même si les débutants les plus assidus y passent parfois la nuit, au violon ! Le joueur de violon, relié à son instrument par quatre cordons ombilicaux, se nourrit dans les premières années de grincements, de grésillements, de craquements, puis, au fur et à mesure que les voisins déménagent, de crissements, de couinements, de raclements (parfois même de râlements), enfin, pour les plus affamés, après de longues années d'apprentissage, de musique.

Quand le violon est triste, il pleure de longs sanglots. Ça peut paraître assez langoureux, voire monotone ! Le violon peut pleuvoir aussi, en automne. Il pleut des cordes, à la longue, ça peut lasser ! À force de pleurer et de pleuvoir, le niveau des nappes de violon montent et, parfois, la musique déborde. Le violon est rarement fait en bois de noyer, mais plutôt en érable, de l'érable de Roumanie ou de Hongrie, donc du bois d'immigration.

À propos de pluie, il faut savoir que le stradivarius n'est pas un nuage, comme le cumulo-nimbus ou l'altostratus. Stradivarius est un champion de luth, toutes catégories. Il a été facteur et a donné au violon ses lettres de noblesse, toutes affranchies avec le fameux timbre du violon, un timbre qui colle à l'instrument, comme la résine colophane.

Les cordes du violon sont accordées en quinte : c'est pour cela que le violon, au début, donne l'impression de tousser ! Si les voisins du violoniste ont les abeilles, c'est sans doute à cause de la corde qui donne le son le plus bas, qui s'appelle le bourdon. Si un violoniste a trop le bourdon, il peut toujours utiliser la corde du haut, appelée chanterelle : on dit alors qu'il appuie sur le champignon.

Le violon se joue avec un archet. Comme l'arc. *Autant avoir plusieurs cordes à son arc* signifie que l'on a plusieurs chances de réussite, autant avoir *plusieurs cordes à son violon*, jusqu'à quatre, multiplie la difficulté par quatre et éloigne la réussite d'autant. L'archet est composé de crin. Aussi, dit-on parfois : « le violon, ça craint ». Voire même : « ça crincrin ». Une des difficultés du violon est de frotter délicatement les cordes avec l'archet. Le violoniste est une sorte de petite main qui frotte les cordes avec un gant de crin, pour faire de la musique propre. Certains instrumentistes prétentieux nettoient les cordes, non pas à l'archet, mais au karcher. Leur musique *déménage*, comme on dit, mais les ré, les do et les sols nettoyés au karcher ne s'en remettent pas.

Guillaume Tell était un grand violoniste. Il avait, dit-on, un fameux coup d'archer ! Au départ, il voulait jouer de l'arbalète. Mais, on l'a mis au violon. Une histoire de pomme, qui lui serait montée à la tête.

Des mélomanes en herbe facétieux, n'ayant pas de violon, essaient de faire de la musique dans les toilettes en utilisant la cuvette des WC comme caisse de résonance. C'est idiot. C'est comme s'ils pissaient dans un violon !

Le violoniste, au faîte de son art, est un peintre en musique : il s'installe à son chevalet et joue des touches de couleurs. D'ailleurs certains peintres sont dingues de violon. Comme Ingres. Le violon d'Ingres est au violon ce que le cochon d'Inde est au cochon.

Comme le téléphone portable, le violon peut sonner et vibrer en même temps. Il sert à communiquer dans le monde entier.

Si le violon est d'une approche difficile, grâce à Catherine Lara, on sait qu'il a aussi une âme. Tout l'art du violoniste est de faire rentrer sa propre âme en résonance avec celle de son instrument et de faire vibrer la corde sensible. C'est ce que fait, depuis quarante ans, Catherine, la Lara Croft du violon !

DES NŒUDS DANS LA PELOTE DE FILS

à Carole Laure

à propos du film de Carole Laure
« Les fils de Marie »

Marie est une mère araignée qui tisse sa toile pendant que Carole Laure tisse sa toile de cinéma. Metteuse en scène, Carole accouche de son film. Au début de chaque prise, elle demande le silence et crie : « Mother ! » et Carole devient Marie.

Marie est mère. Femme, on le suppose, fille, elle a dû l'être, mais mère, ça c'est certain. Elle n'a pas de mari, mais s'appelle Marie, qui, si je me souviens bien, est notre mère à tous ! Elle est mère jusqu'au bout des bras, jusqu'au bout des yeux. C'est animal chez elle ! Elle transpire la maternité par tous les pores, enfin... par toutes les truies ! Oui, les truies sont aux porcs ce que les hases sont aux lièvres, les laies aux sangliers et la levrette au lévrier. Marie est comme la laie, la hase, la levrette et la truie, c'est une altruiste. Comme la maman de Schubert. C'est drôle comme certaines mères ont des fils plus connus qu'elles : la mer de Debussy ou la mer de Trénet.

Marie est une mère à plein temps. Vingt-quatre heures sur vingt-quatre, sept jours sur sept, trois cents soixante-cinq jours par an. Pas de repos, pas de vacances, pas de RTT. Mère au réveil, mère au coucher, mère dans ses rêves. Elle est LA mère par excellence : une vaste étendue d'amour, à perte de vue, avec ses vagues de tendresse, ses déferlantes d'attentions. C'est bien simple, c'est une mère qui déborde, une mère en crue, c'est un raz-de-Marie ! C'est plus des bras, c'est une pelle mécanique, c'est plus un cœur, c'est une chambre de combustion ! Ce ne sont plus des yeux, ce sont des phares en pleine mère. Marie est une mère veilleuse, une mère Térésa, térésa-ffectueuse, une mère qui n'a qu'un vice, un vice unique, un vice sans fin. Une mère vouée au dévouement filial. Pour Marie, mère, c'est un métier. Un métier à tisser les fils qui font des fils.

Marie, c'est le genre de femme qui a fait toutes ses études à la maternelle ! Elle fait tout elle-même. Mère, ça ne se délègue pas. Elle n'est pas une succursale : elle est la maison mère ! Elle a commencé très tôt, au berceau. Attention, n'est pas mère qui veut ! Les mauvaises langues disent : « Tu réussis ton examen gynéco et hop, on te file ton diplôme ! » Mais ça n'est pas le diplôme qui fait la mère ! Elle était mère avant d'avoir son fils ! Mère, on a ça dans la peau ! C'est un métier d'instinct. Du jour où elle a trouvé un boulot, Marie, un petit boulot de 2,8 kilogrammes, elle l'a appelé William et elle s'est mise à l'allaiter. Et puis elle a voulu arrêter et elle a continué à allaiter : elle ne pouvait pas arrêter d'allaiter, elle haletait tellement elle allaitait, elle allaitait d'office son fils. Elle le bordait tous les soirs, avec des vagues de baisers, comme une plage qui borde une mer.

Enfin, tout ça, on le suppose. Parce qu'au début du film, Marie a perdu son boulot. Du jour au lendemain ! Mise au chômage technique pour cause de décès. Une fissure dans l'abdomen. Du coup, elle se retrouve avec tout le matériel de la parfaite mère sur les bras : des caresses en l'air, des baisers en suspens, des regards qui ne savent plus où se poser, un trop plein d'affection : ses mains ne servent plus à rien, ses bras pendent, bêtement, plus personne à serrer, des tonnes de tendresse dans le congélateur, pour rien. Elle est en manque, elle a le mal de mère jusqu'à la nausée. Elle nous fait une crise de mère. Pour un peu elle se pendrait à son cordon ombilical !

Et puis elle décide de renouer le fil, renouer le fils, alors elle se lance un défi : se trouver des fils. Elle se raccroche à un fils, puis deux, puis trois, puis quatre : la voilà qui se retrouve avec une pelote de fils ! Bien sûr elle n'est pas tombée sur des fils de luxe, des 4 x 4 rutilants. Non, quatre fils d'occasion, des secondes mains, des fils cabossés, à deux doigts de la casse, et sans aucune assurance : la première chose à faire : les rassurer ! et quatre hommes à la mère ! Les retaper, petit à petit. Il y a le fils qui se dénude devant elle, qui veut à tout prix lui montrer sa barre de direction, le fils qui broute au démarrage, une grosse berline poussive qui ne tient plus sur ses pneus, le fils bien dessiné, qui roule des mécaniques, jantes alus et phares à iode, qui se lacère la carrosserie et le fils en rodage, trop poussé par son père. Et Marie se déguise en trousse de survie, en gilet pare-balles, en mère bouée, en dépanneuse, c'est une mécanicienne de l'amour, une mère de rechange, une pompière, une maîtresse-nageuse, c'est le Samu, un Saint-Bernard, elle a tout l'attirail du sauvetage en mère, c'est une ambulance, un distributeur automatique de billets, c'est une infir-mère. Elle se prend les pieds dans les fils, elle devient folle à lier. Marie terre d'asile, en stand-by à l'asile.

Un bouquet de fleur, Marie retourne chez elle, la vie reprend. Ah, oui, il y a un paquet de vaisselle à faire.

Aide-toi, le logiciel t'aidera

à Dominique Lavanant

À : Dominique Lavanant
Adresse : soeurthérèse.com
Objet : Thérèse qui prie quand on la catéchèse...

Chère Sœur Dominique,

votre personnage, Juliette, dans le téléfilm sœurthérèse.com, est une ancienne flic. Mariée à un autre flic, interprété par Martin Lamotte. Ils formaient un couple redoutable. Une sorte de rodéo et Juliette ! Un beau jour, elle quitte les forces de l'ordre pour rentrer dans les ordres. Elle fait passer son mari à la trappe et y rentre, à la Trappe... Elle fait vœu de chasteté. Elle renonce à Lamotte, si j'ose dire. Enfin, au personnage interprété par Lamotte. En fait d'ordre, elle rentre dans les ordinateurs ! Elle prend le voile... et la toile ! Elle crée un site web, avec comme provideur, la providence... et prend un pseudo : sœur Thérèse. Son ex fait le pied de grue sous ses fenêtres, elle est, elle, sous windows... Au vu et au su de sa mère supérieure. (PC avoué à demi pardonné !) Allez savoir si, au fond de sa cellule, elle ne fume pas des fichiers joints ! Thérèse, c'est une nonne canonne ! Une extra-thérèse ! Vingt-quatre heures sur vingt-quatre, nonne-stop !

J'ai un ami qui est comme sœur Thérèse. Nonne stop ! C'est Michel, il est pépiniériste à Soyaux, dans la banlieue d'Angoulême. Son magasin s'appelle le Gairidon. Il est passionné de Dieu et d'informatique ! C'est frèr'Michel.com ! Le problème, c'est qu'il est un peu bigote, grenouille d'ordinateur, punaise de clavier. Je l'appelle l'abbé souris ! Il est toujours fourré sur des sites de culs-bénits ! Il adore les « tchates », les discussions en direct. Moi, je dis : « C'est de la masturbation intellectuelle ! » Après ça, il faut voir les fleurs qu'il vend dans son magasin : de l'herbe de saint Christophe, de la menthe religieuse, des chrysanthèmes, des pâquerettes, des jacinthes vierges, des cierges de Notre-Dame, des cyclamens, des clochettes. Le pauvre est convaincu que Dieu a un site à lui. Il dit que Dieu est notre premier fournisseur d'accès. Il chante toute la journée : « Le Seigneur est mon hébergeur et nous sommes tous ses brebis internautes. » Il est peut-être connecté à Dieu, mais il est déconnecté de la réalité, Michel ! Ah, il faut l'entendre prier, à genoux, face à son écran :

Au nom du périphérique, du fichier système et du saint explorer, amen !

Notre webmaster qui est on line
que ton pseudo soit sanctifié
que ton portail s'ouvre
que ton adresse s'affiche sur PC comme sur Mac
donne nous aujourd'hui
nos freewares quotidiens
pardonne-nous nos copier-coller
comme nous pardonnons à tous ceux qui nous ont copié-collé
ne nous soumets pas à la tentation Microsoft
tu nous as envoyés ton fils, Bill Gates, alors délivre-nous du mal de dos
et accorde-nous la vie internet,
amen.

Il surfe nuit et jour. Comme dirait Jésus.org, « Heureux les webs d'esprit ! » Car le site www.Dieu.com leur appartient ! Justement, il a essayé de taper www.dieu.com, mais son e-mail lui est revenu ! *We are sorry to have to inform you that the message returned could not be delivered to this destination.* Alors, il tape des adresses au hasard : www.Judas.com, il s'est retrouvé sur un site de portes blindées ! www.marcher-sur-l'eau.com : un marché aux poissons à La Seine-sur-mer ! www.Agneau-de-Dieu.com : une boucherie casher ! C'est plus un chemin d'accès, c'est un chemin de croix ! Il a même tapé www.Paradis.fr ! J'ai essayé de lui expliquer qu'il n'y avait aucune raison pour que le Paradis soit français, mais Michel est têtu comme une mule du pape ! Il applique le vieil adage : « Aide-toi, le logiciel t'aidera... » Et bien, Paradis.fr, il est tombé sur le site perso de Nicolas Sarkozy ! Un flic derrière chaque nuage, les sans-papiers au ciel, en charter, les délinquants à la messe, les mendiants à la fourrière et les Roumains en Roumanie !

Je me souviens, il y a déjà quelques temps, Michel m'appelle, surexcité, et me dit : « Ça y est, je l'ai ! Je suis sur www.Messie.com : c'est le site de Dieu ! Je l'ai vu, en chair et en os ! » Je lui dis « Ah bon ? Et comment il est, Dieu ? » « La classe ! Jeune, la quarantaine, un costume très élégant, il a un compte en banque rempli à craquer ! Je te dis que c'est Dieu, tout le monde lui baise les mains, il y a les télés, la presse... » Je lui recommande : « Regarde bien l'adresse que tu as tapée... » Et là, Michel se dégonfle d'un coup : « Tu as raison, j'ai fait une faute de frappe ! J'ai tapé www.Messier.com… » La dernière lubie de Michel : il dit que Dieu a certainement une webcam ! Il suffit qu'il tombe sur le bon site au bon moment et il pourra vivre dans l'intimité de Dieu ! Alors, il va sur tous les sites de webcam en espérant tomber sur Dieu ! Quand je le surprend collé à son écran, je lui dis : « Il m'a l'air bien déshabillé ton Dieu ! » Il me dit que les voies informatiques de Dieu sont impénétrables... En fait, il espère secrètement recevoir un jour un e-mail de Dieu. Parce qu'alors, il aura automatiquement son adresse !

Du coup, régulièrement, il implore la Sainte Messagerie :

Je vous salue Messag'rie
pleine de news
le Serveur est avec vous
vous êtes bénie entre tous les fax
et Wanadoo, le fournisseur de vos e-mailles est béni
Sainte Messag'rie
mère du courrier électronique
priez pour nous pauvres processeurs
maintenant et à l'heure de notre plantage
arobase !

Il a posé sur son ordinateur une bougie en forme de Sainte Vierge ! Il l'allume, la bougie coule sur le clavier, ça bloque les touches. C'est un fondu d'informatique divine, Michel ! Chère Dominique Lavanant, ce soir, un autre dieu aura droit de vie et de mort sur votre personnage. C'est le dieu Audimat ! Alors, je m'en vais, de ce pas, mettre pour vous un cierge à Saint-Sulpice !

Pourquoi les plombiers ne peuvent-ils jamais être joints ?

à Bernard Le Coq

Enfin, nous recevons au *Fou du Roi* un acteur normal ! Un acteur compétent, consciencieux, qui connaît son boulot, comme l'on dit d'un plombier qui vient de reboucher un trou dans une baignoire après avoir constaté que la baignoire en question ne fuit plus. Les rôles tenus par Bernard Le Coq ne fuient pas. Les deux trois répliques mises en boîte dans la journée n'ont pas besoin de retouche, c'est du travail bien fait, propre, précis, professionnel. D'ailleurs, comme un plombier, il n'est pas facile à joindre (c'est le comble, un plombier qui ne peut être joint !). Le Coq est toujours en plein boulot, il faut prendre rendez-vous suffisamment à l'avance, mais, à la différence du plombier, si vous laissez un message sur son répondeur, il rappelle.

Le Coq, c'est un acteur confort. Il ne fait pas dépasser les budgets, il n'est pas beurré comme un petit Lu toute la journée, il n'est pas entouré de groupies hystériques qui lui lèchent les baskets, ni d'hommes d'affaires qui gèrent sa fortune ; il n'est pas présenté par *Télérama* comme le nouveau Jules Berry, le nouveau Gabin ou le nouveau Raimu ; il n'a pas d'initiales pétaradantes à faire se gargariser les journalistes people, BLC, c'est nettement moins tendance que BHL, VGE ou PPDA. BLC, ça fait un peu comme PVC, on ne brille pas dans les salons avec du PVC, mais on sait que ça tient, que c'est du solide… le PVC comme le BLC utilise les ressources naturelles, présente une longue durée de vie, une utilisation sûre, et c'est un produit qui peut être facilement recyclé.

Et puis, au cinéma, ou au théâtre, il y a ce que l'on appelle des emplois. Bernard Le Coq, son emploi, c'est « normal sympa ». Ils ne sont pas si nombreux, les comédiens qui peuvent jouer les « normal sympa » ! Vous avez besoin d'un comédien pour un rôle de gangster pédophile alcoolique et dépressif, vous êtes obligé de faire un casting très pointu. Pour le père d'une famille formidable, il n'y a que Bernard Le Coq ! Des « normal pas sympa », vous avez Bacri qui est nettement au-dessus du lot, des « sympas pas normal », ça se bouscule au portillon, les Garcia, Lucchini, Depardieu, Lanvin, Prévost, Serrault, Villeret ou Mimi Mathy, quant aux « pas normal pas sympa », là, sans discussion, je ne vois que Christian Clavier ! Mais dans la catégorie « normal sympa », Bernard Le Coq est, sans conteste, le meilleur de sa génération.

– Dans le film, il y a le père de la fille qui se fait assassiner.
– Il est comment, le père ?
– Je sais pas... normal... sympa.
– Alors, je ne vois que Bernard Le Coq pour le rôle !

On me dira que Bernard porte un nom qui le prédestinait aux rôles « normal sympa ». Le Coq, c'est un nom qui fleure bon la campagne, la nature, une vie réglée, normale et plutôt sympa. C'est idiot ! Ce n'est pas une question de nom ! Si Bernard s'appelait Von Stroheïm, il aurait joué le mari d'Annie Duperey avec un monocle et une minerve, c'est tout ! Vous avez des pelletées d'acteurs qui peuvent jouer Van Gogh. On ne demande pas à un comédien qui joue Van Gogh de peindre des chefs-d'œuvre. Il suffit qu'il sache tenir un pinceau et qu'il ait une gueule. Mais le frère de Van Gogh, le type normal, sympa, qui passe son temps à répondre aux lettres de Van Gogh, à aller chercher des tombereaux de timbres au bureau de tabac, qui fait des allers et retours à la poste et se tape la queue au guichet, parce que les lettres de son frère sont toutes sous-taxées, forcément, il n'a pas un sou, Van Gogh ! Vous imaginez José Garcia dans le rôle ? Il va se mettre à raconter l'histoire du mendiant, sans bras, qui fait la manche dans la rue, un manchot, qui fait la manche ! Arrive un passant qui lui dit : « Hé, je te reconnais, je t'ai vu hier, tu étais aveugle ! » Et le mendiant : « Tu parles, c'est quand j'ai retrouvé la vue ; les deux bras m'en sont tombés ! », toute la poste pliée en deux, ce n'est pas crédible ! Il n'y a que Bernard Le Coq qui puisse jouer le frère de Van Gogh ! Vous savez que Bernard Lecoq peut tout jouer ! Une fois que vous aurez été contraint d'accepter Clavier pour jouer Mozart, Picasso, Freud ou Napoléon, il vous faudra bien trouver le petit personnel. Le frère de Mozart, le facteur de Picasso, la dame de compagnie de Freud ou l'officier d'ordonnance de Napoléon... Bernard Le Coq !

Attention, je ne dis pas que Bernard Le Coq est normal et sympa ! Je dis qu'il peut jouer sans problème les « normal sympa ». Je ne connais pas Bernard Le Coq dans le privé, il est peut-être pervers, acariâtre, méchant, tortionnaire, prétentieux et malpoli. Mais c'est justement là où il est très fort : jouer les « normal sympa », c'est un véritable travail de comédien ! Alors là, moi je dis : chapeau ! Et même aujourd'hui, en promotion, à onze heures du matin, sans être passé au maquillage, Bernard Le Coq accepte de jouer les « normal sympa » à l'antenne, sans rechigner. De faire bonne figure. Qui pourrait penser que derrière ces lunettes, se cache un regard haineux, une ambition démesurée et un orgueil sans borne ? Cher Bernard Le Coq, soyez sympa, donnez-moi une invite pour votre prochaine pièce. Ne me remerciez pas, c'est normal. Allez... un grand merde pour la première ! Et faites gaffe quand même ! Je suis bien placé pour vous le dire, ce n'est pas tous les jours évident d'être le normal sympa de service !

Indélébile profond

à Yvan Levaï

Il était une fois, il y a longtemps, très longtemps, au temps où les murs, les planchers et les plafonds des maisons n'étaient pas encore des écrans 16/9ème à coins carrés, un monsieur dont le nom rimait avec travail, cisaille et il y a un bail, Yvan Levaï. C'était un dinosaure, un des derniers rescapés de l'âge du papier. Pour ceux qui ne le savent plus maintenant, une feuille de papier était une sorte d'écran de télévision extra-fin, de dimensions ridicules, sur lequel, par un procédé incroyablement compliqué, appelé *imprimerie*, on fixait des images, mais des images totalement fixes, sans clip, sans jingle, sans musique, sans animateur et sans public. En fait, ce n'était même pas des images, puisqu'on n'y voyait aucune personne connue, aucun cadavre, aucun attentat ni vieille dame violée, c'était des hiéroglyphes bizarres, appelés *lettres*. Ces hiéroglyphes agencés en *mots*, en *phrases* et en *paragraphes* (l'auditeur nous excusera d'employer tous ces termes techniques d'une époque révolue), pouvaient être décryptés par quelques rares individus initiés, appelés *lecteurs*. On reliait ces feuilles de papier entre elles, pour former des objets incongrus, qu'on appelait *journaux, livres, brochures ou magazines*, objets que l'on peut encore observer dans certains musées très spécialisés, réservés aux archéologues.

Un des derniers livres fabriqués à cette époque-là fut celui d'Yvan Levaï, justement. Un détail montre bien que ce livre était déjà dépassé à l'heure même de sa parution. On pouvait y lire en quatrième de couverture : Yvan Levaï, président de La Chaîne Parlementaire-Assemblée nationale. Or, les historiens savent très bien qu'Yvan Levaï venait d'être débarqué par Jean-Louis Debré, homme d'images et de télévision par excellence !

D'ailleurs, qu'est-ce que c'était que cette chaîne de télévision où l'on ne voyait ni strip-tease en direct, ni Titoff, ni publicités pour les couches-culottes ! Ce livre fut une sorte d'ultime cri lancé du fin fond d'un Titanic en train de sombrer. D'aucuns auraient écrit (ah, excusez-moi, *écrire* signifiait produire une émission des hiéroglyphes susmentionnés en espérant qu'ils seraient décryptés, on disait alors *lus*), d'aucuns donc, auraient écrit une ode à Jean-Pierre Foucault, à la real-TV ou au tout numérique, Yvan Levaï, lui, écrivit une ode au papier imprimé ! Un enterrement de première casse, si j'ose dire, pour le Mathusalem de l'imprimerie, l'homo-plombus-coquillus Gutenberg...

Il faut dire qu'Yvan Levaï était fou ! Il vivait, paraît-il, reclus dans un six cent vingt-trois centimètres carré, une petite pièce blanche de vingt et un sur vingt-neuf virgule sept centimètres, dans laquelle il faisait du vélin d'appartement ! C'était un rongeur papivore, il avait un grain, il avait la fibre du bois, il salivait devant un kiosque, se pâmait devant une rotative et s'effondrait en larmes devant une Maison de la presse ! Cet homme était une mine ! D'ailleurs, il mangeait du crayon et sniffait de la gomme ! Il buvait de l'encre à gros bouillons, s'intoxiquait au carbone, c'était un indélébile profond, un sapeur-papier enflammé, il fonçait, papier au plancher et s'en mettait plein les feuilles ! C'était un drôle d'oiseau qui faisait partie du peuple gratteur, il taillait lui-même ses plumes, c'était un pêcheur à la ligne, un mareyeur qui vendait des mots à l'encrier, il marchait sur la pointe des bics, courait les rédactions, et la main à la pâte à papier, il défendait l'imprimé en poussant des hauts écrits. Il faisait la pige aux plumitifs, aux scribouillards, aux barbouilleurs, c'était un inspecteur de police de caractère, un juge de ligne, jeu, offset et match ! Sa vie, c'était « boulot, recto, verso ». Sa devise ? « Edito, ergo sum ! » C'était un malade chronique, pour faire ses besoins, il allait même aux feuillets ! Dès cinq heures du matin, papier bon œil, il rejoignait le journal à la rame, de papier, et il se mettait au pain quotidien et à l'hebdo : c'était un meneur de revue, un seigneur entouré de pages, gardien jaloux de vieux numéros écornés et jaunis. Son grenier était une décharge de publications... il était attaché de presse à plus d'un titre, monté sur piles, il escaladait une montagne de papier, léchait les vitrines des grands magazines, il se chauffait aux gazettes, il sautait en auteurs célèbres et en ciseaux, coiffé d'un stylo-feutre et se payait de mots en petites coupures de presse, il taillait sa route à coup de manchettes, faisait le Point en faisant le tour du Monde, épluchait le Nouvel Obs en sirotant un Express. C'était un drogué d'actu, constamment en porte-infos, noyé de nouvelles, pris dans les entrefilets, condamné aux tribunes...

Le soir, rétamé, au bout du rouleau, il se glissait entre les lignes, se couchait sur le papier... et pelure, si affinité ! Il s'étalait sur cinq colonnes et s'endormait en filigrane, s'envolait sur des feuilles volantes et rêvait de décrocher la une. Oh, la nuit, il ne voyageait que sur du papier de luxe : du chine, du hollande, du japon et plongeait dans l'océan article... Yvan Levaï écrivit le dernier mot de son livre, *confiance*, à Saint-Laurent-de-Gosse, dans les Landes, en Juillet 2002. C'était un gosse dans les Landes... un gosse qui se faisait un sang d'encre et faisait des pâtés en écrivant. Les Landes, une réserve de bois, une réserve de papier... allez, cher Yvan, le papier n'est pas encore à la corbeille ! Permettez-moi de finir le mien par le même mot que vous : confiance !

Silence, on purge !

à Judith Magre

Quand j'avais 17 ans, j'ai cherché la chose qui pouvait le plus embêter mes parents.
Ça aurait été évidemment que je fasse le trottoir.
Mais je ne me sentais aucune disposition.
Alors j'ai choisi le théâtre.

Trottoir ou Théâtre, telle est la question ! Il est vrai que la majorité des théâtres donnent sur le trottoir, et que comédiennes et comédiens s'y affichent abondamment, de façon souvent assez racoleuse. Observez les théâtres : le client est accueilli par de charmantes hôtesses, qui répondent à la question rituelle « c'est combien ? » par un très souriant : « deux cent cinquante francs, plaisir garanti »... Ici on paie toujours d'avance, et le client peut, s'il le désire, rajouter un petit pourboire. Le client monte, non sans se délester d'une partie de ses habits. Quand le client est confortablement installé, le théâtre lève son beau rideau rouge et découvre les artistes dans leur nudité vraie. Oui, si au théâtre il y a la caissière, l'ouvreuse, la vendeuse de programme et l'artiste, sur le trottoir, la même personne cumule tous les emplois. Théâtre et Trottoir : unité de lieu, d'action, de temps. Un décor très simple : un lit, un lavabo, une chaise. La pièce est immuable : il arrive toujours un moment où se dévoile le nœud de l'intrigue, si j'ose dire. Parfois, en grande pompe ! Un court instant s'illuminent les feux de la hampe. Bien sûr, on ne tire que très rarement les trois coups, un seul suffit, en général. Quelques accessoires éventuels, de furtifs rebondissements, le dénouement. Pas de rappel, une grosse pantalonnade en un acte, en somme ! Un théâtre éphémère, fragile, fugace.

Théâtre et Trottoir : la même catharsis : « purgation des passions ». Silence, on purge ! D'un côté « Ginette », une dame de petite vertu, de l'autre « Phèdre » un drame de grande vertu. D'un côté, les coulisses, de l'autre les dessous. D'un côté, des toiles peintes accrochées dans les cintres au-dessus de la scène, de l'autre des robes colorées sur les cintres dans la penderie. Le spectateur voyeur, l'actrice exhibitionniste. Une même scène qui se répète des centaines de fois pour l'artiste, mais pas de grasse matinée classique. Lui, qui a le cœur qui bat quand il monte l'escalier, elle, qui est morte de trouille dans sa loge. Lui, il a fait la queue à l'entrée du théâtre, maintenant il fait la queue au bord d'elle. Elle, qui file se remaquiller et sort dans la rue par une petite porte dérobée. Toute la grandeur et la misère du monde sur un plateau, entre quatre murs.

Chère Judith Magre, entre cour et jardin, entre parterre et paradis, vous faites le plus beau métier du monde !

À ces divas un peu con-con
Au talent pris dans leurs airbags
Qui mett'nt leur public au balcon
Je dis Magre
À ces furies apprenties Phèdre
En perfecto et en santiag
Qui héniss'nt et ruent comm' des zèbres
Je dis Magre
À ces petites chos's diaphanes
Évanescent's et sans balafre
Qui au premier Molièr' se fanent
Je dis Magre
À ces comédiens d'opérette
Qui soignent leur imag' de marque
Ces machin's à laver vedette
Je dis Magre
À ces vendeurs de gros succès
Tous ces shampouineurs du théâtre
Ces dresseurs de gallinacés
Je dis Magre
À ces diseurs de gentils vers
De textes sans éclair ni tag
Tous ces débiteurs d'annuaires
Je dis Magre.

Les puristes auront noté que j'ai dû faire rimer Magre avec, successivement, airbag, santiag, balafre, marque, théâtre et tag... c'est donc du n'importe quoi... à ceux-là je répondrai que les rimes en « agre » sont assez limitées : il y a « onagre » qui désigne un âne sauvage, certes de grande taille, mais âne tout de même, « pagre » qui est un poisson de mer voisin de la daurade, qui ne l'oublions pas se prépare au four, « pellagre », une sorte d'eczéma, et « podagre » une maladie des pieds... rien de bien gratifiant pour Judith Magre, à laquelle, je voulais rendre, une sorte d'hommagre... Afin de me dédouaner pour les générations futures, j'ai donc ajouté cette ultime strophe :

Je sais, c'est du rafistolage
Mais c'est la faute aux rim's en agre
Un' seul' n'est pas de bas-étage
Judith Magre.

La passante du saucisson

à Maïté

La voilà donc, la passionaria du rouleau à pâtisserie, la milady du tire-bouchon, la fine lame à la botte de radis, la madame Claude de la cocotte, la maîtresse-queue, la toquée du mortier, la shampouineuse de poêles à frire, la graisseuse de moule à tarte, la fondue du caquelon, la Mazarine du mazagran, la grande manitou du fait-tout, la chanteuse de râpe à fromage, la Martine Carol de la casserole !

Sur le gril du matin au soir, Maïté est à la fois au four à bois et au moulin à poivre : elle brûle les planches à découper, elle broie, elle pile, elle moud, elle défonce, elle écartèle, elle cisaille, elle émiette, elle joue de la corne d'abondance. Avec Maïté, une larme de rhum est un sanglot, une cataracte, une chute du Niagara de Negrita. Une cuillère à café est une pelleteuse. Une lichette de pain est un tombereau de pain complet. Un soupçon est une certitude. Un doigt est une paluche. Une bouchée est un camion-citerne. Une goutte est une trombe, un déluge. Un nuage de lait est un cumulo-nimbus. Un filet d'huile est un karcher. Une pincée de sel est une montagne. Un brin de persil est une forêt amazonienne. Une pointe de piment est un incendie de palais...

La voilà donc, la marieuse de saveurs, la tireuse de tartes, la prêtresse du sot-l'y-laisse, la pythie qui vient en mangeant, la danseuse étoile cirée, la maréchale des dijos, la Carole du bouquet garni, la Davy Croquette de poisson, la voilà la mousquetaire du chaud et froid, la terreur des gallinacés, la fourreuse de croupions, la canardeuse de gésiers, la sainte Thérèse du basilic, la petite sœur des pots, la piéta du pied paquet, la madame de Fontenay de la poule pondeuse, la mère Térésa de la dinde bombée aux marrons, la Marielle Goitschel des œufs en neige, la Nicolas Hulotte du vol-au-vent, la Néfertiti du spaghetti, la Cléopâtes au pistou, la démoniaque de l'Armagnac, la pétrisseuse-masseuse-batteuse de pâte feuilletée, la mère supérieure du caramel, la nettoyeuse de carcasse, la gardienne de farci, la repasseuse de plats, la chauffeuse de salsifis, la chef de garbure, la Mélina Mercouri de la graisse d'oie, la passante du saucisson, la chartreuse de jambon parme, la matrone du minestrone, l'idole des jaunes d'œuf, la dresseuse de laurier, la Sainte Vierge de l'asperge, la tailleuse de piperade, la fouetteuse de crème, la remmailleuse de filet mignon, l'effeuilleuse de choux pommé, la porteuse de chapon, la walkyrie du veau au curry, l'amazone du mascarpone, la Barbarella du batteur à œufs, la Jeanne d'Arc du cochon, la Michelle Alliot-Marie du bain-marie, la Don Quichotte du moulin à légumes, la madame Bovary du gâteau de riz, la Nicolas Sarkozy du poulet des Landes, l'accoucheuse de lardons frits, la petite chanteuse au foie gras d'oie, la Bécassine de la terrine.

Constamment sur le fil du hachoir, Maïté est une sadique qui pique les pommes de terre avec une épingle avant de les plonger dans l'eau bouillante, pour écorcher les poivrons sans difficulté, elle les brûle au troisième degré, puis les suicide au sac en plastique. La nourriture n'a qu'à bien se tenir : les gigots gigotent, les huîtres volent en éclats, les tomates se pèlent dans l'eau bouillante, toute mayonnaise qui part en loucedée et tourne le coin de la rue est rattrapée en deux coups de cuillère à pot, et tout gâteau est poignardé avant de sortir du four ! Les alouettes n'ont plus leur tête, les saucissons ont de la brioche, les endives se font braiser, les œufs sont brouillés, le munster est coiffé sur le plateau, le pain est perdu et les palourdes sont gratinées ! Maïté, c'est une diseuse de bon appétit, elle lit les lignes de la faim, elle lie les sauces, les crèmes et les potages, elle couche sur canapé ou sur un lit de fruits rouges et elle fait l'amour à la vie, elle s'assaisonne la rosette de Lyon, se cuit le Jésus, se fait fondre la motte de beurre, elle flambe, elle mouille, elle nappe, elle marine, elle macère, elle dégorge, elle écume, elle arrose. Ça gicle dans tous les coins, ça éclabousse, elle repeint les murs au sang de génisse, c'est une virtuose du piano de cuisine, elle pédale dans la semoule, se prend les pieds dans la chaîne alimentaire, elle a les mains dans la cambuse, elle tord les boyaux, elle se fait un trip tripes, elle fait l'andouille, s'éclate la rate et la cervelle. Grâce à elle, tous les mardis sont gras et les potes sont au feu.

Maïté, c'est la madone de l'œsophage, la sirène de l'intestin, c'est sainte Thérèse de Lisieux plus gros que le ventre, mais ce n'est pas la Vénus de Millau ni celle de Gault : loin des œuvres d'art contemporain de la nouvelle cuisine, elle remet la mangeaille dans son assiette, entre le verre de pinard et la miche de pain, nous sommes ses oies, elle nous gave grave, on a même un peu les foies, Maïté grande prophétesse du tube digestif, armée d'une fourche à trois dents et d'un couteau de bouchère, nous regarde bien dans les yeux pochés et semble nous dire : « L'homme n'est que soupière et retournera en soupière ! »

UNE HARIDELLE QUI FAIT LE PRINTEMPS

à Guy Marchand

Guy Marchand, c'est un gitan. Dans la rue, on l'appelle Burma, le privé ou Nestor. Mais quand il est à cheval, on l'appelle Polo. C'est un parigot parano, un Zingaro d'un mètre soixante-cinq au garrot, un manouche de bain-douche, un drôle de zèbre, moitié tzigane, moitié cheval, un galop-romano, capitaine de bateau-mouche, aristo du Sébasto, pas macho pour deux sous, pour dessous féminins, c'est un dragueur de mine réjouie, caracoleur de midinette, un étalon aiguille qui murmure à l'oreiller des femmes...

Guy, c'est un Marchand forain, un suceur de clarinette, pas clair et pas net, un baryton d'opéra bouffe, un objet trouvère, une diva de la bricole : voix de garage, sonorité de hangar, timbre de parking, c'est une idole de station-service !

Guy, c'est un Marchand d'illusion, une escroquerie d'envergure, un bidouillage de première, chanteur par effraction, trucage thoracique, canular de l'épate ; c'est un Sinatra en trompe-l'œil, rocker de contrefaçon, clown de music-hall ; c'est un bandit de petit chemin, voleur de couplets, cambrioleur de refrains, chouraveur de mots, il force les notes au pied de biche. C'est un dilettante, tente de camping et camping-jazz, un danseur de sous-préfecture, un nostalgique qui bandonéon, à l'émotion, tout feu tout flamenco, le temps c'est de l'argent, le tango, c'est de l'argentin... Si vous lui demandez un autoportrait, il vous répondra qu'il est « une petite chose avec plein de poils dans le dos », le portrait-robot du teckel de base, quatre pur-sang de réduction, vas-y mon Polo !

Guy, c'est un cheval de trait d'esprit, un bon élève du cadre de Saumur-Champigny, ex-crooner, ex-boxeur, ex-mari exemplaire mais pas exempt de plaire. Il avait épousé une de Cambrai : Guy Marchand, c'est un métis de Cambrai, c'est un marchand en bullant, en lézardant, un fils de ferrailleur qui fraye avec ailleurs, un exilé de l'intérieur, un voyageur de commerce agréable, c'est un partouzard universel, latino de Belleville, gaucho du macadam, argentin de Saint-Ouen, c'est un fils à pampa mis aux jarrets de rigueur, ajusteur-monteur en amazone.

Guy, c'est un marchand de rêve, un acteur de compliment, meilleur second rôle, outsider césarisé, une star non partante, vedette de radio-trotteur, pantin de la porte de Pantin, gueule de faux-cul, emploi précaire, c'est le flicaillon de Garde à vue, décanilleur de Serrault, tête à crack et beauf-carrotes.

Guy, c'est un psychanalysé à vingt-quatre images seconde, un agent double, un dépressif heureux, désespéré rigolard, effondré inébranlable, inconsolable réjoui, rebelle épanoui, c'est un chicos vulgaire, un sophistiqué du caniveau, prince de cafétéria, philosophe de cantine scolaire, poète en gros sabots : armé jusqu'au dandy, il chasse le mièvre, le plat, le courant, c'est un rimailleur en cavale, une sale rosse, une vieille carne, un bon cheval bouchonné, il a fait hippo-cagne (de hippo, cheval et cagnard, soleil provençal), il cavalcade sur tout l'échiquier : c'est un cavalier, un fou dans sa tour, un pion qui tient les rênes, le roi du jument-foutisme, de la thérapie de croupe, un inspecteur de pouliche, un Jésus des noces de canasson.

Guy, c'est une flammèche dans un bel âtre, un bellâtre qui monte à cru, terrain lourd et embellie poulain, une haridelle qui fait le printemps, une pincée de selle, deux doigts d'étrier, des éperons, une paire de santiags et tournez manège ! Ah, il en a chevauché, au cinoche, des bidets et de la grosse cavalerie ! Indien de la cordillère des andouillettes, gentleman-farmer dans le Lubéron, c'est un visage pâle-frenier, levé tous les matins à six heures pour bichonner ses bêtes, et oui, ça se panse un cheval, « Hennit soit qui mal y panse ! », pour Guy Marchand, la vie ou le cheval, c'est poney blanc et blanc poney, vas-y mon Polo !

Guy, c'est un élégant de crin, à la fière allure, un voyou harnaché en costume cravache, qui avale la vie et garde la mort aux dents. C'est un enfant de Boris Vian et d'Averty, attention, un homme qui aime Averty en vaut deux, un amoureux du surréalisme, pas étonnant, quand on aime le cheval, on aime Dada !

Cher Guy Marchand, on va encore dire que je cire les pompes à l'invité. J'y peux rien, moi, s'il a de belles pompes et si je l'aime mon Polo ! J'aime l'élégance, la discrétion, les seconds rôles qui ne la ramènent pas, j'aime la classe, quoi ! Ce genre de bonhomme qu'on imagine mal déguisé en Rambo, en tenue de courage, héroïsme au poing et cartouches de dynamique. Vous dites : « Les hommes sont tous des cons ! » Ça alors, vous m'avez piqué mon idée ! Moi, j'y connais rien, ni en cheval, ni en polo, je suis plutôt tee-shirt. Mais je suis comme vous : plutôt femmes ! Il n'y a qu'une chose qui vaille le coup : se crever un peu la paillasse, juste pour le plaisir d'être ramassé à la petite écuyère.

L'HOMME DESCEND DU SONGE

à Daniel Mesguich

Daniel Mesguich ne s'en cache pas, il fait commerce des idées. Il ne vend ni des actions, ni des obligations, il vend de la métaphore, de l'image, de l'intelligence, pas toujours de première main, mais il a de la belle occasion, du raisonnement de collection, de l'allégorie modèle sport. Le théâtre mesguichien est une orgie de pensées : les mots s'envoient en l'air avec les idées, dans tous les sens, ils sautent allègrement d'une idée à l'autre, il y a de tout, de la belle engeance de réflexion, du gros concept de base, de la grande allusion, de la grosse référence, on y fait du paradoxe ascensionnel en suivant les courants de la mode.

Chez Mesguich, les formules frappent les trois coups : coup de bluff, coup de griffe, coup de grâce ! On passe du jardin des délices à la cour des supplices, les clés du savoir ouvrent les parenthèses, ferment les guillemets, on boit à même le symbole, les miroirs réfléchissent, les cloches raisonnent, les estomacs pensent, les fleurs se recueillent, les bracelets montrent, le maçon échafaude, le coq ergote, le prisonnier entrave, le journaliste pige, la péripatéticienne suppute. C'est comme dans Shakespeare, à la fin de la pièce, les idées jonchent le sol, les concepts saignent, les chevaux de batailles sont éventrés, les évidences sont trucidées, les questions sont posées par terre, un couteau planté dans le cœur, le cœur de la question, des questions brûlent, d'autres meurent sur le bout de la langue, la langue de Shakespeare. Le spectateur scotché à son fauteuil a fait marcher l'usine à neurones ! Il a pris un grand bain de chimères, fait des leurres supplémentaires, emprunté les voies sur gamberge, il est lessivé ! Ça fume dans la salle comme sur la scène !

Personnellement, je n'aime pas le théâtre quand il m'esquiche. Avec Daniel Mesguich, on parcourt les grands espaces. Son immodestie est galopante, son ego démesuré, Mesguich l'a rêvé, Mesguich l'a fait ! Quand Mesguich est à l'hémistiche, Racine devient une messe kitch, Mesguich biche et l'on joue à mesguichet fermé. Je pense donc je m'esbrouffe, je m'esclaffe, je Mesguich. La méthode Mesguich ? « Prenez le mot *table*, par exemple. Cela ne signifie pas expressément un meuble sur lequel on pose un verre. Ce peut être une *table* de multiplication, une *table* de dissection... je fais le même travail avec Racine. Je ne vais pas contre le texte, je me contente de l'éclairer autrement pour que les minorités aient leur chance. »

À titre d'exemple, voici comment Mesguich a monté Bérénice. C'est très simple. Prenons deux vers dits par Titus à Antiochus :

Je sais que Bérénice, à vos soins redevable,
Croit posséder en vous un ami véritable

« À vos soins redevable. » Antiochus a soigné Bérénice. Il est donc médecin. Le décor s'impose : l'action de Bérénice se déroulera dans un bloc opératoire situé dans une clinique de la Promenade des Anglais. Oui, des Anglais, parce que Bérenice peut se lire Béré-*nice,* elle est jolie et anglaise. (Lambert Wilson a d'ailleurs piqué votre idée, Daniel, en faisant jouer le rôle de Bérénice par Kristin Scott Thomas !) Et enfin Béret-Nice, Nice, d'où la Promenade des Anglais. Ainsi, la lecture approfondie d'un seul vers de Racine nous donne d'ores et déjà le décor, la coiffure de Bérénice (un béret *nice*) et le costume d'Antiochus (blouse de chirurgien, gants *mapa* et masque chirurgical).
Épluchons maintenant le deuxième vers : « Croit posséder en vous un ami véritable. » Un ami véritable : *very* signifie *très* en anglais (nous ne nous étions pas trompés en faisant de Bérénice une anglaise !). Antiochus est un ami très table mais pas intraitable : en effet table, ici désigne une table d'opération. Titus est donc en train de dire à Antiochus qu'il va passer sur la table d'opération. Au passage, on en déduit que Titus est lui aussi médecin, c'est le médecin-chef du service de chirurgie. Pourquoi Antiochus va-t-il passer sur le billard ? Je relis ce vers : « Croit

posséder en vous. » « Posséder » : on entend peau et céder, céder sa peau, la peau d'Antiochus cède, elle se craquèle : Antiochus a un psoriasis ! Et si l'on revient au vers précédent : « à vos soins redevable », il a refilé son psoriasis à Bérénice. Notez au passage que Racine a appelé son héroïne Bérénice, qui rime avec psoriasis. Et voilà ! Daniel Mesguich donne sa chance à la minorité des personnes atteintes d'un psoriasis ! Il monte une Bérénice dans un service de chirurgie esthétique d'une clinique de la Promenade des Anglais à Nice, et tout le monde va crier soit au scandale, soit au génie !

Le théâtre de Daniel Mesguich dérange, et même, démange ! Grâce à vos escarres de langage, le spectateur fait son eczéma de conscience, il se gratte le cortex, dans un long prurit initiatique. Mesguich aime ulcérer, irriter, bref, il est le fier représentant de l'herpès humaine ! Et puis, on ne va tout de même pas cracher dans la soupe des mots et des idées ! On est tous tombés dedans quand on était petit : après tout, un enfant, avant de le mettre au monde, ne faut-il pas le concevoir ? Ainsi, l'homme descend du songe...

Flammes and C°

à Julia Migenes

Chère Julia Migenes,

vous êtes une star mondialement connue, et pourtant, je connais quelqu'un qui ne vous connaît pas ! C'est mon ami Michel. Il est pépiniériste à Soyaux, dans la banlieue d'Angoulême. Son magasin s'appelle le Gairidon. Comme quoi, planter des fleurs toute la journée, ça n'empêche pas d'être inculte ! Il a vu sur ma table votre dossier de presse, il m'a dit : « *Julia Migènes* ? Connais pas... » Je lui ai dit, avec un soupçon d'ironie dans la voix : « Tu ne connais pas *Julia Migènes* ? Elle habite sur la côte ouest des *Unitède-Stâte*, à *Losse Angèle*. Elle a joué à *Nève-York* dans *Veste Siide Stôry* et elle a été une éblouissante *Carmant* dans le film de *Rozi*. Elle y a tellement mis le feu, qu'aujourd'hui encore, ses fans se souviennent : rappelez-vous comment fut *Migènes* ! Mais mon pauvre ami, ça n'est pas *Julia Migènes*, c'est Julia Migenes ! Avec la jota. Oui, c'est une chanteuse, une diva. » Julia, il y a belle luette qu'elle chante, et qu'elle entretient avec ses collègues chanteuses ou chanteurs des relations très amygdales. Elle a une voix classée, un accent aiguë, un timbre de collection, c'est bien simple, elle n'a pas un registre, elle a un répertoire ! La Migenes, elle sait tout faire, elle n'a pas trouvé sa voix, elle a mille voies. Changer de voix, pour elle, ce n'est qu'une petite révolution de palais. Migenes, son nom rime avec finesse, jeunesse et show-buziness. Oui, avec fitness, si tu veux ! Écoute, je ne sais pas si elle fait du fitness... Et pour clore définitivement la question, j'ai dit à Michel : « Tu sais pourquoi elle ne fait jamais rien à moitié ? Parce que là où il y a de la mi-gêne, il n'y a pas de mi-plaisir. »

C'est vrai que vous ne faites rien à moitié ! Avant que Julia Mige-naisse, vous aviez, dit-on, le cordon ombilical enroulé trois fois autour du cou ! En guise de cordes vocales, vous aviez trois cordons ombilicaux, sacré symbole ! En plus, votre mère, ce n'était pas une diva ! Il était hors de question qu'on l'opérât. À propos de diva, je tiens à préciser aux auditeurs qui, comme Michel, n'auraient pas vu l'un de vos précédents spectacles « Diva au bord de la crise de nerfs » que Julia Migenes n'a pas le physique de la diva d'antan, que vous décrivez vous-même par ce raccourci saisissant : cent vingt kilos de cholestérol sanglés dans une armure ! Ces énormes divas nourries à l'opéra-bouffe, ou l'opéra-boustifaille si vous voulez, ces divas-mammouths à la glotte préhistorique, et dont les cordes vocales ne sont plus des cordes mais des câbles de halage, ces divas rembourrées comme des divans, ces divas clic-clac que l'on déplie pour chanter. Bref, quand on vous voit, Julia Migenes, on se rappelle que le mot *diva* vient de l'italien *déesse*, on se dit que pour chanter des fredaines il n'est pas indispensable d'avoir de la bedaine, qu'on peut chanter avec ses tripes sans en avoir des tonnes, de tripes, que si la voix nécessite une caisse de résonance, on n'a pas forcément besoin d'une « grosse caisse » de résonance, et qu'une diva peut avoir un destin énorme et un intestin frêle.

Il y a une autre chose que tu ne sais pas, mon petit Michel, c'est que Julia Migenes joue de deux instruments : elle joue de la voix et elle joue du corps. Non ! Pas du cor de chasse. Le corps, le *corpse*... Michel, son cordon, il s'est enroulé trois fois autour de son cerveau à la naissance, il n'a laissé passé aucun neurone, c'est terrible ! Le corps, c'est bien connu, est un instrument à hanches, il y a donc un temps pour la danse et un temps pour l'intendance. Cent vingt kilos pour danser la salsa, c'est comme si Mickael Johnson (pardon, Michel, *Micka-èle Jonson*) dansait la valse sur le dernier disque d'Yvette Horner ! Oui, Michel, Julia Migenes, en plus d'être chanteuse et comédienne, est aussi danseuse ! La danse, chère Julia Migenes, c'est, si je puis dire, votre danseuse. Même si je vous imagine, enfant, plutôt entrechats de gouttière que petit rat de l'opéra ! Peau de ballerine et ballet de crin... La danse est votre évi-danse, et votre public, lui-même, est dense ! Si j'osais utiliser un langage trivial, je dirais que vous avez grimpé vers le succès en danseuse. Et on peut déjà prédire que l'Olympia va s'enflammer les 4 et 5 mars prochains : avec vous, flamenco, ce sera flammes and Co ! Vous allez mettre le feu de la passion latine, Julia Migenes et fumigènes ! La salle, ça c'est sûr, va tanguer au tango ! J'espère qu'avec ces *Passions latines*, vous sortirez un CD, un CD gitan, un CD « Rom » en quelque sorte ! Comme ça, si vous me l'offrez, je pourrais dire de ce disque : il est beau et mien.

Ah, j'oubliais, mon ami pépiniériste, Michel : depuis que je l'ai engueulé à votre sujet, il a planté dans son jardin une rose, une rose rousse. Il l'a appelée Julia. Avec la jota, et sans fumigène, elle brûle toute seule !

TOP-CLAUDEL

à Ludmila Mickaël

Chère Ludmila Mickaël,

nous sommes très fiers d'accueillir au *Fou du Roi* une sportive de haut niveau, spécialiste des courses de fond et des grandes classiques, et recordwoman du monde en titre dans l'épreuve du Soulier de Satin de Claudel, avec un temps de onze heures, cinquante-quatre minutes et trente-sept secondes. Rappelons que ce record a été établi en juillet 1987, sur le tartan de la célèbre piste du Palais des Papes, en Avignon, par un fort vent contraire de plus de trois mètres par seconde et une température glaciale. Vous étiez entraînée par le prestigieux et regretté Antoine Vitez, et vous aviez littéralement pulvérisé l'ancien record de Marie Bell, entraînée par Jean-Louis Barrault, record qui tenait depuis 1943, contesté, d'ailleurs, puisqu'à l'époque, le parcours avait été volontairement tronqué, soi-disant pour assurer la sécurité des spectateurs. Relatant votre exploit, un journaliste de l'Équipe, je crois, avait trouvé cette très jolie formule : il ne faut pas confondre Vitez et précipitation ! L'épreuve du *Soulier* est redoutable et le choix de Didier Sandre comme lièvre avait été particulièrement judicieux. En hommage à cet exploit, permettez-moi de vous surnommer aujourd'hui notre top-Claudel !

Je sais que vous avez eu énormément de mal à vous remettre de cette course et à vous défaire du personnage de Doña Prouhèze, Doña prouesse devrais-je dire, l'héroïne claudélienne, comme de tous vos personnages, comme s'il vous fallait à chaque fois vous arracher la peau ! Vous dites : « Avec le temps, j'ai de plus en plus de mal à raccrocher mes personnages après usage. » J'ai l'impression d'entendre un boxeur qui n'arrive pas à raccrocher les gants ! Alors, vous avez enfoui Doña Prouhèze avec le souvenir de Vitez dans votre jardin secret. Jardin secret qui ressemble plutôt à un parc zoologique où sommeillent, dans des cages à oiseaux de nuit, tapissées de photos, de bouquets de première, et d'une foule de rappels, de drôles d'animaux : ils ont pour nom Bérénice, Phèdre, Chimène, Célimène, Roxane. On peut entendre encore leurs rugissements, on voit encore couler les tombereaux de leurs larmes et voler autour d'eux des tirades entières d'alexandrins de collection qu'ils chassent avec de grands gestes de tragédiens. Une palanquée de rôles-vampires que vous avez croisés au fil des années. « Le théâtre me vampirise » avez-vous dit ! Autant dire que ces rôles-là vous ont littéralement sucé le sang ! Le jour, comme les vampires, ils dorment sagement dans les livres, ils hantent les cintres ou les sous-sols des théâtres, pauvres fantômes de drap blanc, gonflés de vide et de mots, ils croupissent au fond des placards dans les ateliers de costume, ou dans les rêves d'un metteur en scène, attendant que la nuit et les projecteurs viennent les libérer et les propulsent sur les planches. Ils partent alors en quête du sang qui les maintiendra en vie.

Et vous, Ludmila Mickaël, vous les attirez ! Vous êtes une grande pourvoyeuse de sang de théâtre, une donneuse universelle ! Vous avez le rhésus Racine +, le globule Molière, le caillot originel ! Vous dégorgez de passions, de peurs, de désirs, dans vos veines coule de la douleur humaine à gros bouillons. Entre 67 et 87, toutes les grandes figures du répertoire, les éternelles amoureuses, avec leurs longues canines acérées, vous sont tombées dessus ! Toute une galerie de VIP : Very Important Personnage, un défilé d'héroïnes assoiffées de vie. Cela se passait dans les forêts d'arbres en carton, de feuilles de papier, d'herbe en laine verte, sous des ciels peints sur toile dans les coulisses de la Comédie-Française. Quinze ans après, Ludmila Mickaël porte encore au cou les marques des dents de ses personnages : c'est sans doute depuis cette époque-là que l'on entend dire inlassablement : Ludmila Mickaël ? C'est une véritable mordue de théâtre ! Et comme vous avez du mal à vous débarrasser de vos personnages, vous n'avez pas le courage de leur enfoncer un pieu dans le cœur, vous flanquez tout dans votre garde-rôle, crinolines, drapés, corsets, perruques. Vous conservez tout dans des placards à palais, des armoires à grâces, des coffres à jouer, des penderies de pendrillons au milieu desquels sont raccrochées les défroques de Célimène, la Célimène du Misanthrope, à vingt ans et celle du Cardinal, à quarante, la robe de soie blanche de Bérénice, qui recouvre une peau de chagrin absolu, une tristesse majestueuse, la vindicte d'Elvire, les cris de Phèdre, les plumes de la Mouette et un soulier de satin dépareillé. Vous avez aussi conservé les coups, vous êtes couverte de cicatristes : les hématomes de Bérénice, les bleus de Phèdre, les bosses de Roxane, les meurtrissures de Chimène. Votre vestiaire est un bestiaire : vous avez plusieurs peaux, si dures à faire exister, à vivre, et, au final, à laisser tomber.

En tout cas, chère Ludmila Mickaël, vous aurez beau tapisser les murs de vos loges de miroirs, vous n'y verrez jamais que votre propre visage. Forcément ! Les vampires ne se reflètent jamais dans les miroirs !

Film d'art et de décès

à Jean-Pierre Mocky

Cher Jean-Pierre Mocky,

je vous écris cette chronique d'outre-tombe sur un petit nuage, entouré de vos amis de toujours, Frère Michel Simon, Frère Bourvil et Frère Francis Blanche... Frère Michel lutine un petit ange céleste sur ses genoux, Frère Bourvil chante la *tak-e-tak-e-tak-e-tique du Gendarme* en creusant dans chaque tronc d'arbre du jardin d'Éden ; Frère Francis, scotché à son portable, fait des canulars téléphoniques toute la sainte journée, et Dieu sait si les journées sont saintes ici ! Ils parlent de vous sans arrêt et vous attendent. Ils se réjouissent de voir que vous vous rapprochez d'eux, au fil des années : vous semblez quitter petit à petit le monde de l'argent et des paillettes, ce que vous appelez vos périodes fastes. Vous avez maintenant fait vœu de pauvreté, vous avez revu vos budgets à la baisse, vous vous êtes mis au régime sans argent ! Vous êtes devenu un ermite du septième art, un ascète de la pellicule, volontairement exilé, loin des grosses écuries de vedettes et des productions hollywoodiennes : robe de bure, nu-pieds et bâton de pèlerin, vous êtes comme on dit passé à la Trappe, abbaye prestigieuse (même si l'abbaye ne fait pas le moine...). Vous êtes un SBF ! Un Sans Budget Fixe. Un fauché. La faux, on connaît, on est tous passés par là.

Depuis quelques temps, quand vous dites « moteur », fini les grosses cylindrées, c'est un moteur de mobylette, une deux chevaux fiscaux, qui broute au démarrage. Certains jours où il n'y a plus une goutte de gaz oil, il faut bien continuer à tourner, alors vous ne criez plus « moteur », vous hurlez « éolienne ! » Un ange passe, vous le filmez en contre-plongée, rien n'est perdu chez Mocky ! Plus de vedette, plus de star, Mocky privilégie les figures, les figurants et le figuratif (tout le monde se figure qu'on fait un film). Mocky, c'est le triomphe des doublures, des utilités, des quinzièmes rôles, des pelés et des tondus... Oui, des pelés et des tondus, nous pouvons témoigner, nous avons vu votre dernier film : la scène du meeting présidentiel : cinq cent mille personnes selon les organisateurs, cent mille selon la police et cinq personnes selon Mocky : cinq, exactement, quatre pelés et un tondu ! Et encore... le pelé, vous lui avez mis une moumoute ! Vous êtes passé du film smocky en zone frimeur, au film no smocky en zone non-frimeur ! Acteurs, techniciens, tous logés dans des hôtels quatre étoiles polaires, nourris au sandwich, car même les repas sont gastro-anémiques.

Vous dites : « Un buffet, c'est dix figurants de moins. » Alors vous êtes chiche, et au fond des assiettes, même les petits pois sont chiches ! Le caméraman affamé dévore dans son coin les lentilles de ses objectifs... Un découpage à la tronçonneuse, des plans Orsec, des images soignées à l'homéopathie, vous vous éclairez à la bougie, ou au soleil, c'est gratuit ! Mocky, les nerfs en pelote, défile le fil de l'histoire, un scénario cousu de fil blanc, des bouts de ficelles, des fonds de tiroirs, des culs de bouteilles... Mocky ne fait pas dans la dentelle, il brode au crochet de boucher, il raccommode Louis XV, il rapièce d'artillerie, il agrafe son cas. Tous les plans américains sont tournés avec des culs-de-jatte, ça évite de payer les jambes à ne rien faire (le cul-de-jatte est payé au demi-tarif syndical, c'est bien connu) ! La maquilleuse utilise un seul peigne pour tout le monde, ce qui permet à Mocky de récupérer en fin de journée les pellicules de ses comédiens et de pouvoir ainsi tourner quelques mètres supplémentaires.

Mocky, c'est une écriture dépouillée, des mots en haillons, des répliques décharnées, des phrases à zéro pour cent de matière grasse, des verbes sans chlorophylle. Mocky fait une seule prise, et après, il reprise, il recoud la pellicule, chaque soir, au coin du feu, en écrivant avec sa femme les dialogues du lendemain. Ce soir-là, ils n'ont pas trop d'inspiration pour trouver les noms des protagonistes, alors ce sera Dupond, Durand, Dufer, Dugland... Marguerite Duras n'est pas loin ! On est dans la création pure... Comme tous les ermites, Mocky est un visionnaire accroché à sa visionneuse. Une fois le film bouclé, pas de copie. Une seule bobine, celle de Mocky, une seule salle, un seul spectateur. Un film en circuit fermé, fermé pour cause d'art et de décès... Voilà : Mocky fait des films d'art et de décès : à peine bouclé, ses films sont déjà morts. Le dernier coup de manivelle sert comme premier tour de manivelle pour le film suivant, il n'y a pas de petites économies ! Dans vingt ans, la télé déterrera Mocky et lui déroulera le tapis rouge...

Allez, Jean-Pierre, arrêtez votre cinéma, venez nous rejoindre, on vous attend ! Le scénario est prêt, il y a des milliers de figurants au paradis, des femmes divines, des gueules d'enfer ! Dieu est même d'accord pour faire une courte apparition. Au fait, n'oubliez pas d'emmener Serrault avec vous ! Ce serait dommage qu'il ne participe pas au film... depuis le temps que Poiret se morfond sur son nuage... Merde ! Michel Simon a encore pété un câble ! Il a déplumé son ange céleste ! Je vais rajouter ça dans le scénario, ça pourrait être assez croustillant ! Je vois ça d'ici, l'affiche : le premier film paradisiaque de Jean-Pierre Mocky, Michel Simon, Bourvil, Francis Blanche, Poiret et Serrault, nus comme Adam, en pleine érection et le titre en lettres d'or : « Les moines cénobites ! »

Crochets du droit et du gauche

à Arnaud Montebourg

J'aurais voulu écrire un hymne à la gauche, retourner ma veste en un quart d'heure et conclure par un hymne à la droite. Ça m'aurait permis d'être dans l'air du temps, d'être gauchement de droite en disant que le mot gauche signifie balourd, empoté, emprunté, godiche, lourdaud, maladroit, malhabile, mais par contre, j'aurais été adroitement de droite en disant qu'une personne droite est une personne honnête, juste, probe, équitable, franche, loyale, sincère, on dirait un discours de Sarkozy, j'aurais dispatché dans mes deux interventions crochets du droit et du gauche...

♪♪

Les conservateurs, on les met dans des musées ou dans les jus de fruits. Les conservateurs dans un jus de fruit : E 300 + E 330. Les conservateurs à l'Assemblée nationale : UMP 362 + UDF 30.

♪♪

En France, la priorité est à droite. Le seul endroit où la priorité est aux gens qui viennent de la gauche, c'est sur un rond-point : sans doute parce qu'ils tournent en rond...

♪♪

Une jupe qui tombe bien est soit droite, soit croisée. Juppé tombe bien et c'est un croisé de droite.

♪♪

L'avantage du virage à cent quatre-vingt degrés en politique, c'est que cent quatre-vingt degrés en tournant à gauche ou cent quatre-vingt degrés en tournant à droite, on arrive au même point.

♪♪

En vue du prochain congrès des socialistes, NPS signifie Nouveau Parti Socialiste, NM, Nouveau Monde, NG : Nouvelle Gauche... En tout cas, Hollande espère que PS signifiera toujours pour lui : Premier Secrétaire.

♪♪

En 2002, la gauche a perdu le pouvoir : où sont les rêves partis ?

♪♪

J'aurais joliment dit qu'en regardant la scène du théâtre politique, le côté gauche est le côté jardin avec ses roses, ses coquelicots et ses glaïeuls verts, mais que pour l'instant du côté gauche, ça répète et ça se bouscule encore dans les coulisses, qu'on pourrait peut-être lever le rideau, qu'à droite de la même scène, c'est le côté cour, cour du président, cour martiale ou basse-cour, que là le spectacle est bien amorcé, une pièce du répertoire classique de droite, mais qu'on en n'est encore qu'au premier acte, c'est déjà un beau succès, on entend beaucoup d'applaudissements, des gens qui toussent aussi, mais il fait frisquet, ça se comprend, pour des raisons de sécurité, on a fermé les portes, bétonné les issues, fouillé les sacs et confisqué les idées coupantes, les pensées affûtées, les opinions acérées, tiens, c'est bizarre, le public d'en bas, ils l'ont mis au poulailler, et le public d'en haut, ils l'ont mis au parterre, avec des corbeilles et des baignoires, des loges et des éloges.

♪♪

Sarkozy est à l'échiquier politique français ce que la bande d'arrêt d'urgence est à l'autoroute : toujours à droite. En matière de sans-papiers, Sarkozy est une bande d'arrêt d'urgence à lui tout seul. D'ailleurs, comme la bande d'arrêt d'urgence, Sarkozy sert exclusivement à la sécurité.

♪♪

L'axiome d'Euclide revisité par Jack Lang : le plus court chemin pour aller d'un point de chute à un autre est l'élection législative.

♪♪

J'aurais parlé d'un mariage de la main gauche, qui signifie union libre, disons concubinage pluriel, ou cocuménage à trois, j'aurais inventé un nouveau verbe, *gauchemarder*, j'aurais dit que les droitiers sont largement majoritaires dans ce pays, que les gens qui se lèvent du pied gauche sont de mauvaise humeur, qu'on a beau mettre de l'argent à gauche, on ira s'asseoir à la droite de Dieu...

♪♪
La droiture est la qualité d'une personne de droite. Il y a différentes façons d'être de droite : on peut avoir une droiture de fonction, une droiture neuve ou d'occasion, une droiture de location, une droiture de tourisme. Certains repentis ayant beaucoup roulé pour la droite abandonnent leur droiture à la casse...
♪♪
Olivier Besancenot est un facteur. Un facteur de discorde à gauche.
♪♪
Si l'UMP est la droite, l'UDF est un petit segment de droite.

Mais gauche, droite, gauche, droite, gauche, droite, ça commence à bien faire ! Ça fait un peu marche militaire. Et puis, quand on dit que le cœur est à gauche, il doit s'agir de son propre cœur puisque le cœur de son interlocuteur, pour peu qu'on le regarde bien en face est à droite, et vice-versa. Non, une œuvre politiquement originale, de nos jours, consiste à taper sur monsieur Arnaud de Montebourg. Qu'ils soient de droite ou de gauche, ses collègues de travail ne le ratent jamais ! Bien sûr, ils utilisent de jolies formules pimpantes qu'il faut décrypter, mais c'est assez varié !

Pour Lellouche, Pierre, pas Claude, c'est un saint Just aux petits pieds, ce qui est une manière délicate de dire une petite pointure moitié mystique moitié sanguinaire, ou un Robespierre qui chausse du deux, c'est frais et primesautier !

Pour Claude Goasguen, c'est un Ravachol de porte-plume, autrement dit un anarchiste de salon, un tigre de papier condamné, comme il se doit, au massicot.

Pour Jean-Louis Debré, on lui fait beaucoup trop de pub, ça c'est doublement gentil : un, ça a l'air de dire qu'on peut l'acheter, et deux, qu'il ne faudrait peut-être pas qu'on l'achète car c'est un produit toxique, une sorte d'OGM, un Obstructionniste Généralement Mal-intentionné, un vachard fou importé en fraude d'on ne sait pas trop où.

La droite en général s'ingénie à répandre l'idée que c'est un sous-marin de Jospin, donc une sorte de soûlot sans aucun lien avec les réalités de la surface du globe et, qui plus est, téléguidé par un austère ermite autiste et aphasique retiré à jamais sur son île, lequel ermite autiste lui a fait savoir en 95 qu'avec ses méthodes il ne ferait jamais de politique, ce qui est assez savoureux de la part d'un futur défroqué définitif de la politique.

Pour Martine Aubry, ce n'est qu'un populiste qui ne travaille pas ses dossiers. En gros, c'est un démago qui ne fout rien (un peu comme un ébéniste feignant qui fabriquerait une chaise et qui s'arrêterait aux barreaux en délaissant le dossier, c'est quand même normal de privilégier le barreau quand on est avocat !).

Pour Laurent Fabius, il a un culot d'enfer. Là, c'est plus subtil, comme tout ce que fait monsieur Fabius, disons que c'est une ampoule avec un culot à baïonnette : il trucide donc à la fois au fusil et à l'arme blanche, et s'il continue à casser les douilles à tout le monde, il ne va pas tarder à griller.

Son président de groupe, Jean-Marc Ayrault, qui répond à des intrépides qui ont l'outrecuidance de suggérer que Montebourg a de solides convictions, glisse un délicieux : « des convictions, je ne sais pas, ce qui est sûr c'est qu'il joue perso ». Je traduis : ce charmant quadragénaire n'a ni idée arrêtée, ni opinion assurée, il a un ego gros comme le Sacré-Cœur et descend tout le terrain balle au pied, sans faire de passe, alors à quoi on sert nous avec nos maillots roses, nos chaussettes vertes et nos culottes rouges ?

L'un de vos petits camarades du PS, apparemment très en colère, a déclaré : « ce type est une honte ». Bon, là, c'est simple, une honte, c'est une honte ! Disons un petit paquet cadeau d'abjection, de bassesse, d'indignité, d'opprobre et de turpitude, des bricoles, quoi !

Monsieur le président de la République, pauvre contribuable atteint du Syndrome d'Immunité Difficilement Acquise, sur lequel Montebourg s'acharne comme la vermine sur le mal-logé ou comme le cholestérol sur le PDG, lui garde un chien de sa chienne, et probablement plus, je ne sais pas, moi, un chaton de sa chatte, un poulain de sa jument, un poussin de sa poule et un Bernardeau de sa Bernadette.

Au passage, monsieur Hollande glisse que son combat ne concerne et n'engage ni le groupe socialiste ni le parti, autrement dit : il est à côté de la plaque, hors sujet, il se monte le bourrichon, prend la vessie de Chirac pour un lampion du 14 Juillet.

Le bon Philippe de Villiers le taxe d'hémiplégique, son hémisphère gauche mobilisant ses neurones contre Chirac et son hémisphère droit étant paralysé par respect pour l'austère ermite autiste et aphasique susmentionné.

Quant à Alain Juppé, que Montebourg a mis à la porte de son HLM, Habitation à Loyer Magouillé, il a une dent contre lui, et quand je dis une dent, ce doit être toute la mâchoire, la langue, le palais, la glotte, les amygdales, l'œsophage et la trachée artère.

Sans oublier les autres, tous les petits, les sans-grades, qui prennent un malin plaisir à l'affubler d'une particule, Arnaud de Montebourg, qu'on pourrait écrire en abrégé AdeM ce qui fait bêtement penser à J2M, ce PDG aux chaussettes trouées qui n'est plus de ce monde de brigands.

Bref, avec toutes les gentilles fées qui se penchent sur le parcours d'Arnaud de Montebourg depuis le berceau, je me dis qu'un homme politique qui a autant d'ennemis de tous bords, ne peut pas être foncièrement mauvais !

La flemme olympique

à Georges Moustaki

Il est grand temps de ramener le sport à une dimension humainement raisonnable et de poser enfin les vraies questions :
À qui profite l'escrime ?
Doit-on supporter l'image de ces coureurs épuisés qui font du cross contrits ?
Peut-on accuser un gymnaste qui fait du cheval-garçon de pédophilie ?
Un homme marié est-il plus apte à faire des anneaux qu'un célibataire ?
Plutôt que d'aller faire de la poutre chez le voisin, ne ferait-on pas mieux de faire de la paille chez soi ?
Un pilier de bar asymétrique peut-il espérer faire un jour des barres parallèles ?
Au tennis de table, doit-on avoir un service de table ?
Pourquoi les Polonais n'arrivent-ils pas à se faire un nom en ski ?
Doit-on tolérer le port de la planche à voile sur les plages ?
Est-ce que le contrat d'un coureur de trois mille mètres stipule qu'il y a des obstacles sur la piste ?
Et cette question qu'il faudra bien un jour poser aux intéressés : pourquoi Messieurs Alain Prost, Jean Alési et consorts ne dorment-ils jamais dans des hôtels *Formule 1* ?

Tous les sports devront être revus et corrigés pour pouvoir être pratiqués par tous. Voici donc quelques mesures à prendre d'urgence :
Au cent dix mètres, les obstacles seront remplacés par des haies de fusains, d'aubépines et de jeunes acacias.
Au saut en hauteur, la barre sera dorénavant posée sur des tabourets, appelés tabourets de barres, à une hauteur d'un mètre vingt,

histoire d'arriver juste au niveau du comptoir.
On lancera le petit pois (les Écossais sont très forts dans cette discipline...).
Les lanceurs seront répartis dans trois catégories : fin, très fin, extra-fin.
En gymnastique, les agrès seront dorénavant : la poutre d'escampette, les anneaux de porte-clés, la barre de céréales et le hamster d'arçon.
Dans les épreuves de tir on pourra désormais tirer sa révérence, tirer au flanc, tirer la langue, le vin, les rois, voire même des conclusions.
En cyclisme, les coureurs iront à la selle une seule fois par jour.
Les grimpeurs s'entraîneront chez eux, en franchissant les cols de chemise, le col du fémur, et, pour les plus chanceux, le col de l'utérus.
Pour en finir avec tous ces sauts qui traînent en longueur, on privilégiera le saut avec élan (ou avec n'importe quel autre cervidé, d'ailleurs : cerf, caribou, chevreuil, daim, ou renne). On remettra à l'honneur le saut de joie, le saut du lit, le saut du coq à l'âne... Le Fosbury sera abandonné, et l'on reviendra à la traditionnelle méthode du rouleau de printemps, voire même celle des ciseaux de coiffeur...
On créera de toutes pièces un pentathlon moderne, dit pentathlon à pinces : ceinture, braguette, couture, poche et entrejambe...
Et pour les jeunes, un pentathlon patte d'eph'.
Les compétitions de patinage seront désormais mixtes : on se roulera des patins sur la glace et des pelles sur le gazon...
Afin de privilégier les sports de surface : le ski de fond sera interdit.
On interdira aussi certains sports trop violents comme le transport de fonds, le détournement de fonds ou l'extorsion de fonds.
Les compétitions de ski pourront désormais être pratiquées chez soi, avec, en particulier, trois épreuves reines : l'après-ski, le zakouski et le whisky.
Il n'y aura plus que deux nages autorisées : la brasse papillon et la planche.
La brasse papillon se pratiquera dans l'herbe, avec un filet de protection, l'objectif étant de descendre sous la minute, suivant le vieil adage : « Minute, papillon ! »
La planche se pratiquera nue, ceci afin de lutter contre les faux-

monnayeurs qui ont pris la très mauvaise habitude de pratiquer la planche habillés.
Le lancer du disque verra l'arrivée du CD souple et vierge, dans l'épreuve délicate de l'album « deux titres olympique ». Dans la catégorie senior, on reviendra au lancer du disque en vinyle, sur lequel chaque plage sera sécurisée.

En ce qui concerne le douloureux problème du dopage, les drogues douces, le courage, l'héroïsme et la rage de vaincre notamment, seront définitivement éliminés du langage des journalistes, des commentateurs télé et des dépêches de l'AFP. Quant aux accros des drogues dures, ceux qui se dopent au dépassement de soi, on leur rappellera cette maxime incontournable : à force de se dépasser soi-même, on finit à côté de ses pompes !

Voilà. Quand cette œuvre sera accomplie, chacun, dans son for intérieur, pourra organiser ses propres jeux et allumer, quand bon lui semble, le symbole du sport enfin démocratique : la flemme olympique.

Toujours le mot pourri

à Amélie Nothomb

– Combien d'années d'étude pour devenir Amélie Nothomb ?
– Je dois être Amélie Nothomb de naissance.

Tombe de naissance ! Incroyable ! Il est vrai que vous êtes née au siècle dernier, mais tout de même ! Vous vous rendez compte ? Au XXème siècle, alors qu'on allait sur la lune, comment pouvait-on être Amélie Nothomb *de naissance* ! J'imagine, la surprise que ça a dû être ! Vous débarquez sur cette terre, comme tout un chacun, par la petite porte, c'est-à-dire que vous arrivez par la mère, en sous-marin, une mère calme, étale, la plage est surveillée, c'est drapeau vert, jusque-là tout est normal. Votre frère et votre sœur sont là, normaux. Tout commence à trois heures du matin : votre mère perd les eaux, ce ne sont pas des eaux, d'ailleurs, ce sont des litres de thé extra song ; quatre heures de travail acharné, vous ne semblez pas vouloir sortir. Vous êtes, vous aussi, déjà au travail, en train d'écrire les plus belles pages de votre naissance, mais, ça, on ne le saura que beaucoup plus tard. Puis, vous daignez vous extirper de votre sous-marin. Vous avez d'énormes cernes sous les yeux. Il n'y a pas idée de se lever si tôt ! Premiers contrôles à la douane, on vous fouille, on vous ausculte, on vous palpe de tous les côtés, on vous nettoie de fond en comble, on prend votre température, on vous pend par les pieds, pour voir si vous n'avez pas de colis suspect et, pour s'assurer de votre traçabilité, on s'enquiert de vos papiers. Le douanier-médecin-accoucheur regarde l'étiquette qui est fixée au pouce de votre pied droit et lit à haute voix : « Amélie Nothomb », en vous enfilant de force un bracelet au poignet. Vous vous retrouvez avec une paire de petites menottes, le cordon ombilical vient à peine d'être coupé et la nouvelle tombe, brutale et sans appel : vous êtes Amélie Nothomb ! Il a fallu que ça tombe sur vous !

Vous auriez pu être, je ne sais pas moi, compositeur de musique, martyre ou même chanteuse de rock, vous auriez adoré vous appeler Robert, et bien, non, vous êtes Amélie Nothomb. Remarquez, d'un autre côté, vos parents auraient pu vous appeler Plectrude, Épiphane ou Prétextat... Amélie, c'est peut-être pas si mal, non ? Dans la salle d'accouchement, il y a de plus en plus de monde... forcément ! Une Amélie Nothomb ! De naissance, de surcroît, c'est pas tous les jours ! La nouvelle s'est propagée très vite ! Même Albin Michel a envoyé Jérôme Duhamel ! Tous ces gens vous regardent bizarrement : vous avez l'impression d'être entourée de carpes qui ouvrent d'horribles bouches de carpes, vous vous sentez de plus en plus Amélie Nothomb ! J'aurais été à votre place, je ne sais pas comment j'aurais réagi... ça fout les j'tons ! Pire que Quasimodo ! C'est un coup à être abandonné à la naissance... ça c'est vu !

Comme vous avez un bon fond, que vous ne voulez pas compliquer la situation, que vous êtes quelqu'un de très poli et que vous avez terriblement faim d'être une humaine, vous décidez d'accepter votre destin : un peu de rouge à lèvres rouge, un chapeau insolite, vous serez Amélie Nothomb, surdouée, surjouée, surlouéc ! Dans votre for intérieur, vous vous dites qu'il doit certainement y avoir quelque chose de prévu pour les Amélie Nothomb de naissance ! Je ne sais pas, moi, un appareil, une prothèse, un fauteuil spécial, des béquilles, un régime à suivre, des pilules à avaler, un traitement palliatif...

Le problème c'est que vous êtes la première Amélie Nothomb *de naissance* ! L'inconnue totale ! Comment faire ? Le mode d'emploi ! Mais bien sûr, le mode d'emploi ! Oui, mais comment leur expliquer ? Les Amélie Nothomb de naissance sont très intelligentes, c'est même ce qui les caractérise, mais, tout de même, elles ne savent pas parler à la naissance ! Alors, vous poussez des cris stridents, vous vous lancez dans une gestuelle d'une maladresse insigne... ah ben, ils en veulent du Amélie

Nothomb, ils vont en avoir ! Si bien que tout le monde dans la salle d'accouchement se met à chercher le mode d'emploi pour pouvoir vous arrêter. On finit par le trouver, sous le lit de votre mère, il était sans doute tombé au moment du débarquement et là, cri d'horreur général : le mode d'emploi d'Amélie Nothomb est en japonais ! Traduit du chinois par un éditeur du Bengladesh et imprimé en Belgique ! Tous ceux qui étaient à la maternité ce jour-là ont compris : impossible de vous arrêter, vous avez déjà avalé trois litres de thé extra song, un morceau de gaze pourri qui traînait par là... Personne ne saura jamais comment fonctionne une Amélie Nothomb de naissance !

On connaît la suite, une vie qui part dans tous les sens, Amélie, anorexie, boulimie, vomisseries, Fubuki, toujours le mot pourri, des romans qui se vendent à la pelle, plus de vingt-cinq mille heures de travail matinal à ce jour, la petite Amélie mettra toute une vie à traduire son propre mode d'emploi !

Libérez les jazz d'échappement !

à Claude Nougaro

Ah, M'sieur Nougaro !

On peut dire que vous ne chômez pas ! Pour décrocher un rendez-vous, il faut s'y prendre sacrément à l'avance ! Pas facile de trouver un dépanneur. Enfin ! Je vous ai, je ne vous lâche plus ! Voilà, c'est pour ma chronique, là, la bleue, qui est garée près du micro. Oh, elle n'est pas vieille, mais je n'arrête pas d'avoir des problèmes ! J'ai fait toutes les révisions, grammaire, conjugaison, vocabulaire, contrôles de niveau scolaire, les points de suspension, et bien, comme vous pouvez le constater, elle broute au démarrage ! Venez l'essayer avec moi. Montez, je vous en prie. Écoutez, là... Ça bafouille ! J'ai beau lever l'encre, ça n'avance pas ! On dirait un tracteur ! Si vous pouviez faire quelque chose. J'ai vérifié les sens, il y a le plein. Le réservoir des sens a été refait à neuf. Je ne lésine pas sur les significations, vous me connaissez ! Et rien que du léger, de l'aérien, du sans plomb, quoi ! Je marche à l'éolienne, en temps normal, je capte le moindre souffle, je guette les courants de pensée et je m'envole, en principe ça fonctionne, mais je ne sais pas ce qui se passe, mes mots ont l'air comprimés. Je reste au ras des pâquerettes, ça ne décolle pas ! L'essieu ? Non, je ne crois pas. Oh, ça fait un moment que je laisse tomber l'essieu. C'est plutôt une question d'empâtement : le style est lourd, vous ne trouvez pas ? Ça ne coule pas, c'est ampoulé (profitez-en pour me changer les ampoules). C'est du français moyeu, une chronique sans ressort. Excusez, elle est sacrément tape-cul ! Les jantes morflent par les temps qui courent ! Je suis bien d'accord avec vous, on ne traite pas les jantes damoiselles comme ça. J'ai mis des tournures neuves pour enjoliver, je les ai passées au mirror juste avant de venir ! Du coup, c'est trop clinquant, ça fait chronique de frimeur avec toutes ces phrases coupées. Il faudrait presque lire avec des patins. Vous me changerez les garnitures. Le choix de la garniture, c'est important, si on veut avoir des disques inusables, ce n'est pas vous qui allez me contredire ! Et puis vous entendez le bruit ? Ça doit être les tambours à l'arrière. Ah, la semaine dernière, j'avais une chronique, ça partait tout seul, je ne tenais même plus le volant, il aurait fallu que vous voyez ça ! Merde, les flics !

– Gendarmerie nationale ! Contrôle des papiers... C'est à vous cette chronique ?
– Oui !
– Et la concordance des temps, c'est pour les chiens ?
– Mais qu'est-ce que j'ai dit ?
– *Il aurait fallu que vous voyez ça* ! Vous deviez dire *voyiez* ! Au subjonctif !
– Mais, j'ai bien dit *voyiez*, je vous assure...
– Désolé, vous avez été flashé. Vous recevrez la photocopie dans huit jours. Vous avez dit *voyez* !
– Non, j'ai dit *voyiez* ! *Il aurait fallu que vous voyiez ça* ! M'sieur Nougaro peut témoigner ! Seulement je lisais un peu vite...
– *Ah, vous reconnaissez que vous lisiez vite ! Je vais vous dresser un procès-verbal pour non-respect des règles grammaticales, lecture en diagonale, et défaut d'articulation.*
– Il y avait une grande lisibilité, alors j'ai pensé que...
– Vous êtes sur le service public. Si tout le monde font comme vous, on court à l'anarchie ! Le français d'abord !
– On est mal tombés, M'sieur Nougaro, les CRS, les Contrôleurs de Rigueur Sémantique, ce sont les pires.
– *En plus, vous délirez beaucoup trop vite ! Vous n'avez pas vu le panneau interdiction de déjanter ? Soufflez ! Vérification du taux de poésie dans le sang.*
– Allons bon, le ballon, maintenant. Je ne crains rien, je n'ai strictement rien lu depuis deux jours.
– Ah, on a moins de souffle que tout à l'heure, ça rigole pas ! 0,8 gramme, ça va... vous avez de la chance, vous pouvez y aller.
– 0,8 gramme... je n'ai rien lu ! Ah, je sais : ça doit être *Le corbeau et le renard.* J'ai fait réciter sa leçon à mon fils ce matin.

Heureusement que vous n'étiez pas au volant, M'sieur Nougaro ! Avec ce que vous avalez tous les jours, vous étiez bon pour le retrait de permis d'écrire. Oh, vous ne risquez rien, vous êtes un malin... toujours à pied ! En alexandrins. Vers à champagne et mots pétillants, esprit devin, eau de vie et nectar plus ultra ! Comme vous le dites si bien : « Du moment qu'on a le swing dans le cul, on les enclume ! »

Bon, alors je vous la laisse. Je repasse la prendre demain. Mettez-moi un peu de samba dans les mots et dans le moteur, des rebondissements, du rythme. Changez l'arbre à camelote, les cylindres-blocs opératoires, baillez-moi les bielles, décoincez les soupapes, dénouez les filtres, mettez une touche de vernis au bout du doigt du delco, un bon coup de pompe dans la culasse, dégrippez la dynamo, ramonez le gicleur, flattez le culbuteur, sortez les pistons de leurs chambres, lorgnez sous les jupes, mouillez les chemises, bottez le train avant, faites péter les durites, libérez les jazz d'échappement !

Non, pas besoin de devis, je vous fais confiance. Ah, j'oubliais... la radio ne marche plus. Si vous pouviez jeter un coup d'œil. Rouler sans musique, ça va un moment... Vous me comprenez, M'sieur Nougaro ! Vous connaissez la chanson, vous !

Je suis plus Tom Novembre que 11 septembre

à Tom Novembre

Il faut bien se faire une saison, c'est l'automne, novembre. Les feuilles tombent, ad libitum, novembre ! Elles se suicident en se jetant du haut des branches, elles finissent sur les trottoirs, elles se font piétiner, et les gueules noires du macadam, petits académiciens du bitume en habit vert de la Ville de Paris ou d'ailleurs, les ramassent à la pelle mécanique. Les Maliens, venus au pays de la liberté, sont les Prévert des temps modernes, et l'autre flicaillon sarcastique et cosy leur dit : « Du balai ! »

Novembre, c'est la Toussaint, la fête des gens qui toussent, et des moteurs qui toussent, on sort les buées, les cirés et les pébroques, on chante à la quinte, des chants de coryza, on se rattrape aux bronches, c'est la saison des brumes, des rhumes et du rhum, c'est la saison des grogs, des hot-dogs et des allergologues. Les microbes de la grippe s'agrippent aux petits vieux qui prennent la vie en grippe, faut les comprendre, les petits vieux, c'est pas leur saison, l'automne, ça fait automne de la vie, c'est la saison des sonotones, des dentiers et des poumons d'acier ! En général, l'arrivée de l'automne, ça s'arrose : c'est la saison des mises en pluie, le soleil est dans les nuages et les nuages crachent leur crachin, la météo en perd son latin, cumulus, nimbus et stratus, les gens font ce qu'ils pleuvent, ils courbent la tête en signe d'humidité, ça flaque, ça éclabousse, ça bruine. Le brouillard s'envoie en l'air sur les autoroutes, au petit matin le verglas se glisse discrètement sous les pneus, les carcasses de voitures se ramassent à l'appel, les pots d'échappement fument, on sort sa petite laine, ses petites haines, on se regarde en chiens de faïence ou en éléphants de porcelaine, on rentre chez soi. Chacun chez soi. On se dépêche, pour se sécher. On se sèche chez soi quand on a un chez soi, mais ceux qui sont dans la dèche, qui savent pas où crécher, restent à la fraîche, ils se sècheront au printemps s'ils ont passé l'hiver...

L'automne, c'est la saison de Tom Novembre. Les chansons de Novembre, c'est un peu comme le temps d'automne, on est bien chez soi, mais il fait frisquet dehors. On a plein d'images d'été, de soleil, des vagues souvenirs de mer, mais on a l'hiver en ligne de mire, la neige en manège, les glaçons dans les godasses. Ça swing, c'est doux comme musique, mais ça dépote, si t'écoute les paroles, ça grince, c'est du crachin. Ce matin, t'as mis le disque de Novembre sur le feu, t'as monté le chauffage, t'as mis les tartines à griller, non, t'es pas un type du matin, mais t'as une chronique à écrire, mon vieux, un disque à écouter, faut faire vite, et tu regardes par la fenêtre. Tu regardes passer les gens et t'écoutes le grand Tom, lui aussi il a dû se mettre à son balcon, il a vu les mêmes gens que toi : ceux du matin qui prennent le train, dure la vie duraille, celui qu'arrête, qu'arrête pas d'arrêter, celui qui fait avec, la bande de pions, de trous, de troufions, le type au chômage, encore un jour, si seulement le ciel en béton pouvait s'effondrer pour de bon, mange ta soupe, sans humour, gogo les badauds, voilà, tu voulais te remonter le moral d'automne, c'est réussi !

Faut pas écouter Novembre en novembre, faut rien attendre de personne ! Ah, oui, l'attente... Comme dit Tom, « L'attente, elle est latente ! » Une tente, quatre piquets, et l'attente, l'attente sous la tente, l'attente est patente, elle est épatante aussi. On attend. On a l'temps. On tend l'oreille, t'entends ? Non, j'entends rien !

– J'attends.
– T'attends ?
– Oui, j'attends ma tatan.
– Et ta tatan, elle attend quoi pour arriver ?
– Elle attend un enfant.

– C'est pour quand ?
– Novembre.
– C'est un garçon ?
– Un petit homme.
– Il s'appellera Tom ?
– Non, Jonathan.
– Jonathan, c'est dur à porter... Quand il sera grand, Jonathan, il sera obligé de prendre un pseudo, par exemple Personne. Jonathan Personne, c'est joli, non ? Ou Novembre. Jonathan Novembre. Comme ça, s'il est invité au *Fou du Roi*, il viendra en novembre. On est comme ça, nous ! On reçoit Tom Novembre en novembre, Victoria Abril en avril, Sophie Favier en février, Jeanne Mas en mars et Mathilda May en mai ! Et Gabin s'il était encore là, on l'aurait reçu en Janvier : Jambier ! 45, rue de Boliveau, Jambier !

– T'entends les gens qui attendent ?

On attend. On attend tout le temps. On a le temps, mais on court. On est pris de court, on s'essouffle, jusqu'au dernier souffle, on halète ! Tout le monde a le temps, mais tout le monde est haletant ! Et quand une maman haletant qui attend son enfant finit par accoucher en soufflant et en haletant, qu'est-ce qu'elle fait la maman ou la tatan : elle allaite ! Elle allaite son petit, elle n'arrête pas d'allaiter. En haletant. Au secours, allaitez-moi ! On a l'temps. Dans la vie, y'a les battants, les militants, les compétents, les exécutants, et les Tom Novembre. Moi, je suis plus Tom Novembre que 11 septembre, Octobre rouge ou 14 Juillet. On passe son temps à attendre et à s'attendre. Tout le monde s'attend. Même le diable Satan ! Heureusement, par moment, on s'attendrit. On se laisse attendrir. On a le temps de rire. On tend les bras, on tend l'oreille... C'est tentant. Tom Novembre, ça rime presque avec tendre, avec enfant, on est des pions, on court à l'échec, mais avec vous, Tom Novembre, à défaut de se faire entendre, on se fera tendre...

Oignons libres

à Michel Oliver

Cher Michel Oliver,

vous faites partie d'une famille de toqués de la grande cuisine ! Sur votre berceau se sont penchées les fées meurette, ravigote et rémoulade, vous avez été élevé aux truffes, et tout petit vous étiez déjà un gastronome en culotte courte. Bref, la bonne chère a toujours fait « recette » chez les Oliver ! Vous voici donc à *Gourmet TV*, une chaîne qui marque la sainte alliance entre le tube cathodique et le tube digestif, le bouquet numérique et le bouquet garni, le canal satellite et le canal hépatique. Une chaîne destinée aux papilles et aux mamilles, qui parle la langue du goût, la langue fumée, la langue braisée.

En matière de cible, *Gourmet TV* met la main au panier de la ménagère, lèche les babines de la maîtresse de maison. *Gourmet TV* vise les CSP + : Catégories Socio-Professionnelles supérieures, bref, les bonnes bouches, les fines gueules, les détenteurs de palais pourvus de cellules gustatives hautement entraînées, de palais truffés de dents aux têtes couronnées. *Gourmet TV*, c'est la chaîne de ceux qui se shootent à l'Épicure, au festif, ceux qui toute la sainte journée glandent salivaire ! Et salivaire rime avec Oliver ! Ceux qui non seulement sucent du goulot, mais qui avalent ! Ceux qui vibrent de la cavité buccale jusqu'au rectum, qui ont le tunnel de l'œsophage ouvert vingt-quatre heures sur vingt-quatre, trois cent soixante-cinq jours par an, avec circulation à sens unique, du pharynx à l'estomac. Ceux qui n'ont foi qu'en leur foie, ceux dont le destin rime avec festin et intestin, ceux dont la devise est : « mastication, déglutition, digestion, évacuation », bref, ceux qui, s'ils ne l'avaient pas inventé, auraient conseillé les dieux afin qu'ils créassent le pancréas ! *Gourmet TV*, la chaîne sans tambouille ni trompette, des salades qu'on touille et des estomacs qui gargouillent, la chaîne alimentaire, les vivres pour vivre, belle becquetance et grasse pitance...

Gourmet TV, ce sont aussi quelques émissions phares, comme *Le graillon faible*, jeu animé par Laurence Tortellini, *On a tout essuyé*, où Laurent Ruquier et ses joyeux drilles font la plonge, des émissions sur le vin, bien sûr, *Voulez-vous gagner des Saint-Émilion*, *Le plus grand Cabernet du monde* et *La chance aux échansons* animée par Pascal Sevré. Un grand talk-show « people », *C'est mon anchois*, un quizz animé par Julien Lepers, *Questions pour un champignon* avec, en générique, la chanson de Georges Brassens : *Gare aux morilles*, et l'actualité vue par des marionnettes : *Les girolles de l'info*. Christine Bravo animera *Oignons libre*, grand messe européenne sur ceux qui ont un bulbe entre les oreilles. Stéphane Bern, lui-même, présentera *La saga des fromages* ou *Le gotha des fromages de têtes couronnées* :

Le prince héritier Gouda-Mimolette des Pays-Bas s'est enfin marié samedi dernier à Munsterdam avec Marie-Cantal Gorgonzola du comté de Gruyère. À force de faire la faisselle, la princesse, joliment moulée, s'est beaucoup affinée. On a noté la présence de la vicomtesse Crottin de Chavignol au bras du duc de Cheddar de la cour d'Angleterre. Le repas avait été concocté par le grand chef Joël Reblochon, lequel était assis à la droite de Pont l'évêque de Coulommiers. L'edam de la cour de Hollande se sont déchaînées, et la feta a battu son plein toute la nuit !

Bien sûr *Gourmet TV* sacrifiera à la mode de la télé réalité, avec trois émissions phares. L'une où l'on assistera aux ébats d'une douzaine d'œufs disposés dans une cocotte géante, sous le regard indiscret des caméras. Cette émission s'appellera *L'œuf story*. On le sait, tout est dans le casting : on prendra donc soin de sélectionner, entre autres, un œuf d'esturgeon (tendance gauche caviar), un œuf de cabillaud (style tarama de base), un œuf de poule de luxe, un œuf de Pâques, un œuf d'autruche, un œuf pourri, un œuf de Fabergé et, bien sûr, quelques oeufs de pigeons. Afin de les faire sortir de leur coquille et de les brouiller entre eux, les œufs seront régulièrement battus en neige, certains passeront à la casserole, ébouillantés vivants dans une piscine d'eau bouillante. Pauvres petits œufs frits, pris au piège... où voulez-vous qu'ils aillent ? Le créateur n'a pas donné de pattes aux œufs !

Une deuxième émission phare rassemblera de jeunes steaks, à peine formés, encore bleus, qui seront devant les caméras, hachés, malaxés, salés, poivrés, bref, sérieusement assaisonnés, et qui seront servis crus avec beaucoup d'aromate et d'audimat. Cette émission s'appellera *Tartare academy*. Ce sera une réplique directe à l'émission de la chaîne concurrente, *Cuisine TV*, intitulée *Popot'stars*. Enfin, une émission purement exotique, *Les aventuriers de po-lenta*, dans laquelle deux équipes essaieront de survivre dans une polenta géante aux fins fonds de l'Italie. Pour reposer les esprits, la chaîne proposera une série gastronomique : *Chapon, melon et lotte à cuire*. Bref, tout un programme !

Cher Michel Oliver, on dit parfois que l'on ne peut pas être au fourneau et au moulin à poivre ! Ça n'est pas votre souci : vous vous mettez vous-même à toutes les sauces ! Et si vous traînez quelques casseroles, elles sont émaillées, comme votre carrière, de belles réussites !

LES « EUSSE » ET COUTUMES

à Érik Orsenna

Sans que je n'eusse pu rien savoir de ce qui en était la cause, il fallut me rendre à l'évidence : pour la troisième fois en un mois, nous allions, après Jean Dutourd et Henri Troyat, recevoir au *Fou du Roi* un membre éminent de l'Académie française, Érik Orsenna, Érik avec un *k* comme kiwi, kapok et kolestérol (l'idée me vint de glisser au tout début de ma chronique une faute d'orthographe radiophonique afin d'interpeller l'invité au niveau de son vécu), Orsenna dont le nom sonnait comme la troisième personne du singulier du passé simple du verbe *orsenner*, moitié *ordonner*, moitié *asséner*... tout un programme ! Peut-être eût-il fallu que j'orsennasse moi-même – en étais-je capable ? – j'étais en tout cas bien décidé à marquer la venue d'un amoureux de la syntaxe par un excès de zèle grammatical qui ferait date.

La grammaire m'avait été donnée à la naissance sans que je l'eusse demandée ! J'en avais même deux, penchées sur mon berceau : une grammaire maternelle et une grammaire paternelle. Des grammaires toutes jeunes (elles avaient encore leurs règles !) avec, dans le regard, un tribunal d'exceptions qui siégeait en permanence, prêt à m'envoyer au trou pour fautes et usage de fautes. Bien que disparues depuis des lustres, des lampadaires et des plafonniers, je me devais, face à ce petit prince d'Érik en habit vert, de leur faire honneur : j'eusse pu les ignorer mais j'étais, bien que j'en eusse, obligé de m'atteler à la tâche, et ce conditionnel, dont on eût fait un dieu chez les académiciens, il me fallait en truffer ma chronique : en fait de conditionnel, je me devais de respecter les « eusse » et coutumes !

Je prétendais tenter une aventure qu'aucun autre encore n'eût tentée ! J'osais ce que je n'eusse pas cru possible d'oser : employer le conditionnel passé deuxième forme ! Le risque était grand : car j'eusse bravé mille morts plutôt que de souffrir qu'on manquât de respect aux règles de mes grammaires ! Mais sous l'emprise de l'alcool, mes terminaisons risquaient de se désaccorder... et de l'alcool, j'en avais bu des litres et des litres pour me donner du courage ! Que j'en busse à satiété n'était pas pour me surprendre, moi qui prenais le bus tous les matins ! J'étais excité comme une puce, quoique j'en pusse ! En l'honneur de monsieur Orsenna, je n'avais point de repos que je n'eusse fait se télescoper auxiliaires et verbes aromatiques. J'eusse même souhaité qu'Érik Orsenna fût à mes côtés, au moment précis où j'écrivais ces mots, afin de pouvoir l'épater et lui en boucher un coin ! Bien sûr, j'eusse mal supporté qu'Érik me fît une remarque (il eût d'ailleurs été fatal pour sa raison que je me mette à le contredire !), mais si ce n'eût été la crainte de l'humilier, j'en aurais volontiers rajouté des kilos !

Ce lundi 15 avril, donc, Érik Orsenna, comme lui seul eût pu le faire. Puis il s'assit dans le studio. Je tressaillis comme si j'eusse été frappé au visage ! Quand Stéphane Bern, après un lancement dont je n'eusse jamais pu imaginer qu'il puisse atteindre un tel degré de professionnalisme, me céda la parole, j'hésitai à me lancer, comme si soudain, je n'eusse plus connu l'emploi du conditionnel, et je me mis à lire comme un illuminé ! J'articulais comme si j'eusse été à la Comédie-Française ! Au début, Érik orsenna, puis il écouta : l'audition d'un paragraphe l'empoignait assez pour qu'il eût envie d'en connaître les lignes suivantes. De longs conditionnels passés s'envolaient dans le studio 106 et rayaient l'azur, et l'on eût dit des comètes combattantes ! Peu s'en fallut qu'il n'y eût au milieu de la chronique applaudissements du public et standing ovation... pourtant Érik Orsenna restait de marbre ! On eût dit que l'indifférence lui sortait par tous les pores du visage. Les cinq minutes de liberté conditionnelle que je m'étais accordées touchaient à leur fin sans que les commissures de ses lèvres, mais peut-être étaient-ce des inspectures, n'eussent amorcé le moindre mouvement qui eût pu indiquer l'ombre d'un quelconque intérêt. J'achevai ma brillante chronique au bout de laquelle il me semblait que j'eusse atteint la perfection. Je me contemplai moi-même comme si j'eusse été sous la Coupole !

Aussitôt qu'il eût compris que la chronique était terminée, Érik Orsenna, dont manifestement le taux de sériosité était au maximum, fit mine de chercher un stylo dans sa poche et mes collègues autour de la table plongèrent dans leurs dossiers dans un mouvement chorégraphique digne du final du *Lac des cygnes* de Tchaïkovsky dans l'interprétation du Bolchoï de mai 1967 au théâtre Maxime Gorki de Moscou. Érik, alors qu'il eût pu me prendre dans ses bras, arbora un sourire glacé. Bien que j'eusse voué ma chronique au triomphe du conditionnel, je serais mort si le public du studio 106 ne m'eût noyé sous les éloges et les congratulations ! Mais face à Érik, je me sentais comme le sujet que son roi vient d'émasculer : un sujet... sans attributs ! Je me rendis piteusement dans les sous-sols de la Coupole, la seule Coupole à laquelle j'avais droit, celle des alcooliques et des latinos, noyer mon chagrin dans un grand verre de salsa. Stéphane Bern m'appela sur mon portable et me laissa ce message attendrissant : « Vous fûtes brillant, mais vous chûtes non moins brillamment... vous le fîtes avec grâce, puisque vous chûtes... en silence ! »

RÉHABILITONS-NOUS LES UNS LES AUTRES

à Anne Parillaud

Nom : Parillaud
Prénom : Anne
Sexe : féminin
Âge : il y a un pâté...
Taille : a refusé de passer sous la toise.
Poids : a refusé de monter sur la balance.
Signe particulier : Passe son temps devant les caméras de surveillance. On a des bobines entières sur vous ! Vous n'avez jamais la même tête...

Ainsi donc, Anne Parillaud, vous êtes venue au *Fou du Roi* sans avocat, sans garde du corps... mais vous ne savez donc pas où vous êtes ? C'est pire que la garde à vue, ici ! J'ose espérer que vous sortirez libre du studio 106. Mon collègue Stéphane Bern adore provoquer les aveux « spontanés ». Avec son art consommé du lancement de disque, ça ne m'étonnerait pas que vous en receviez un en pleine tête, l'air de rien ! On dira que c'est un accident, mais tout est prémédité, ici ! On aime bien les esprits torturés, si vous voyez ce que je veux dire ! Les sbires qui sont autour de cette table, c'est leur boulot de mettre l'invité à la question. Ils ne sont pas très clairs. Gangsters ou journalistes ? Méfions-nous des bouffons ! C'est bien connu, Stéphane berne son monde. Patrice Carmouze, vous ne trouvez pas qu'il fait un peu barbouze, flouze, et perlouzes ? Et Michael Sadler, gentleman farmer, tireur de poireaux par les cheveux, qui sait s'il n'est pas aussi cambrioleur, receleur ou dealer ? Éric Neuhoff, le gentleman écrivain, c'est un espion venu du froid, Popov, Kouglov et Kalachnikof. Quant à Didier Porte, regardez-le, la roublardise se lit sur son visage, qui sait s'il n'a pas l'intention de voter pour Alain Madelin ou François Bayrou ? Il est inspecteur, Didier Porte. Un style bien à lui : Porte, la manière forte ! Je n'aimerai pas être à votre place !

Personnellement, j'ai mené ma petite enquête. J'ai fait une perquize au service de presse : néant, nada, ouallou, queudal, bernique, peau d'balle, tintin, macache, nib, zéro, que couic, du vent et peau de zobi ! De maigres indices fournis par des indics, des journalistes, donc pas fiables ! J'ai bien trouvé un mobile, mais il était débranché et je n'avais pas le code ! Peu de témoins, à part Anconina qui était là, à votre place, il y a quinze jours. Pas bavard ! Il n'a rien cafté sur vous ! J'ai bien relevé quelques cicatrices d'enfance mal refermées, un grain de beauté qui recouvre tout le corps et qui n'a échappé à personne. Bon, à ce niveau, on ne peut pas appeler ça un grain, c'est de la beauté tout court, et un grain de folie dans la tête. Quelques erreurs de jeunesse : *Fantasia* de Walt Disney à treize ans... dur, dur ! Comment voulez-vous démarrer dans l'existence avec *Fantasia* ! Et puis Alain Delon à vingt et un ans. Une sorte de *Fantasia le retour*, ça continuait très fort. J'ai récupéré une vieille bande datant de 90. Vous vous cachiez sous un nom d'emprunt : Nikita. Richard, envoie la bande !

Nikita, jolie fleur poulaga
Viens flinguer, viens saigner, dézinguer
Tes grands yeux langoureux ensorcellent,
Et ton 7,65 qui congèle
Nikita, joli poulet d'amour,
On voudrait te garder pour toujours.

J'avais même demandé un échantillon de votre ADN pour préparer mon interrogatoire. Radio-France, au top de la criminologie, m'a fourni vos empreintes génétiques (c'est Anconina qui les a apportées lors de son passage au *Fou du Roi*, il a fait un prélèvement buccal, pendant la scène du baiser final de *Gangsters*), mais vous savez ce que c'est, c'est comme pour un policier qui tombe sur de la drogue, il est difficile de résister : je me suis shooté à votre acide désoxyribonucléique. Vise l'ADN ! J'ai fait un trip Parillaud sans escale, non pas Paris-Rio, Parillaud... et j'ai tout oublié !

Vous avez déclaré aux enquêteurs : « Mes personnages sont très souvent peu sociables, peu aimables, voire condamnables. C'est ma mission d'actrice de les réhabiliter. Pour que les gens puissent les comprendre au lieu de les juger. » Alors, si j'ai bien compris, la justice et la police, ça sert à rien ! On prend un assassin, on appelle Anne Parillaud, et on le réhabilite ! Remarquez, vous n'avez peut-être pas tort. Qu'est-ce qu'on sait des gens ? Didier Schuller : vrai politicien ou faux-monnayeur ? Bernadette Chirac : vraie croyante ou fausse sceptique ? Milosevic : chef d'État ou criminel de guerre ? Le bœuf : vrai prion ou faux-filet ? Vraie bière ou faux col ? Faux frère ou vrai jumeau ? Même Dieu, Là-Haut : je me demande si c'est pas un pseudo, Dieu... allez savoir si Là-Haut c'est pas le paradis fiscal ou l'enfer du vice... Alors, est-ce que ça vaut vraiment la peine d'enfermer son voisin de palier ? Après tout, on est tous faits de milliards de cellules, ça fait de jolies prisons, non ? La vie, ça se résume à quoi ? On commence, enfant, en cabane, et on finit, vieux, aux oubliettes ! Entre les deux : galères, fourrière et travaux forcés.... le bagne, quoi ! Sans oublier qu'à la fin, c'est peine de mort pour tout le monde ! Et à peine exécutés, on est encore mis à l'ombre ! Au trou, les innocents ! La taule sous terre à perpète... Alors d'ici-là, faisons comme vous, Anne Parillaud : réhabilitons-nous les uns les autres ! On garde juste Richard Anconina... il finira bien par parler !

La tirade d'aîné

à Jean Piat

Cher Jean Piat,

le théâtre, comme pour Sacha Guitry, fait partie de votre vie. Vous avez le théâtre dans le sang et le rideau rouge dans les globules : Figaro parcourt vos artères de long en large, quand il arrive au cœur, il croise Cyrano qui, lui, a plus de veines ! Vos poumons respirent l'alexandrin, vos neurones se balancent des répliques, vous avez le cœur à cour et la rate à jardin, Capulet et Montaigu se livrent dans vos boyaux à leurs luttes intestines, et si l'on croit y entendre des gargouillements, ce ne sont probablement que des salves d'applaudissements ! Par obligation de rime, vous n'avez jamais eu le vers solitaire ! Grand adepte du jogging, pas de problème de souffle, vous avez un souffleur.

Théâtre en dedans, théâtre en dehors : j'imagine l'enfer que devaient vivre les proches de Guitry et celui que doivent vivre les vôtres ! Votre maison est amovible, car si l'homme descend du singe, son décor descend des cintres. Vous y rentrez par une porte réservée à votre seule personne et à quelques privilégiés, c'est l'entrée des artistes. Les autres doivent frapper les trois coups avant d'entrer, comme tout le monde ! Au centre de votre maison, une cheminée, dans laquelle vous ne mettez jamais de bûches : vous n'y brûlez que des planches, ou quelquefois la rampe de l'escalier (ah, les feux de la rampe !). Les trois quarts des portes sont fausses et donnent directement sur des murs de briques... et pan ! Dans le décor !

Il y a certains mots qu'on ne prononce pas chez vous : votre femme de ménage a écopé de quinze euros d'amende car elle a prononcé « corde à linge ». D'ailleurs, il ne pleut jamais des cordes chez vous, mais des hallebardes. Toutes les chambres sont pourvues de mezzanines, et vous proposez à vos invités, au choix, des fauteuils à l'orchestre ou sur le balcon. Vos petits-enfants, après un dernier câlin au lit, vous réclament un rappel, et dans votre salle de bain, il faut réserver trois semaines à l'avance pour avoir la baignoire ! Des poules sont installées au grenier, tout en haut, c'est normal, elles sont au poulailler...

Oui, je sais, cher Jean Piat, en près de soixante ans de carrière vous avez interprété tant d'auteurs de génie et d'hommes d'esprit, que cette chronique doit vous sembler bien plate ! Je vous sens fulminer, d'ici peu vous allez dégainer vos alexandrins et, tel Cyrano, me renvoyer à mes chères études avec une tirade d'aîné, oui vous êtes mon aîné, je vous entends déjà :

Ah ! non ! c'est un peu court, jeune homme !
On pouvait dire, ô Dieu, bien des choses en somme,
Par exemple, tenez, en variant le ton :
Agressif : « Moi, monsieur, si j'avais un tel nom
J'aurais été facteur de Piat-no au Piat-zza
Ou marchand de couleurs car les couleurs c'est Piat ! »
Lyrique : « C'est un phare ! Un génie ! Un Protée !
Mais que dis-je, un Protée, c'est un monstre sacré ! »
Curieux : « Qu'a joué cet obscur inconnu ?
Vous dites Jean Pi-at ? Je ne l'ai jamais vu ! »
Précis : « Il n'est pas né de la dernière pluie ! »
Communiste : « Aimez-vous à ce point ce Guitry
Que généreusement vous vous préoccupâtes
De réhabiliter ce pâle aristocrate ? »
Facile : « Il a toujours le Piat à l'étrier ! »
Truculent : « Ça, monsieur, lorsque vous déclamez,
Inutile de vous tirer les vers du nez
À coup de douze pieds comment vous nous mouchez ! »
Prévenant : « Gardez-vous, votre esprit entraîné
Par Lalann', de vous mettre à la queue de cheval ! »
Militair' : « Piat ! Alors ? Combien de générales ? »
Elégant : « Figaro ? Si vous le repreniez ?
Vous avez un physiqu' de vrai jeune premier ! »
Moqueur : « Partagez-vous, monsieur, vos droits d'auteur
Avec Guitry que vous citez cent fois par heure ? »

Mufle : « C'est entre sept et soixant'dix sept ans
qu'on peut lire Tintin, qu'allez-vous lir' maint'nant ? »
Perfide : « Vingt-cinq ans de Comédie-Française
Ça, pour nourrir les vers, il sera très à l'aise ! »
Informatif : « C'est dans le Limousin qu'il crèche ! »
Admiratif : « Futur octogénair', quell' pêche ! »
Délicat : « Il y a des quantités d'acteurs !
Hirsh, Charon, Duchaussoy, Jean Piat et des meilleurs ! »
Respectueux : « Souffrez, monsieur, qu'on vous salue,
Grâce à vous ce Guitry ne sera pas tondu ! »
Négligent : « Mais pourquoi, Jean, ne chantez-vous pas,
comme le fit jadis, votre sœur Édith Piat ? »
Pratique : « Touchez vous encor' des Assedic ?
Assurément, monsieur, ce serait incivique. »
Ferme et dédicatoire : « Il fait d'un Piat Decaux ! »
Enfin, citant Gérard Depardieu, ce cabot :
« Le voilà ce Jean Piat qui joua Cyrano
Bien avant que j'existe ! Il en a un culot !
Mais pour qui se prend-il, ce petit gars-là Piat...
Vivement qu'il rejoign' les Dieux de l'Olymp' Piat ! »

Voilà ce qu'à peu près, Roca, vous m'auriez dit,
Si vous aviez un peu du talent de Guitry.
Hélas, vous produisez ici sur France-Inter
De la littérature agroalimentaire !
Vous vous êtes quand même arrangé comme il faut
Pour pouvoir ici-même en ce noble studio
Me servir toutes ces basses ignominies,
Faisant croire au public que c'est moi qui les dit !
Alors permettez-moi, sans paraître rapiat,
De vous renvoyer l'ascenseur d'un coup de Piat :
Vous voudrez bien, monsieur, m'accorder, grand seigneur,
Cinquante-cinq pour cent de tous vos droits d'auteur.

À BON ENTRECHAT, BON PETIT RAT

à Marie-Claude Pietragalla

Chère Marie-Claude Pietragalla,

ainsi donc vous êtes la Pietra, pas celle de Michel-Ange, certes, mais la Pietra inégalable, la Pietra de la galaxie danse, la Pietra patronne du ballet national de Marseille. C'est un peu pompeux comme adresse, je vous aurais bien tutoyée : le tutu va si bien aux danseuses. Mais peut-on tutoyer une étoile ? Je n'ai, quant à moi, qu'une piètre armada de mots, des mots ni très musclés ni très disciplinés, des petits rats de mots, au ras des pâquerettes, qui ont, certes, répété toute la nuit, mais j'ai très peu d'autorité sur eux et ma chorégraphie risque d'en pâtir ! Il y a bien quelques figures, de style, quelques sauts, de ligne, quelques écarts, de langage, quelques pointes d'humour, bref, un ballet de phrases en collant au sujet, en espérant que ce ballet brosse un tableau pas trop noir de la danse et de la danseuse.

La danse, c'est une rude et longue école : on y entre par la petite porte, petit rat domestique, fait comme un rat... opéra, piège à rats ! La danse, c'est du travail : la tournée des barres, barre d'appui, barre de torsion, barre de distorsion, contraction, décontraction, barre à mine, travail de la mine. Le petit rat mammifère ronge son frein. La barre est placée très haut. Et parfois la barre est sur l'estomac. Pour avoir le permis de danser, il faut passer son code barre. La petite fille s'ennuie comme un rat mort. Certains petits rats quittent le navire. Elle s'accroche, cadence, brouillard dense, elle fait ses pointes, les pointes du rat... On dit parfois : à bon chat, bon rat. Ici, c'est à bon entrechat, bon petit rat ! Quand le chat n'est pas là, les souris dansent peut-être, mais les petits rats travaillent.

Pour devenir étoile, on vit sur une autre planète, astre ou désastre, étoile en formation. De l'or en barre... Le petit rat marche à la baguette, au bâton, bâtonnet dansant, coup de barre, gerbe d'étoile... Tient bon la barre, Pietra ! Un anagramme de Pietragalla donne : rat pagaille ! Attention, vous n'avez droit qu'à un seul écart : le grand écart ! Accusée, levez-vous ! À la barre ! Levez la jambe droite et dites : « Je le jure ! » Pas de chausson aux pommes, mais des chaussons à pointes, pas de barre de chocolat, mais la barre barbare de la salle de danse, et peut-être, parfois, une envie de dératiser l'opéra !

Vous dites qu'on vous a volé votre enfance. À neuf ans, les petites filles normales vont déjà au ciné, voir *La belle au bois dormant*, vous, vous allez au kiné et la belle au bois dormant, ce sera pour plus tard. La danse, c'est votre danseuse, point barre ! Et vous voilà développée, glissée, assemblée, arrachée, portée, pliée, relevée, épaulée, jetée, écartelée, étripée, écervelée, vidée. Et la Pietra pétrie et patraque, un peu pitre et pas triste, grimpe tous les échelons du corps de ballet. Vous grimpez... en danseuse ! Quadrille, joyeux drille, coryphée, votre corps s'y fait, brillant sujet, première danseuse... Monsieur Noureev vous a dans le nez et vous fait attendre... et vous voici enfin étoile ! À des années-lumière du petit rat de neuf ans. Vous avez acquis votre vitesse de pointe, vous avez la maîtrise de votre instrument.

La Pietragalla joue du corps : un instrument à hanches, à colonne, à clavicules, un clavier à bras, à jambes, à tête. Les joies de la danse sont à vous. Cygne particulier : le lac ! Tchaïkovsky et ses palmipèdes... Un peu casse-bonbons le *Lac des cygnes*, casse-noisettes, même ! Mais il faut danser. Vous ne pouvez plus arrêter, la danse est votre drogue, votre whisky s'appelle Balanchine, votre cocaïne, Caroline Carlson. Bien sûr, au sein du cercle très réservé des étoiles de l'Opéra de Paris, il y a des rivalités, une sorte de guéguerre des étoiles. C'est bien connu, il y a de grandes différences d'éclat entre les étoiles : des scientifiques ont calculé le rapport des éclats de deux étoiles par leur « différence de magnitude » : si m_1 désigne la magnitude de

Pietragalla et E_1 son éclat, et si m_2 désigne la magnitude de Sylvie Guillem et E_2 son éclat, en appliquant la loi de Pogson, on obtient : $m_1 - m_2 = - 2,5 \ln(E_1 / E_2)$, ce qui donne pour Pietragalla, une magnitude de 13,078 et un éclat de 1500 watts, sauf en cas de grève des éclairagistes de l'Opéra de Paris, bien sûr !

Mais la vie continue : la femme danse, pas de deux, pas de gymnastique, pas de course, pas de charge, chevilles en compote, thalasso, massages, ostéopathe, acupuncture. Il faut entretenir l'instrument, huiler les mécanismes, vérifier la peau, passer du vernis, surtout ne pas abîmer l'âme de la danseuse. Longtemps après l'école, même s'il n'est pas de bois, le corps « travaille » toujours... prévenir l'usure...

Chère Marie-Claude Pietragalla, en 73, vous entrez dans la danse, un quart de siècle après, vous entrez au musée Grévin. Attention, la Pietragalla ! On vous met dans la cire... Je me demande si certains n'aimeraient pas vous voir arrêter de danser dans tous les sens... dur métier, sous le parquet des grands opéras, les petits rats grouillent, ils commencent eux aussi à grimper, des étoiles meurent dans le ciel, d'autres naissent, c'est injuste... un justaucorps ! Allez, Marie-Claude, entrez dans la danse, voyez comme on danse, tournez, dansez, embrassez qui vous voulez...

LA NUIT, TOUS LES CHAGRINS SONT GRIS

à Marie-France Pisier

La vie est un combat joyeux.

Un combat joyeux ! Vous n'y allez pas de main morte ! Pourquoi pas une bagarre joviale, une mêlée enjouée, un carnage délicieux ou un massacre radieux ? Bon, d'accord : le combat, on l'a, on n'a pas le choix ! On n'a rien demandé, c'est un cadeau des dieux. Un cadeau empoisonné, certes, des étrennes nuisibles, un présent toxique (enfin, un présent, passé et futur ne valent pas mieux !), mais faut se battre, point barre ! Alors, je suis bien d'accord avec vous, autant le faire dans la joie, après tout ! Du coup, on alterne allègrement combat joyeux et paix cafardeuse, pugilat hilarant et entente calamiteuse, bagarre amusante et calme désolant, rage de dent et rage de vivre, cri de joie et cri de guerre, on s'offre des guirlandes de pleurs, on récolte des fleurs et des grincements de danses, des polkas qui couinent, des cancans qui crachotent, des bourrées qui crissent, des carmagnoles qui décollent la rétine et la tête qui va avec, des danses de Saint-Guy, des danses du scalp, des danses macabres !

Regardez Bush : il appelle à une guerre sans merci et il voudrait qu'on lui dise merci ! Georges « Debeuliou » Bush ! Debeuliou, comme War, Wargame, Western, Wagner et Walkyrie... Debeuliou comme Débiliou, Goebeuliou, Gwantanamou ou fil de fer barbeliou... Il faudra apprendre le combat joyeux à Debeuliou ! Une Bush pour déclarer la guerre, un Blair pour sentir le danger, allez, branle-bas de combat joyeux ! Parfois, on ne sait plus si c'est le bonheur qui est en souffrance ou le malheur qui fait bombance !

Bon, vous me direz, notre vie commence mal ! Notre premier cri : un vagissement. Oui, le nouveau-né vagit. Allez, vagis mon vieux, courage ! Heureusement, sa maman sourit et c'est parti ! Branle-bas de combat joyeux ! Seulement, voilà ! On a dû laisser le lait maternel bouillir sur le feu, la vie se met vite à sentir le souci : le chanceux s'ouvre la veine, l'impôt tombe sur le fortuné, le vernis craque, le jouissif sent le suif, il y a comme un grain, un chagrin. C'est souvent la nuit : la nuit, c'est bien connu, tous les chagrins sont gris ! Et il y a des chagrins qu'on traîne toutes ses nuits, sans remise de peine, même pas un petit sursis. On aimerait bien, par moments, mettre ses souvenirs sous scellés ou retirer sa plainte, vous pouvez toujours faire appel, personne ne répondra ! Condamné à une peine capitale, mais à perpétuité. Un arrêt de mort. C'est drôle : un arrêt de mort ! On devrait dire : un arrêt de vie.

Alors l'homme geint. Qu'est-ce que vous faites, ce week-end ? Je geins. On va geindre entre amis, voulez-vous vous geindre à nous ? Vous geindrez ? Mais, on geint pour rire. Il faut savoir rire entre les guignes. Allez, branle-bas de combat joyeux ! On passe par toutes les douleurs de l'arc-en-ciel et on se tord de couleur : l'obèse se bidonne, l'aliéné rit comme un fou, l'esclave s'esclaffe, le muet rit sous cape ou sous handicap, sa douleur est sourde, l'aveugle braille, le maréchal grommèle, l'amant se lamente, l'amoureux soupire (ils furent peureux et ils eurent beaucoup d'enfer), le chômeur rit à gorge d'employé, l'asphyxié rit à perdre haleine, l'alcoolique se tire-bouchonne et rit tout son soûl, le boxeur, la gueule en sang, rit à se décrocher la mâchoire, le cancéreux est de charmante tumeur, l'impotent est plié en deux, il rit comme un bossu, l'accidenté de la route s'éclate la rate, tout guilleret le futur guillotiné se fend la gueule, l'homme dans le caniveau rigole, le brûlé s'enflamme, l'évanoui s'épanouit, le cul-de-jatte se tape sur les cuisses, l'éventré se boyaute, le noyé glousse, l'irradié est rayonnant, l'otage est ravi, le cardiaque rit de bon cœur, même son électro-encéphalogramme se gondole, l'hépatique rit un peu jaune, mais faut pas compter sur lui pour se faire de la bile, l'électrocuté est lumineux, l'affamé se tient les côtes, le désespéré rit aux larmes, Pierrot est bien luné !

Et le temps, cyclothymique, passe un bon moment ! Alors, vite, on essaye de dérider le vieillard, on lui raconte une histoire drôle : c'est un pendu qui s'est raté, il a trop tiré sur la corde ! Bon. Il se repend mais, c'est trop tard, il n'y croit plus, c'était un cou pour rien, il redescend sur terre, avec juste une douleur dans le cou ou une couleur : un liseré rouge, un collier, pour qu'il se retrouve. Le vieillard s'étouffe de rire et rend son dernier sourire. On lui met des habits neufs, comme pour une fête. Un ultime pied de nez : quand on met ses derniers vêtements à un cadavre, on l'habille pour les vers. Ci-gît et ne gigote plus, l'homme qui riait plus vite que son ombre. Une fois Là-haut, au paradis des sans-soucis, il ne lui restera plus qu'une chose à faire : rire aux anges ! Allez, on ferme ! C'est l'heure de remiser les grelots et les marottes. Le roi passe, les bouffons demeurent. Demeurent de rire, bien sûr !

Vous fûtes manipulé dès le début

à Bernard Rapp

Nous sommes au mois d'avril 1944. Roosevelt, Churchill et Staline projettent de se retrouver pour se partager le monde, à la fin de la guerre. Ils trouvent un petit hôtel sympa sur la Côte de Crimée, à Yalta. L'hôtel est archicomble : pas une chambre de libre, alors vous pensez : trois ! Finalement, on dégotte une courte période de creux, pas avant l'année suivante, plus exactement la semaine du 4 au 11 février 45, les chambres vingt-six, vingt-sept et vingt-huit sont libres, sans baignoire, avec lavabo sur le palier, mais bon, à la guerre comme à la guerre ! Roosevelt, Churchill et Staline décident donc de prolonger la guerre une bonne année, en repoussant notamment le débarquement initialement prévu au 1er Mai, fête du travail. Comme ils ne tiennent pas à ce que De Gaulle vienne les rejoindre à Yalta et leur mette des bâtons dans les roues – de toute façon, il n'y a pas de quatrième chambre et aucun des trois n'a l'intention de partager son lit avec le grand escogriffe français, qui, paraît-il, transpire abondamment des pieds – ils décident d'un commun accord de faire diversion. Sur ordre de Staline, les services secrets russes mettent au point un plan diabolique : il s'agit ni plus ni moins de faire naître autour de la première semaine de février 45, en plein milieu de la Conférence de Yalta, un bébé qui sera désigné comme le quarante-cinq millionième Français, dont le parrain sera De Gaulle, ce qui obligera le général à être présent au baptême, loin de Yalta et des plages de Crimée. Le choix des services secrets soviétiques tombe sur monsieur et madame Rapp, jeune couple sans histoire résidant à Paris. Pourquoi le couple Rapp ? Tout simplement parce qu'une taupe du KGB réside alors à Paris avenue Rapp, à deux pas de la rue Cognacq Jay.

Monsieur et madame Rapp sont invités par des amis à une petite sauterie, on leur sert abondamment champagne et digestifs, cette nuit-là, c'était le 18 mai 1944, monsieur et madame Rapp conçoivent 1) que la guerre touche à sa fin 2) un petit bébé. Ils l'appelleront Bernard car ils ne peuvent l'appeler ni Franklin, ni Joseph, ni Winston pour ne pas attirer l'attention. Le 17 février 1945, avec une semaine de retard sur le plan prévu, naissait Bernard Rapp, soi-disant quarante-cinq millionième Français, De Gaulle avait eu le temps de se rendre à Yalta, le plan avait lamentablement échoué, mais le destin du petit Bernard était tracé : pour se venger, les services secrets britanniques, soviétiques et américains allaient se liguer pour pourrir la vie de cet enfant qui semblait n'en vouloir faire qu'à sa tête.

Dès lors, Bernard allait être manipulé par les trois plus grands services de renseignements de la planète. De Londres, l'Intelligence Service s'arrangea pour lui obtenir un poste de grand reporter correspondant en Grande-Bretagne, allant même jusqu'à modeler sa garde-robe et son allure pour en faire un *british* plus british que les british eux-mêmes – il souffrirait toute sa vie de cette image de gentleman anglomaniaque –, les anglais parvinrent même à lui suggérer pour l'une de ses émissions-phares le titre de *L'Assiette anglaise*, tout en lui laissant le maigre plaisir de penser que l'idée était de lui, la victoire était totale ! Il fut bombardé présentateur du journal télévisé de la deuxième chaîne grâce à l'intervention du KGB auprès de Jack Lang, histoire de le mettre en première ligne et de l'affubler définitivement de l'étiquette empoisonnée de *journaliste télé* qui lui collerait à la peau jusqu'à la fin de ses jours ! Une taupe du KGB infiltrée auprès de la rédaction du journal s'amusa même un jour à lui cacher sa cravate au dernier moment, et l'on vit apparaître à l'antenne Bernard Rapp sans cravate, c'était le 18 mai 1986, quarante-deux ans, jour pour jour, après l'amorce du plan de Yalta ! Bernard essaya bien de récupérer à son avantage le scandale de la cravate perdue, le maquillant en acte de rébellion contre l'establishment, las ! La manipulation écrasait tout sur son passage, Bernard se débattait, petit jouet d'une machination diabolique ! Les Sept d'Or s'accumulèrent, comme autant de petites aiguilles plantées sur la poupée Rapp par les manipulateurs.

La CIA quant à elle, orienta la carrière du petit Bernard vers le cinéma. Comme tout ce que fait la CIA, ce fut un travail de longue haleine, mais très efficace : durant cinquante années, on immergea Bernard dans un univers cinématographique comme dans un cocon. Capra en intraveineuse, Hitchcock en suppositoires. On lui fit écrire un gros dictionnaire du cinéma, pour le mettre en appétit. La CIA convainquit un de ses meilleurs agents, Terence Stamp, de collaborer au premier film du journaliste frenchie ! Se croyant maître de son destin Bernard Rapp tomba dans le piège. On le retrouve en Espagne, grâce à l'intervention de monsieur Aznar, grand ami de Georges Bush, pour *Pas si grave*, son dernier opus ! L'histoire de trois « faux frères » de la DASS, histoire que Bernard Rapp revendique comme son premier scénario entièrement original alors que ce n'est rien qu'un clin d'œil du FBI aux trois « faux frères » Franklin, Joseph et Winston s'ébattant dans les eaux boueuses de la mer Noire.

Cher Bernard Rapp, je suis vraiment désolé de vous avoir révélé le pot aux roses : vous êtes manipulé dès le début ! Si cela peut vous consoler, je ne suis moi-même qu'un pion, posé là sur votre route, ai-je vraiment écrit cette chronique ? Un conseil, avant qu'on ne me coupe le micro : méfiez-vous de Georges Bush et de Saddam Hussein, ils vont vous contacter, ne vous laissez pas faire !

ON THE RED AGAIN

à Axelle Red

Face A / Face B, face prodigue, face cachée, elle n'est pas single, elle est double face ou triple, Axelle. Elle a chanté Manhattan-Kaboul avec Renaud. Fan de foot, elle a chanté hooligan maboul avec Youssou N'dour. Elle a une voix d'enfer mais on la traite de Paradis, elle aime la lettre « l » comme dans Bruxelles, Brel, Bruel ou Axelle et Janelle (mais ça, c'est son Red-jardin secret !), elle s'appelle Red parce que Green c'était déjà pris par Maurice, Grey par Denise, White par Barry, Black par Decker et Yellow par submarine... et elle n'aime pas le bleu. Elle aime la soul, pas le rugby, la musique. Moi, je suis comme Stéphane Bern, je ne suis pas spécialiste en musique ; dans ma campagne toulousaine, je suis plutôt du genre musique péquenot, rock-ing-chair dans ma house, bien assis jazz au salon, ou sieste au fond de la grunge. C'est ma fille qui m'a mis au parfum : Axelle Red ? Elle est groove grave ! Pour ne pas chroniquer idiot, j'ai fait comme Stéphane, j'ai demandé à ma fille de me faire une fiche et j'ai mis tout ça à ma sauce. Alors voilà :

Dans la chanson, Axelle Red fait office de cavalier soul. Toujours sur la corde, Red s'est nourrie au bicarbonate de soul et au cornet de frites-mayonnaise. Elle est soûle de soul, soul-pop, soul aux yeux bleus, elle ne dessoûle jamais, chassez Tina Turner, elle revient au galop, véritable machine à soul, elle met son grain de soul partout, férue de black music, elle a beau se maquiller aux tubes d'Aretha Franklin, elle est définitivement rythm and blues blanche, tant pis, elle n'est pas noire, alors elle sera Red, elle *dance* avec le look, se prend un coup de fièvre du samedi soir et souffre d'une hernie disco ! Red aérienne, sa vie est reggae comme du papier à musique, quand elle était gosse, élevée au microsillon, elle lavait son linge soul en famille, sa mère lui roulait des gospels, (à l'époque, on ne touchait pas le RMI mais le R n'B et on se soûlait au J'n' Bee Gees, on vivait d'amour et de Sex Pistols). Pour monter au septième ciel, la petite Axelle prenait l'ascenseur Otis Redding. Bien sûr, elle mangeait beaucoup d'Abba, mais elle fréquentait les cracheurs de funk, la mickey-house et faisait de la dynamique de groove.

Axelle a aussi fait du théâtre, elle fut Red actrice, elle a fait du piano droit, des études de droit, elle a failli être avocate, ah, c'eût été grandiose, vous imaginez : « Jacques Vergès vient de se faire teindre en rouge pour imiter sa collègue Axelle Red, l'avocate chouchou de Bruxelles ! », elle aurait fumé les barreaux, porté la robe magistralement, levé la jambe à la barre ! Elle aurait été la star des souls d'audience ! Pendant dix ans, Axelle grimpe Red au sommet de l'affiche, et elle accède, Red, à la notoriété. Elle chante l'amour tout feu tout flamande. Après des millions de disques vendus et une petite fille, elle craque et prend deux années sympathiques. Et la revoilà, on the Red again, dans son bus, avec frein à disques d'or. Face A / Face B. Plus décuplée que jamais, puisqu'on a droit paraît-il à quarante Axelle Red, une par piste !

À quoi tient le destin ! J'ai une amie qui a voulu faire comme Axelle Red, se lancer dans la chanson. Elle s'appelait Henriette. Henriette Peulard. Elle s'est dit qu'elle ferait difficilement carrière avec ce nom-là, alors elle s'est fait appeler Adèle, et elle a pris comme nom de scène le nom d'un de ses chiens, Rex, Adèle Rex, c'était joli, comme idée ! Elle chantait pas Manhattan-Kaboul avec Renaud, mais Doberman-Pitbull dans sa Peugeot. Elle aussi, elle a fait la soûle, mais au bistrot. Elle aussi, c'était de famille. Sa mère avait plein de cassettes de Kiravi ou de Préfontaine à la maison. Elle a fait une agrégation d'œnologie, sur le tas, enfin... sur le zinc ! Elle a eu tout de suite du succès et beaucoup de goulot ! Elle a grimpé très vite au hic-parade de son village. Elle était toujours en tournée ! La tournée des bars. Par contre, elle n'a jamais pu faire de single : elle voyait double ! Au bout de dix ans, elle s'est mariée avec son producteur. Son producteur de vin. Et puis, un jour, elle a craqué. Elle a pris une année sabbatique : cure de désintoxication. Elle a repris les tournées, et à force de persévérance, elle a fini par passer à la radio, sur les conseils de son médecin. Pour l'occasion, il lui a offert un bouquet de six roses. Elle a quatre-vingt-deux ans. Elle s'est teint les cheveux en blanc. Elle vit toujours avec son producteur. Elle et lui, c'est fou ce qu'ils peuvent être à l'alcool !

Chère Axelle Red, vous êtes une bête de travail. vous dites : « Pour moi, l'amour est un travail à plein temps. » Quelle chance vous avez ! Vous ne connaissez pas l'amour précaire ! Depuis plus de dix ans, vous avez le même boulot, avec un contrat de mariage à durée indéterminée. L'amour vingt-quatre sur vingt-quatre ! Pas de RTA, de Réduction du Temps d'Amour, ni d'amour au noir ! Vous travaillez même la nuit ! Le matin au réveil, vous enfilez votre bleu d'amour et c'est parti ! Petit-déjeuner d'amour, déjeuner d'amour, dîner d'amour... les trois-huit à vous toute seule ! Amour à domicile, amour manuel, amour intellectuel, un véritable amour de fourmi. Même vos chansons sont des chansons de travail, enfin d'amour. Je vous souhaite de ne jamais prendre votre retraite ! D'être encore travailleuse-amoureuse à quatre-vingt-deux ans. Voire plus, si éternité !

LE GRAND BAZAR DE L'HÔTEL DE VIE

à Jean-Michel Ribes

Cher Jean-Michel Ribes,

ainsi donc, vous, l'éternel stagiaire de police, l'hirondelle réfractaire, le poulaga insoumis, soigneusement cantonné jusqu'à ces derniers temps aux services du gardiennage et de la voirie dans les chemins de traverses, les voies sans issue, les entrées de Palace, contre-allées du pouvoir ou allées de contre-pouvoirs, parkings privés de subsides, culs-de-sac ou impasses budgétaires, vous venez d'être affecté pour la première fois sur la voie publique, au Rond-Point des Champs-Élysées. Il y a plus de dix mille ronds-points sur les routes de France, il a fallu qu'on vous donne celui-ci ! Alors que l'adjudant Francis Huster, gardien de la paix à la rue depuis toujours, lorgnait dessus ! Le Rond-Point des Champs-Élysées. Dernier passage obligé avant la place de l'Étoile, certes, mais carrefour à l'ancienne, envahi par les mauvais verbes, les vers, les alexandrins, les mythes, les termites et les lourds velours de la tradition.

Le principe de base du rond-point, c'est qu'il faut au milieu une butte, un monticule, autour duquel tout le monde tourne, une sorte d'éminence centrale, exactement votre profil : Jean-Michel Ribes, la butte, le monticule, l'éminence. À peine arrivé, agent pathogène de la circulation des idées, vous balancez un coup de pied dans la four-Molière, un coup de masse dans la vieille quatre chevaux Renaud-Barrault garée sur le trottoir, vous refaites la chaussée, vous lancez quelques pavés dans la mare, véritable rouleau concepteur, funambulldozer, vous construisez en plein rond-point une librairie, un restaurant, un bar, un cybercafé, un cabaret, vous allez même nous flanquer des illuminations dans les jardins, pourquoi pas une gare de TGV ou un héliport ? Le résultat est immédiat : le tout Paris converge vers le rond-point, à pied, à cheval, en fauteuil roulant, en corbillard électrique, en ferry-bottin mondain, diligence, jet-set, charter ou tire-fesses, c'est la cohue, la ruée vers l'original, le rush sur l'extravagant, la bousculade permanente, bouchons aux caisses, embouteillages au bar, encombrement aux toilettes, « Nous partîmes cinq cents mais par un prompt renfort, nous nous vîmes trois mille en arrivant TOPOR », allons bon, TOPOR, qui c'est celui-là ? C'est un policier parti faire la circulation place des étoiles justement, vous lui élevez un panneau indicateur. Salle Topor ? Vous prenez le troisième pastis à gauche, après le deuxième auteur vivant, vous bifurquez par l'avenue professeur Rollin, le boulevard Édouard Baer, premier escalier à droite, troisième étage, c'est là !

« Shakespeare, Corneille, Beckett, à la morgue ! Y'a des théâtres pour faire ça. Ici c'est un rond-point, monsieur ! » Place aux nouveaux moyens de transports amoureux, on frise l'accident cérébral à chaque coin de salle, tout le monde s'envoie dans le décor, on traverse la scène sur des ponts de lumière, impossible de se garer, les gens se mettent en triple file d'attente, il y a des hôtesses, des ouvreuses, des causeuses, des centrifugeuses, c'est *le Rond-Point d'échanger les idées.*

– Non, madame, il n'y a pas d'ascenseur, vous n'êtes pas à la Samaritaine, ici !
– Non, madame, on ne trouve pas tout, vous ne trouverez pas de viande morte, touchez, madame, c'est de l'auteur du jour, c'est de la fraîche, du dernier cri... Allez, circulez, y'a tout à voir !
– Est-ce que les spectacles tournent, au moins ?
– Qu'est-ce que vous voulez qu'ils fassent d'autres, les spectacles dans un Rond-Point, ils tournent ! Circulez, on vous dit !
– Et il n'y a pas un responsable de toute cette pagaille ?
– Bien sûr, madame, c'est l'agent barbichu là-bas, avec son bâton de maréchal qui fait des grands gestes, il est en train de verbaliser.

Oui, forcément, Jean-Michel Ribes, il passe son temps à verbaliser. Il bonimente, il aiguille, il transpire, toujours le mot pour Ribes, Jean-Michel diatribe, Jean-Michel scribe, le garde s'empêtre dans ses casquettes, difficile de lui couper le sifflet...

– Mais il est habillé comme tout le monde !
– Ici le port de l'uniformité est interdit : le port-képi hérisse la direction !
– Il n'y aurait pas une légère priorité à gauche ?
– Vous savez, madame, c'est toujours un peu comme ça dans les ronds-points !

Il y a le vieil adjudant Caubère qui nous refait Mai 68, les auteurs font la queue au comité de lecture, les comédiens font le pied de grue au bureau des emplois, le public grouille, on peut amener son manger, son gamberger, son toucher, on piétine les pelouses, personne ne met son clignotant, il n'y a ni rétroviseurs, ni ceintures de sécurité, ni contrôle technique à l'entrée, bref, le Rond-Point des Champs-Élysées, de minuit à minuit, c'est le grand bazar de l'hôtel de vie, c'est la curée, c'est le bordel ! Alors, moi, je pose la question : « Que fait Sarkozy ? » Est-ce qu'on ne va pas remettre un peu d'ordre dans tout ça ? Profitez-en, Monsieur Ribes, ça ne va pas durer ! Je sens qu'on va vous muter rapidement, au carrefour de la départementale D 28 et de la D 330, à l'entrée de Sarreguemines dans les Ardennes, au rond-point Maurice Druon ! Bandes blanches, feux tricolores, stops, gants blancs, képis, contrôles d'alcoolémie, délits de sale gueule et contredanses ! Enfin une vraie programmation !

Le bouddhique et l'arrière-bouddhique

à Matthieu Ricard

Cher Matthieu Ricard,

vous et moi, nous sommes aux antipodes ! Vous êtes bouddhiste, je ne suis qu'un bout d'histrion. Vous avez côtoyé des ermites, moi, je suis du monde des termites, ceux qui rongent leur frein et se creusent le ciboulot. Vous avez le crâne lisse, je m'arrache les cheveux. Vous, vous méditez, moi, c'est Albin Michel qui m'édite. Vous menez une vie ascétique, moi, je ne suis pas dans mon ascète. Sutras, chakras et mantras sont votre nec plus ultra, moi, je viens d'emménager, alors c'est plutôt gravats, fatras, plâtras et la dernière Matra, au salon de l'Auto. À vous la sagesse, à moi, un vieux portable Sagem. Vous cherchez un sens à votre vie, je cherche une vie à mes sens. À vous, la viduité des choses, à moi, l'avidité. À vous, un avenir réincarné, à moi, peu d'avenir et un carnet de chèques. Bref, vous êtes dans le bouddhique et moi dans l'arrière-bouddhique.

Et pourtant, nous avons un point commun : nous avons à peu près le même nombre de cellules... environ cent milliards, autant dire que ça grouille à l'intérieur. Je dois même avoir un peu de cellulite en trop, je suis incapable de prendre la position du lotus, j'ai les articulations qui couinent, mais, à part ça, ça va, merci ! Comment se fait-il que nous ayons tous deux pris des chemins opposés ? Vous comme moi, nous passons notre temps à mettre un peu d'ordre, à donner un sens à nos cellules. J'ai personnellement adopté le sens des aiguilles d'une montre, ce qui explique sans doute que je tourne un peu en rond. Vous-même, dans un premier temps, vous avez tenté d'y voir clair en faisant de la biologie. Après une brillante thèse en génétique cellulaire, vous embarquez votre paquet de cellules, votre thèse et tout le tintouin au Tibet ! Vous étudiez la division cellulaire chez les moines tibétains et piqué par je ne sais quel mystique, vous abandonnez vos cellules pour y entrer... en cellule. Monastique. Vous passez de l'institut Pasteur aux pasteurs tibétains, de l'amas de cellules à une cellule de lama. Vous vous donnez deux objectifs : celui de votre appareil photo Nikon (et sa cellule incorporée, vous êtes décidément le roi de la cellule !) et la perfection.

Oui, vous courez après la perfection, rien que ça. Moi, c'est la perception qui court après moi : elle trouve que je suis un peu arriéré, alors elle m'en réclame, des arriérés. Vous faites table rase du passé, du présent et du futur, vous ne visez que le plus-que-parfait ! Des années et des années sur les talons d'un maître, d'un maître étalon et spirituel, et vous ne maîtrisez pas encore votre sujet. La perfection semble parfaitement inaccessible ! Et, pourtant, vous la prenez en photo ! Des photos. Lumineuses. Car si le Népalais n'est pas laid, si le Mandchou peut paraître prétentieux et le Mongol fier, le Tibétain, lui, est tout sauf un type éteint. N'en déplaise à la Chine qui tente désespérément de soigner une fracture du Tibet en lui mettant dessus un cataplasme de plomb (ah, les emplâtres !) et en mettant les Tibétains en cellules, dans des monastères de rééducation ! Vous, il y a longtemps que vous avez enfilé vos protège-Tibet ! Moine sans patrie, vous défendez le patrimoine tibétain. Vous êtes disciple et d'ailleurs, vous êtes le chevalier à l'altruiste figure ! Un sacré Bayard ! Un Don Quichotte armé de moulins à prières, contre les moulins rouges des cellules du PC chinois.

Cher Matthieu Ricard, bien que votre nom fleure bon le pastis et la Provence, vous me faites l'effet d'un Himalaya ! Mais, comme dit le proverbe : « Qu'importent les flocons, pourvu qu'on ait l'Éverest » ! J'ai donc, pour cette chronique, préparé mon petit bagage intellectuel, rempli mon sac à dos de verbes de bison, chaussé mes certitudes à crampons, accroché à ma ceinture ma gourde à belles lettres, enfilé mon anorak, je ne crains ni l'humilité, ni le vent du boulet, et je me suis dit : « il va falloir prendre un peu d'altitude ». Faut-il prendre un guide qui, en fin de compte, ne sherpa à grand-chose ? Oui, je sais, j'en fais une montagne, mais c'est quand même une rencontre au sommet ! D'ailleurs, ça tombe bien, j'avais une avalanche de questions à vous poser. Mettre le pied à l'étrier, s'assurer, se mettre en cordée, un œil sur les coulées de mots, un autre sur les éboulis de sens, attention aux remarques qui tombent à pic, ne pas glisser au fond d'un présupposé, éviter les questions abruptes, garder son aplomb, déjouer les manèges éternels, donner du relief au style, vive l'escalade verbale ! Peut-être qu'alors, la montagne défera ses lacets, ouvrira son col et viendra marcher pieds nus à mes côtés et si, la plupart du temps, la montagne accouche d'une souris, je ne souhaite qu'une chose, c'est qu'aujourd'hui, l'Himalaya accouche d'un sourire...

Claude, j'ai un faible pour votre femme

à Claude Rich

Cher Claude Rich,

mon petit, je ne voudrais pas paraître vieux jeu, ni encore moins grossier, le chroniqueur parfois rude reste toujours courtois, mais la vérité m'oblige à vous le dire : j'ai un faible pour votre femme. Je préfère vous le dire tout de suite, plutôt que dans quarante et un ans. Rassurez-vous, je n'ai pas l'intention de vous inviter à une partie de chasse, mais j'ai vu Catherine Rich, il y a presque deux ans, dans la pièce de Yasmina Reza, *L'Homme du hasard*, elle y était remarquable, et, franchement, à côté d'elle, Philippe Noiret, malgré sa colossale prestance, était transparent. Alors, si vous pouviez avoir la gentillesse de lui transmettre toute mon admiration, je vous en serai très reconnaissant. Bon, ça, c'est fait. C'est peut-être un peu maladroit, je reprends.

Cher Claude Rich,

mon petit, je ne voudrais pas paraître vieux jeu, ni encore moins grossier, le chroniqueur parfois rude reste toujours courtois, mais la vérité m'oblige à vous le dire : j'ai un faible pour vous. Je suis allé voir *Les Braises* avec un peu d'appréhension. Que vous le vouliez ou non, nous gardons tous en tête l'image du Claude Rich virevoltant de nos jeunes années, le freluquet monté sur piles, l'Antoine des *Tontons flingueurs* qui donna à Lino Ventura l'occasion d'interpréter ce grand moment de poésie concocté par

Audiard : « Patricia, mon petit, je ne voudrais pas te paraître vieux jeu, ni encore moins grossier, l'homme de la pampa parfois rude reste toujours courtois, mais la vérité m'oblige à te le dire : ton Antoine commence à me les briser menu ! » Eh bien, vous m'avez rassuré : quarante et un ans après, sur le plateau tournant du théâtre de l'Atelier, l'Antoine est toujours là, pétant la santé, amoureux fou et passionné, ne lâchant pas sa proie. À vous voir pendant deux heures harceler ce pauvre Bernard Verley, homme de la pampa toujours courtois, la vérité oblige à le dire, vous les lui brisez menu, menu ! Bon, ça, c'est fait, je me demande si ça n'est pas aussi un peu maladroit... je reprends !

Cher Claude Rich,

mon petit, je ne voudrais pas paraître vieux jeu, ni encore moins grossier, le chroniqueur parfois rude reste toujours courtois, mais la vérité m'oblige à vous le dire : votre femme a épousé un bon à rien ! Désolé, ce n'est pas moi qui le dit, c'est vous-même, je cite : « Ni cordon-bleu, ni jardinier, ni bricoleur, je ne sais rien faire en particulier. » Et vous ajoutez : « La seule recette que je connaisse : ne rien faire pour être heureux. » Enfin, vous concluez : « La seule chose que j'ai vraiment apprise dans la vie, c'est que moins on en dit, plus on est respecté. » Résumons : vous ne savez rien faire, ni cuisine, ni jardinage, ni bricolage, vous ne faites rien, et en plus vous parlez le moins possible... Je n'en crois pas un mot !

J'ai lu dans votre dossier de presse que vous étiez un monomaniaque de la vieille pierre : vous avez quasiment fabriqué votre maison vous-même, pièce par pièce, en partant de quatre murs plantés dans un champ de navets, achetés il y a quarante et un ans, piquant à droite et à gauche dans les maisons en démolition, des tomettes par-ci, des tuiles par-là, bouts d'escaliers, pans de murs, vous avez scié des morceaux de balustrades dans des ruines, déniché dans des chantiers abandonnés des vieux parquets, des poutres, des boiseries, dégotté de vieux éviers dans le lit d'une rivière, vous êtes un pilleur de grand chemin et un récupérateur de bouts de décor. D'ailleurs, je vous soupçonne d'avoir fait la même chose dans votre carrière. Le petit gamin en démolition qu'on a tous dans un coin de soi, le chantier en ruine qu'on a laissé s'endormir dans son passé, le terrain vague de notre enfance, le petit Claude Rich d'à peine dix, douze ans, vous lui avez tout piqué ! Ses pommettes, ses tuiles, ses morceaux de rêves, ses gravats d'angoisses, des pans entiers de fantaisie, ses murs de peurs, quelle razzia ! Faut pas s'étonner que Claude Rich soit toujours, quarante et un ans après, un éternel jeune homme ! Les mêmes yeux bleus, les mêmes mains tendues comme des arbalètes, des mains de gosse, le même filet de voix. Votre charme, parlons-en ! Vous l'avez chouravé en loucedé à un gamin de dix ans, un gamin anonyme des banlieues, des autobus et des salles d'attente ! Les mêmes gestes, les sons, les musiques, les odeurs, extorqués à la force du poignet à un poulbot du boul'Mich qui rêvait sa vie.

Ça doit être ça, comédien : fouiller dans les chantiers, ressortir des vieux morceaux d'émotions, des débris de miroirs, des bruits d'aiguilles à tricoter enfouis dans la mémoire. De la restauration de sentiments anciens ! De la réfection d'enfance oubliée, creuser la terre pour y chercher des braises encore chaudes ! Cher Claude Rich, mon petit, je ne voudrais pas paraître vieux jeu, mais vous faites un beau métier !

Vive l'encreur !

à Jean-Marie Rouart

Hasard du calendrier, Dieu créa le même jour Napoléon et Jean-Marie Rouart.

Quelques temps auparavant, à la suite d'une manifestation d'anges gardiens de prison qui avait dégénéré, il avait créé Nicolas Sarkozy, à l'image de Jean-Louis Debré, mais encore plus faux cul. Sarkozy, à peine sorti des mains du créateur, avait pété un câble : il avait manqué d'estropier saint Pierre au flash-ball, saisi du matériel de sonorisation appartenant à Adam qui avait organisé une Ève-party sans autorisation divine, embarqué Marie-Madeleine pour racolage sur la voie publique, rasé le jardin d'Éden sous prétexte qu'il y avait trouvé un plan de cannabis (c'était pourtant le seul moyen que Jésus, le fils de la maison, avait trouvé pour arriver à marcher sur l'eau), bref, le petit Nicolas se prenait pour le ministre de l'Intérieur du Paradis et Dieu n'était pas très fier ! Il avait bien essayé de créer dans la foulée Jean-Pierre Raffarin pour arrondir les angles, mais il le créa beaucoup trop pataud et mielleux et le bonhomme dégoulinait de bons sentiments, à tel point que le Paradis fut inondé de propos douceâtres, de manières onctueuses, de sourires patelins, le paradis d'en-bas prit les couleurs d'une jolie maison bleue adossée à la colline, l'ennui pointait...

Ce matin-là, donc, Dieu décida de frapper fort. Il fallait mettre les bouchées doubles : il créerait Napoléon pour l'exemple et Jean-Marie Rouart pour le contre-exemple. Pour Napoléon, il s'empressa d'ouvrir le casier « réussite » et il y piocha abondamment : victoires, certitudes, action, pouvoir, volonté... bref, succès généralissime. Pour Jean-Marie Rouart, il se rabattit sur le casier « échec » et en extirpa : défaites, doutes, marasme, dénuement et apathie... bref, ratage généralisé. À Napoléon, Austerlitz, à Rouart, un Trafalgar éditorial : son premier livre serait refusé treize fois ! À Napoléon : l'obstination, à Rouart : les capitulations. À Napoléon : sa campagne d'Italie, à Rouart : Stella, sa compagne d'Italie. À Napoléon : la fille de l'empereur d'Autriche, à Rouart : une nièce de Giscard. À Napoléon : les médailles, à Rouart : le revers de la merdaille. À Napoléon : le roi, la reine, les cavaliers, les tours et les fous du roi, à Jean-Marie Rouart : les simples pions et une devise « Échec au Rouart ! » Les fées penchées sur le berceau du petit Jean-Marie tourbillonneraient comme une armée de moustiques armés jusqu'aux dents : tartines de déconfiture, impôt sur l'infortune, fiascos amoureux, accusés de déception, fausses couches littéraires, écroulements sociaux, flops personnels. Pour corser la chose, si j'ose dire, Dieu imposa à Napoléon quelques faiblesses retentissantes, il serait notamment un cocu impérial et mourrait dans son lit, un tout petit lit de camp étroit. Pour faire bonne mesure, il fallait accorder à Jean-Marie Rouart une victoire, une seule victoire, mais de taille : c'est promis, après cinq échecs au bac et quatre échecs à l'Académie, Jean-Marie Rouart serait immortel. Dieu décida que Napoléon et Rouart vivraient sur terre à deux cents ans d'intervalle, afin que Jean-Marie, l'anti-Napoléon, puisse, par comparaison, s'autoproclamer empereur de l'Extrême Nullité. À trente ans, Napoléon arriverait au pouvoir, à trente ans Jean-Marie Rouart vivrait son 18 Brumaire : un premier livre édité ! À partir de là, Napoléon et Jean-Marie prendraient leur destin en main et vogue la galère...

Si j'en crois les historiens et les dossiers de presse, le plan de Dieu s'accomplit parfaitement ! Napoléon n'ayant pas de Sarkozy pour lui mettre des matraques dans les roues, vola de victoire en victoire, empruntant l'itinéraire classique : avenue de la Grande Armée, avenue Friedland, avenue de Wagram, rue de Rivoli, pont d'Iéna, il s'arrêta gare d'Austerlitz pour déguster un veau Marengo, hélas, comme Dieu l'avait prévu, l'Angleterre lui fut fatale, il tomba du train à Waterloo Station et finit dans les embouteillages à Invalides. Jean-Marie Rouart, entre le désespoir et le naufrage, mi-Rouart aux alouettes, fonds de ti-Rouart, mou-Rouart au suicide, bref, un grand désa-Rouart, parvint pourtant à surnager. Si Napoléon chevaucha un beau cheval blanc, son fidèle destrier, Jean-Marie Rouart dut se contenter d'une vieille Olivetti rouge, sa fidèle destroyée ! Machine à écrire, l'Olivetti sauva Jean-Marie : elle fut sa machine à sortir du marasme, machine à taper dans le mur, à botter en touches, elle fut sa pelleteuse à vocables, sa pompe à mots, sa débroussailleuse d'idées noires. Il se mit à la page, embarqua en écriture, défiant les polices de caractère, il prit les lettres à bras le corps, on le vit pêcher à la ligne, au paragraphe, batifoler dans les cursives, avoir enfin voix aux chapitres, il parvint à se faire entendre, à coups de points d'exclamation, de tirets, d'accents aigus et d'apostrophes, il finit par interpréter en virtuose le grand Concerto d'Olivetti pour clavier Azerty et ruban encreur, une musique frappadingue !

Jean-Marie Rouart, enfin heureux, une rame de papier dans chaque main, filait trente-six nœuds dans l'océan des rentrées littéraires ! À force de tirer la galette des Rouart, Jean-Marie avait enfin gagné la fève !

De la suite pour piano dans les idées

à Ève Ruggieri

Chère Ève Ruggieri,

vous êtes née d'un père contrebasse et d'une mère violon. Autant dire, condamnée à la corde de naissance. Dès le biberon, vous croulez sous les bonnes notes, celles de votre père, graves, celles de votre mère, beaucoup plus légères ! Du haut de gamme, vous avalez tout, vous sniffez de la blanche, vous ne travaillez pas au noir, mais à la noire, vous gobez de la ronde, tout ce qui passe à votre portée ! Et rien que du sur-mesure : chez les Ruggieri, le tempo règne en métronome ! Moitié violon sel, moitié violon poivre, à l'âge où l'on se met à marcher, allez-vous vous mettre à l'archet ? Il faut dire que toute petite, on vous opéra ! Oui, une greffe cardiaque : la musique au cœur ! Au cours d'une opération à cœur ouvert, en deux temps, trois mouvements, on vous rajoute une veine, la veine musicale (entre la veine cave, celle où passent les bons vins, et la veine tout court, celle de la chance et de la bonne fortune), on vous greffe même au cœur une oreillette supplémentaire, pour les émissions de télé à venir, le chirurgien, distrait, oublie ses clés, avant de vous recoudre. Il part, comme on dit, en mettant les clés sous l'aorte, une clé de sol, une clé de fa... votre destin est scellé !

Depuis, votre cœur bat la mesure, vous respirez la musique, votre pouls suit ses pulsations, elle est chez vous devenue viscérale, vous l'avez bien accrochée au ventricule. D'habitude, on noie les portées à la naissance, vous, on vous a noyé les portées musicales dans le sang. On vous gratifie du prénom d'Ève,

Dave, c'est déjà de la musique. Votre vie est musique ! Le jour, vous suivez les cours à l'école des Mozart, le soir, en nocturne, vous partez en ballade avec Chopin. Quand vous passez le ballet, c'est avec Nijinski, et si vous adorez les fugues, ça ne vous empêche pas de passer votre Bach avec mention Jean-Sébastien, en plus vous aimez lyre, c'est sans doute pourquoi vous vous endormez si tard. La musique au cœur, d'accord, mais à une heure avancée de la nuit, tout de même ! Vous avez de la suite pour piano dans les idées et, très vite, le piano vous fait de l'œil, si j'ose dire. Il faut dire que vous avez la touche avec lui, quatre-vingt-dix touches même, et bien que le gentil petit piano se tienne bien droit les premiers temps, il se met à jouir, au fil des années, d'une formidable érection et vous le voyez s'allonger démesurément : quart de queue, demi-queue, puis queue. Il vous raconte des fa dièses à n'en plus finir, essaye de vous prendre dans ses ré, vous embobine avec des si, et rêve de détournement de do mineur... Comment s'intéresser, après ça, aux jeunes soupirants de l'orchestre avec leur flageolet, leur mirliton, leur pipeau, leurs grelots ou leurs castagnettes...

Vous attrapez toutes les mélodies qui passent : mélodies bénignes ou incurables, mélodies aiguës ou graves et même des mélodies honteuses, sensuellement transmissibles : des mélodies wagnériennes ! Vous vous branchez sur tout ce qui bouge, rap ou rhapsodie, lac des cygnes ou hip-hop, vous grimpez allègrement aux keushels, on dit que vous êtes une véritable mélowoman ! La Jeanne d'Arc de Do ré mi, avec une armure à la clé...Vous entendez toutes sortes de voix : celles des divas, les Pavarotti, les Raimondi, Ruggero Ruggieri, les Placido Domingo, les Jessie Norman (un jour, pour la belle voix de Jessie Norman, vous avez fait repeindre sa loge en jaune ! Il faut toujours satisfaire aux caprices des divas, sinon ce ne sont plus des divas !) et vous n'oubliez pas de faire sonner votre propre voix.

Vous êtes à l'écoute de "Musiques au cœur", il est trois heures trente du matin, nous vous proposons d'écouter maintenant le concerto pour topo et panégyrique en argutie majeure d'Ève Ruggieri, premier mouvement largo con avion-cargo, survol des grands airs, la Tosca, Toscanini, Paganini, nini peau d'chien, Taratata de Nagui et la traviata de Verdi, ceux qui courent après le génie et ceux qui le trouvèrent, deuxième mouvement andantino Rossi toccata toquée con espressione, rigolos et rigoletto, OPA sur l'opéra, le bourbier de Séville, Sarkozy fan tutte et la flûte en chantier, dernier mouvement prestissimo con moto enduro, avec montées chromatiques et descentes en rapide, les tatanes à Hauser, les noces du Figaro magazine, Jospin le chevalier à la rose, musique tout terrain, mesure en 4 x 4 et moteur à deux temps, con spirito sancto carmen !

Chère Ève Ruggieri, pour faire des mots, pas toujours percutants, il faut vingt-cinq lettres ; en musique, on n'a besoin que de sept notes. Alors la musique bat le blablabla un à zéro : je me tais. Je ne me fais pas de souci pour vous, vous irez toujours jouer du hautbois, les lauriers ne sont pas coupés ! Et puis, au moins, avec la musique au cœur, vous ne risquez pas l'infarctus !

Le gratin mondain

à Laurent Ruquier

***à propos de* La Presse est unanime**
une pièce de Laurent Ruquier

Dans ***La Nouvelle revue de Psychanalyse*** :
Tous les comédiens ont un jeu si-Miller, sauf Mergault qui est nettement au-dessus du loft !

Le journal ***La Croix*** :
Je vous salue Mergault
pleine de grâce
le spectateur est avec vous,
vous êtes Benny Hill en beaucoup plus femme
et j'ai vu le fruit de vot' travail émérite !

Corpus, revue de philosophie :
Cogito Mergault sum !

Le Bulletin de la Maison du poulet de Bresse :
Laurent Ruquier a pondu un très joli spectacle : « La Bresse est unanime » avec une Isabelle grimpée sur ses Mergault !

Cuisine et Gastronomie :
Mergault, Mère Millau trois fourchettes !

Télérama :
C'est du boulevard bavard, du Bouvard babillard mais Mergault n'ergote pas, voilà une Isabelle qui n'est ni à genoux ni Adjani !

Le Calamar enchaîné, magazine des poissons et crustacés :
Mergault met le turbot, sans filet, elle a le thon juste, l'énergie haddock, mérou, mérou va-t-elle chercher tout ça ?

Vessie-Paris (article repris dans ***Flatulence-Dimanche***) :
Le sang de la vérité éclabousse la bande à Ruquier : Alonso et Miller s'étripent, Mergault et Sarraute se haïssent, Steevy pacem parabellum, et Mezrahi couche avec Mergault, la salle salive, le public décharge, c'est le sutprefaction !

La revue homosexuelle ***Têtu*** :
Steevy, wonderful !

Le Journal trimestriel de l'Association des aveugles et non-voyants :
Pour des raisons techniques nous n'avons pas vu le spectacle, mais nous étions là et nous nous associons à la critique de ***Têtu*** *: Steevy Wonder - Full !*

Le Quotidien du médecin :
Une bande de malades sévit actuellement au pavillon des Variétés, de l'hôpital Saint-Anne : Miller est atrabilaire, Mezrahi lymphatique, Steevy hystérique, Claude Sarraute fantomatique, Alonso anorexique ! Quant à Isabelle Mergault, elle pète la santé, malgré un léger handicap de prononciation qui lui donne un petit côté Albert Meslay à surveiller !

France 2 :
Après la bande à Ruquier, la pièce pourrait être reprise par la bande à Drucker : Bénichou ferait un Mezrahi plus vrai que nature, Masure un Steevy aux petits oignons et Drucker un Miller très présentable ! Et pourquoi pas Arlette Chabot pour le rôle de Claude Sarraute...

Culture pub :
Vu à la Steevy !

France-Musique :
Une œuvre baroque de Laurent Ruquier, concerto pour six voix et un placard, Alonso furioso, Mezrahi con pizzicatti, Miller

figaro-ci figaro-là, Sarraute fox-trot, Steevy extraverdi, okapi i tortellini et Mergault allegro vivace con fuoco con moto con multo apero y larmoso cataclysmo !

L'Événement du Jedi :
C'est la guerre des stars ! Claude Sarraute supermaminova contre Miller alpha du Centaure, Mezrahi gros bêta du centaure, la Vénus d'Alonso, Steevy Bételgeuse et la Galaxie Mergault, ses deux lunes en body, ses deux voix lactées et son univers en expansion.

La revue ***Chorus*** (chanson française) :
Quand Mergault dégrafait son corsage
Pour donner la goutte à Mezrahi
Tout Paris sur cinq ou six étages
Était là la la la la
Était là la la la la...

The Washington Post :
révèle aux Américains le pitch du spectacle : Isabelle Mergault, la Pamela Anderson française, vit maritalement avec Gérard Miller, un extrémiste taliban, et son homme de main irakien Mezrahi. Grâce à l'intervention d'un martien androgyne Steevie, tout rentre dans l'ordre. Et Claude Tina Sarraute Turner peut faire péter le champagne ! La pièce se termine en happy end par un baiser sur debeuliou Bush !

Europe n°1 :
Une pièce écrite au cordeau, une mise en scène percutante, des acteurs époustouflants. C'est le spectacle de la rentrée.

France-Inter :
« La Presse est unanime » est une pièce d'un auteur contemporain, collaborateur spécialisé sur une radio concurrente, interprétée par des collaborateurs spécialisés de cette même radio concurrente. La salle est pleine d'auditeurs de la radio susmentionnée, elle est donc un succès, mais ce succès n'augure en rien des sondages médiamétriques du 15 novembre prochain.

***www.gotha.fr* le site officiel de Stéphane Bern**

Monsieur le prince consort Laurent de Ruquier, auquel j'ai eu l'insigne honneur de succéder après la régence de la marquise de Boccolini du Maillon Faible, gentiment mise sur la touche par monsieur le marquis de Hees, grand chambellan au service de Sa Seigneurie Jean-Marie C., vient de commettre un très joli spectacle mettant en scène quelques personnalités royales du gratin mondain. En tête de distribution, la princesse Isabeau de Merguelle, jouant le rôle d'une petite effrontée aux prises avec le Révérend critique Pierre-Louis de Saintaignan, PLS pour les intimes (probable allusion à un autre PLS, Paul-Loup Sulitzer, grand consommateur de nègres littéraires), le rôle du nègre étant tenu par un jeune bouffon bouffonnant Raphaël de Mezrahi. Notons aussi la présence sur le plateau de la Vicomtesse Claude de Sarraute de douairière les fagots, de la levrette de garde Isabeau d'Alonzelle et du jeune damoiseau Steevy de Boulaye, récent rescapé des geôles du roi Arthur d'Endemol.

Sous le pavé, la page

à Robert Sabatier

Cher Robert Sabatier,

un journaliste du Figaro disait en 97 : Robert Sabatier est un convivial qui se livre peu : convivial, je veux bien, mais *qui se livre peu*... j'ai des doutes ! Si j'en juge par votre abondante bibliographie et votre amour des livres...

Du jour où le Grand Bibliothécaire Universel vous a posé au rayon des nouveautés, bizarrement coincé entre *Les Fleurs du Mal* et *Le Rouge et le Noir*, il semble que vous ayez conjugué deux verbes par tous les temps et par tous les modes : lire, lire comme un bossu, lire aux éclats, lire sous cape, et écrire. Vous mangez du livre et vous en produisez. Avec votre prénom de dictionnaire, vous êtes à moitié livre toute la journée ! Qu'on se le dise, Robert Sabatier a trempé ses plumes, ses ailes et son corps tout habillé de mots dans l'encrier. Une planche d'imprimerie, deux rames de papier, avec un peu de caractères, levez l'encre et vogue la galère ! Robert Sabatier est un doux de la feuille, un amoureux des grands tomes, des lignes et des volumes, élevé au lait cahier à spirales, il se livre, se recueil, se fascicule, se grimoire, s'ouvrage ou s'exemplaire. Il a une façon bien à lui de répondre aux grandes questions de ce monde : il donne sa langue aux cha-pitres. Artisan-lecteur-livreur, avec ses pinces à épiloguer, ses épingles à notice, ses aiguilles à fricoter, il brosse des portraits, conte des histoires, débite du souvenir, trace des traits de caractère, il est peintre en boniments. Chaque matin, il va aux feuillets, on peut le surprendre en flagrant délit de tas-d'pages diurnes, il tourne comme un ours en page, il travaille vingt-quatre œuvres sur vingt-quatre, et pour ce qui est de croire en Dieu, il croit au verbe et en son fils manuscrit !

Robert Sabatier est un nomade qui voyage dans les livres. Il habite dans les pages : il trouve une page d'accueil, pas forcément glorieuse, souvent cornée, comme cette année 1940, où Paris vaque à son Occupation, il s'installe au recto, sous un nom d'emprunt, Olivier, il choisit la couleur, page blanche, page jaune, page rose, il décore avec ses mots qu'il trimballe dans ses valises, il accroche des images, des répliques, des réminiscences, un peu comme un ramoneur à l'envers, lui, il noircit le papier, il laisse des traces, des pattes de mouches en forme de lettres, en remontant dans le temps, dans la cheminée des souvenirs. Oh, il n'a pas besoin de beaucoup d'espace, et puis, il y a de la marge ! Quand il le veut, il change de page. Il paie la note en bas de page et choisit un nouveau numéro !

C'est bien simple, cet homme est monté sur piles de bouquins ! Le jour où il s'arrêtera d'écrire, c'est la mort assurée ! À tout hasard, il a écrit un dictionnaire de la mort : garçon, une bière à l'impression ! Certains affirment que Robert Sabatier a une véritable perversion textuelle : il serait bibliophile ! Fervent adepte du bouquinisme, on l'aurait vu traîner square Brassens, dans les marchés opuscules, fouiller dans les bennes à lecture, pour trouver brochure à son pied. On l'imagine, certains soirs, suivant une phrase alambiquée, au détour d'un sombre paragraphe, il rentre dans un beuglant de roman polar, se paie une bonne tranche de reliure, s'arsouille au papier raisin, il se perd dans les lignes du seigneur, roule sous la table des matières, beurré comme un p'tit lu en diagonale, Q.I. comme un coin de page, soûl comme un pilonné, rond comme une queue de L, gai comme une jaquette, complètement livre, il s'envoie valser dans les proses, passe de diatribe en décasyllabes, avale des vers et des vers, se pinte aux versets sucrés, se prend les pieds dans les strophes et finit par tomber dans les poèmes, épuisé comme un roman de Guy des gares un jour de grève à la SNCF.

Cher Robert Sabatier, continuez à ronronner, à nous balancer vos petits pavés, je ne vous dis pas « on vous écrira », mais « on vous lira » ! Car c'est bien connu, sous le pavé... la page !

Les peaux de vaches sont bien gardées

à André Santini

Cher André Santini,

ainsi donc vous nous faites pénétrer au cœur de l'arène, la reine des arts, la politique ! Par la petite porte, certes, celle du palais Bourbon, pas le whisky, non, le capétien, l'Assemblée nationale et ses bancs de poissons, ménagerie d'un cirque de gars vernis, caverne d'alligators ou carrousel du loup... la chambre des députés, haut lieu du régime parlementaire et des raffarines animales, serait-elle une basse-cour, une bauge, un clapier, une porcherie, une volière ou un chenil ? Ou un refuge de la SPA, la Société Protectrice des Animosités ? Le Sénat, lui, on le sait, est un cimetière des éléphants.

Et vous, André Santini ? Santini... ça ne serait pas un nom d'entraîneur ? Enfin, pour les animaux, il faudrait dire dompteur, dresseur de portraits. Vous ne seriez pas un peu cow-boy, vacher ou éleveur ? À la fois coach et mouche du coach ? Renard dans le poulailler, en costume cravache, voire même empailleur ? Vous dites à la fin de votre livre que vous ne prétendez pas à l'exhaustivité, vous faites bien ! Apparemment vous avez laissé pas mal d'animaux au bestiaire ! Permettez-moi d'apporter ma modeste contribution à votre carnaval... qui fait un peu carnaval d'en haut, excusez-moi !

Vous parlez par exemple du ver qui est dans le fruit, et donc d'un ver d'en haut ! Quid du ver d'en bas, de la larve, de l'asticot qui gigote au bout de l'hameçon et qui se fait bouffer, de l'Ascaride de Marius et Jeannette, du ver solitaire collé au petit écran ? Quid des rampants, les omnivores qui avalent tout, les Pékinois moyens, tous les pingouins de base, les bandes de congres, les piliers de bars, le commun des sauterelles, la foule des ânes anonymes, les colonies de martins-chômeurs sans bulot, la mammifère de moins de cinquante ans, la bécasse laborieuse, les pâles bipèdes qui subissent le gavage des lois, tout le crottin mondain, les morpions sur l'échiquier, les animaux domestiques chez un patron, et les essaims de petits porteurs tombés dans le guêpier des emprunts ruches ? Les taupes modèles, les sarcelles de banlieue, les aoûtats en vacances et les futurs électeurs, les gastéropodes en culotte courte, les crapauds, les têtards, les poussins ? Sans oublier les oies ! L'oie du talion, l'oie du plus fort, l'oie du marché ? Chacun ses oies et les peaux de vaches seront bien gradées ! L'outarde qui vous monte au nez, l'oiseau trompette de la renommée, les charançons de la gloire, le héron de la résistance, le héron de la guerre, le héron d'Indochine ? Les colverts écolos, les vrais-faux-cons, les cygnes extérieurs de richesse, les grenouilles de bénitier, les punaises de sacristie, farcies à la graisse d'ouaille, il court il court le furet, le Bernard Tapir, le caca Thorez, les fossiles et le marteau, et les coco-quillages, la mygale des anciens combattants et le cumul des pandas ? Les animaux pré-hystériques, les australopithèques, les rats de bibliothèques, les piqués d'Saint-Trop, Raymond Barre, l'homo ça pionce, et les animaux imaginaires, les chimères qui s'ébattent dans les programmes électoraux, en compagnie de l'hydre de la réforme de l'État, les harpies qui mijotent avec du Cresson ou au bain-d'Alliot-Marie, c'est selon ?

Vous évoquez le politique qui court deux lièvres à la fois, mais rien sur le lièvre qu'on soulève, le mérinos qu'on laisse pisser, les vers, encore, qu'on tire du nez des mis en examen, les zébus de biens sociaux, le comité des tiques, les teignes, les mites, les poux modèles, les amibes de trente ans, les rênes du pouvoir, l'élan patriotique, la langue du boa, la raie des essais nucléaires, les requins de la finance... Rendons hommage à notre pouliche nationale, nos poulets chasseurs, briseurs de grives, fouteurs de merle, les perdreaux, les hirondelles, versons une larme sur notre ex-Cerbère Pasqua, ah les vols organisés de charters migrateurs ! Et venons-en allègrement au busard cosy, rapace diurne qui fond sur les nuisibles, les moutons noirs, les grues, les maquereaux, les canards boiteux, les escargots sans domicile fixe, les chiens perdus sans collier, les oiseaux de nuit en cage d'escalier, il faut bien faire oublier le Cyclope, dit n'a qu'un œil, et son petit roquet, le Mégret de canard...

Cher André Santini, vous le reconnaissez vous-même, vous vous êtes oublié dans votre bestiaire. Vous évoquez bien le dragon auquel vous vouez un culte... le dragon ! Un animal fabuleux ; et impérial de surcroît ! André, restons modeste ! Vous auriez pu choisir huître, après tout vous êtes un grand pourvoyeur de perles politiques... Non, huître, vous ne pourriez pas rester sagement dans votre coquille, j'ai mieux pour vous : chauve-souris ! La chauve-souris, est remarquablement équipée pour l'émission et la réception des ultrasons, évite tous les obstacles... elle est adaptée à l'envolée lyrique ! Bien sûr, la taille de la plupart des chauves-souris n'excède pas celle d'un rat, mais le géant des chiroptères est le Pteropus vampyrus, il peut atteindre d'ouverture ! Et puis *vampyrus*, c'est joli pour un animal qui suce les droits d'auteur sur le dos de ses congénères ?

TOUT LE RESTE N'EST QUE LIVRES ET RATURES...

à Éric-Emmanuel Schmitt

Que serait-il arrivé si, ce 9 juillet 1983, le jury de l'agrégation de philosophie avait refusé et non accepté Éric-Emmanuel Schmitt ? Cette minute-là aurait changé le cours d'une vie, celle du jeune, timide et passionné Éric-Emmanuel, mais elle aurait aussi changé le cours du monde...

Cher Éric-Emmanuel S.,
vous avez été recalé à l'agrégation en juillet 83 !

Quel chemin parcouru, depuis ! Vous êtes, cela fait cinq ans maintenant, ministre de la Jeunesse, des Sports et de la Toxicomanie dans le gouvernement d'Alain Delon. Vous êtes catholique pratiquant, totalement hermétique au doute, on le sait, tout le monde connaît le récit de votre conversion : c'était dans le désert du Hoggar, sur les traces du Père Jean-Pierre Foucault, vous vous êtes perdu et vous n'aviez pour survivre que trois abricots secs et un brumisateur. Mourant de soif, vous avez bu directement au brumisateur, et depuis cette nuit-là, vous respirez la joie de vivre à l'eau de rose. L'histoire ne dit pas ce que sont devenus les trois abricots secs.

On connaît aussi votre passion pour la peinture, vous collectionnez, dans votre éternel petit studio d'étudiant du treizième arrondissement, des natures mortes d'Hitler, le fameux peintre viennois adulé dans le monde entier, et qui a été tant de fois copié depuis, par des petits peintres sans grand talent, mais ô combien prolifiques, disséminés sur toute la planète. En sortant du Conseil des ministres, hier, vous avez déclaré, je cite : « Le président Belmondo m'a paru en pleine forme, malgré sa chute de Yorkshire durant ses vacances à Brégançon. Et sa pugnacité vis-à-vis de son Premier ministre laisse augurer une campagne électorale des plus offensives. »

Je sais que vous suivez de très près l'actualité, et nous vous interrogerons dans la deuxième heure, sur les derniers événements qui agitent la planète, il est toujours intéressant de connaître l'avis d'un ministre des Sports, qui, rappelons-le, reste recordman du monde du cent mètres papillon, depuis les Jeux olympiques de Kaboul en 88. Vous pourrez ainsi commenter la récente chute de la Grande Muraille de Chine, qui marque le retour de la démocratie à Pékin, l'attribution du prix Nobel de la Paix, conjointement à Yasser Arafat et Ariel Sharon, qui grâce à leur combat incessant pour l'application des accords d'Oslo ont montré que l'important n'est pas de gagner mais de participer, et, bien sûr, vous commenterez la récente canonisation de Slobodan Milosevic par le TPI, Traditionnel Papal Institute de la haie d'honneur, sous la présidence du pape Jean-Pierre Pape I. Vous n'échapperez pas à quelques questions sur le fils caché d'Alain Delon, l'énigmatique Francis Huster, et sur les réactions épidermiques, à ce sujet, de Mireille Dumas, la présidente ô combien charismatique du RPR. Vous nous donnerez votre sentiment sur l'émergence de ces nouvelles monnaies nationales qui tendent à remplacer progressivement l'euro : le franc en France, le mark en Allemagne, la lire en Italie et la peseta en Espagne... sensationnel bouleversement pour les Européens, contraints de changer leurs habitudes ! (Songez à toutes ces personnes âgées pour lesquelles la baguette de pain a toujours valu 0,75 euros et qui vont devoir s'habituer à la baguette à 4,30 francs !)

Mais revenons à vous, Éric-Emmanuel S.. Les mauvaises langues disent que, depuis votre échec retentissant à l'agrégation de philosophie, vous n'avez plus écrit une seule ligne ni lu un seul livre. Permettez à un modeste chroniqueur de radio, d'imaginer ce qui serait advenu si l'Université en avait décidé autrement ? Supposez un instant que le jury de l'agrégation ait accepté et non refusé Éric-Emmanuel S. ? Sans doute seriez-vous devenu un auteur de théâtre à succès, envahi par le doute, taraudé par l'idée de Dieu... Je vous vois bien écrivant sous un nom d'emprunt, disons par exemple Éric-Emmanuel Schmitt, un livre sur votre peintre préféré, Adolf Hitler, imaginant le destin d'Hitler si celui-ci avait été refusé par l'Académie des Beaux-Arts de Vienne ? Peut-être serait-il devenu un dictateur sanguinaire ? La face du monde en eut été changée ! Allez savoir si Delon ne serait pas, à l'heure qu'il est, une star finissante du show-biz, jouant, pourquoi pas, des pièces d'Éric-Emmanuel Schmitt, ex-professeur agrégé de l'université de Chambéry ? Votre ministère s'intitulerait désormais ministère de la Jeunesse et des Sports, la Toxicomanie s'étant intégrée en douceur à la fois dans le sport et dans la jeunesse. Le cent mètres papillon serait interdit à Kaboul, Belmondo aurait eu un accident vasculaire, au bord d'une piscine en Corse et Arafat et Sharon ne s'adresseraient plus la parole...

Excusez, Monsieur le Ministre, cette chronique-fiction... Je sais bien qu'on ne revient pas en arrière, tant mieux pour nous d'ailleurs ! Rassurez-vous, Hitler est un artiste, Belmondo est toujours fringant, la baguette de pain vaut 0,75 euros, vous détenez toujours le record du cent mètres, les papillons virevoltent à Kaboul, Arafat et Sharon jouent aux échecs sur la plage de Tibériade.

Tout le reste n'est que livres et ratures...

Le bruit de bottes des radis

à Élie Semoun

Cher Élie Semoun,

contrairement à ce que les gens pensent, vous êtes un méditatif, content, certes, mais du genre contem... platif ! Dès que vous quittez la scène, la télé ou le cinéma, vous menez une vie végétative. Vous vous enfermez chez vous dans votre serre tropicale et vous regardez pousser vos plantes exotiques. Vous cultivez le doute, qui est une plante vivace, la poésie et l'angoisse de l'artiste avant le lever de rideau... Bref, vous entretenez votre jardin secret et vous vous y enfermez, comme un éléphant dans une jonquille ! Pour vous blues rime avec pelouse, horizon avec gazon.

Vous dites : « Dans la vie, personne ne comprend personne, nous sommes tous dans un désert et chacun s'en sort à sa façon. » Votre façon à vous, c'est le règne végétal. Vous faites pousser, dans votre petit désert éclairé par des lampes chauffantes, toutes sortes de babioles botaniques et variées : un amour des plantes que vous tenez peut-être de votre glaïeul maternel, perdu à l'âge de onze ans. Peut-être étiez-vous un bout de chou paumé, qui se fait du mouron, un peu narcisse comme tous les artistes en fleur. On a dû oublier de vous opérer des végétations ! Tout petit, déjà, vous plantiez, vous séchiez, vous fumiez. Vous avez appris sur le tas. Un rien provocateur, vous adoriez charrier dans les bégonias, pousser mémé dans les orties, faire le plus de buis possible, bref ! Mettre un peu de piment dans l'existence. Un coin de votre paradis intérieur est artificiel avec une végétation stupéfiante : poète en herbe ou dame marie-jeanne en robe de chanvre, absinthe vierge, pavot de famille, c'est kif-kif et pois chiche, ci-joint sarbacane à bis et ciboulette (de shit) !

Vous avez croisé cette grande asperge de Dieudonné, c'était pour mettre un peu de beur dans les épinards. Depuis votre séparation (chacun ses oignons), vous êtes enfin saule et, même si vous êtes un peu plié sur votre affiche, vous avez gardé un sacré abattage ! Maintenant, vous avez du bouleau, du charme, du blé, un parterre de lauriers glanés ici et là, sur lequel vous évitez de vous endormir. La vie, c'est le jardin des plantes : le bruit de bottes des radis, les pensées qui infusent, les prunes qui poussent sur les pare-brise, graines de voyous, semis liberté, lotus et bouches cousues, on va au chardon, on gagne des nèfles, on persil et signe, on découvre le pot-aux-ronces, giroflées et grenades dégoupillées, orchidées noires, noyers et résignés.

Au bout de votre serre, il y a un coin sombre, qui fait un peu peur. Vous y avez planté des immortelles, mais la mauvaise herbe envahit tout. Un bout de serre où l'on cueille la belladone, la ciguë et l'amanite phalloïde, un coin serre-cueille : ça sent le sapin et le chrysanthème. Vous n'y mettez pas les pieds, je vous comprends ! Il sera bien temps de finir un jour le cours de botanique, quand le tronc se fendille et qu'on perd ses feuilles : la tige plie, irrémédiablement, la sève s'épuise à monter et ne coule plus guère que dans la plante des pieds, les fans se fanent, un dernier tabac et on avale sa chique. Trèfle de plaisanterie, c'est la fin des haricots, la fleur est séchée, la faucheuse, lieuse de destin, passe et on se retrouve dans la grande serre commune, dans un champ de navets, au jardin des allongés, à manger les pissenlits par la racine. Grand brun ou petit houblon, mis en bière, sous la mousse, engoncé dans son dernier costume de lin... seul ! Il est tard, les grilles du jardin des plantes se ferment en grinçant des dents. Le gardien passe un dernier coup de balai, ramasse un petit brin de folie, tombé d'un bouquet et rentre chez lui.

Cher Élie Semoun, la botanique, ça n'est pas rose tous les jours ! Alors mieux vaut planter des raves éveillées, des papayes et des mamayes, des nénuphars à iode, des mirabelles de nuit, des pêches miraculeuses et des poires à l'avenant, des platannhauser, du basilic Notre-Dame, des Sodome et sycomores, des litchi tchi l'amoroso, de la verveine de pendu, du romarin d'eau douce, des professeurs tournesol, de la chicorée du Nord, des endives bouteilles, des vladimirs et de l'estragon, de l'oseille, du jonc, de la patate, de la rhubarbe à papa, du muguet luron, des saints ignames de Loyola, du chiendent de sagesse, des graminées, des gratinées, des avinés, du mil et une nuit, de l'orge profonde, ail ail ail, toutes d'échalotes. Et des ifs... ah, des ifs ! Moi, je dis : « On devrait planter des ifs partout ». Avec des ifs, on peut tout faire : c'est bien connu, avec des ifs, on peut mettre Paris dans une bouteille !

Le diseur d'impossible

à Michel Serrault

« L'extravagant Monsieur Serrault », « le grand pitre », « le grand embobineur » ! Et deux Césars pour Serrault ! On se calme ! Michel Serrault, c'est juste un ouvrier, un artisan, un éternel apprenti, un débutant récidiviste qui travaille sur un cahier de brouillon, qui gribouille, qui rature, il fait plusieurs prises, il reprise, il rafistole, c'est un tourneur-faiseur d'images, un tisseur de bonne aventure. Il n'en sait pas plus que vous et moi, il brode sur une histoire, il rebondit sur un mot. C'est bien simple, il a fait tous les métiers ! Il a été tailleur de pierrot, souffleur de vérité, soudeur à l'arc-en-ciel, sculpteur sur soi, emballeur professionnel, il fallait bien gagner sa croûte ! Il a été conducteur de caractère, bouilleur de cruauté, dragueur de minauderies, racleur de possibles, fouleur de raisons, faucheur de blessures, batteur de férocité, poseur de railleries, relieur d'artifices, allumeur de rêves, débitant de passions (petit, il était déjà buveur de Grock).

En fait, Michel Serrault, c'est un inventeur, un inventeur d'individus, un existeur de cœur, un habiteur de personnage, un créateur d'émotion, un fabricant de jeu : Zaza de Napoli, c'est lui ! Le notaire de *Garde à vue*, c'est lui ! Ah, mais c'est ça les inventeurs ! On se souvient de leurs inventions, mais on oublie qui les a faites. À une époque, il était cultivateur de navets, facteur de panouille, gonfleur de scénario, remplisseur de pellicule, il travaillait en équipe, les dépanneurs réunis, y'avait Francis Blanche, Darry Cowl, Jean Poiret. Le réalisateur louait une grande maison, c'était le décor ; il avait un titre, *Ces messieurs de la famille*, et pour meubler, il appelait les dépanneurs, tous générateurs de pagaille, fomenteurs de trouble, dompteurs de loufoques, dénicheurs de biscornus, éclateurs de rire.

Serrault a tout fait ! Il a même restauré des vieux Molière ! Bon, là, il a eu des problèmes avec l'architecte, un type qui a débarqué avec tous les plans, au millimètre, du Molière entièrement sur le papier ! Ça, il n'a pas supporté ! Il a poussé un coup de gueule, il a carrément pété une cloison, le quatrième mur, et il est descendu dans la salle ! Harpagon qui allait fouiller dans le sac d'une spectatrice ! Ça, c'est Planchon qui n'a pas supporté ! Descendre des planches chez Planchon ! La salle était hilare. Michel Serrault avait fait son boulot. Comme un plombier qui rebouche une baignoire. Avec une petite différence quand même : le plombier Serrault ne se contente pas de reboucher la baignoire, il change les tuyaux, met des robinets en fer forgé, refait les joints, repose du carrelage rose, change le lavabo, casse le bidet, tombe les cloisons, installe le gaz, des étagères, une cheminée, une commode Louis XV, il rénove, quoi, il imagine. On lui donne un petit trou à boucher et on se retrouve avec une salle de bain quatre étoiles ! C'est un peu le problème de Serrault : il a du mal à se satisfaire d'une baignoire ! Il sort des limites du terrain, il franchit allègrement le mur du son.

Et tout ça, les mains dans les poches ! Il n'a jamais eu d'atelier ! C'est un chasseur de papillons sans filet ! Un sauteur sans parachute ! Il est sa propre caisse à outils ! Tout dans la tête : ses clés à mauviettes, ses pieds à coulisses, ses pierres à imbriquer, ses pinces à épauler, son tube de malice, ses miroirs de courtoisie, son puits d'humour. Quand il s'attaque à un rôle, il commence par tailler autour, enlever les mauvais verbes, il creuse, élague, il dit qu'il dégage l'âme... et puis il injecte de la vérité ! En intraveineuse, de la vérité sous-cutanée, par tous les pores. Michel Serrault, c'est un raconteur d'histoires, un diseur d'impossible, resurgisseur d'imprévus, dépeceur d'humain, fouilleur de chair, c'est un incarneur de monstres, ah, il l'aime son Petiot de docteur ! Il l'ausculte, il le dissèque pour trouver la faille, le pourquoi de la chaudière, il soulève les soupapes, met son nez dans le cambouis, il débusque le doute, il cherche la petite bête, la vérité. Quand il l'a trouvée, il remonte le moteur, passe un coup de chiffon et vas-y mon petiot, roule ! Fais-les rire et fais-les pleurer ! La prochaine fois, peut-être qu'ils mettront eux-même le nez sous le capot ! Il aime visiter les ego, c'est un rat d'ego, il farfouille, c'est un bifurqueur de personnage, un leveur de voile, un souleveur d'écran, un respireur de silence, c'est un menteur de profession, un porteur de masques, c'est un conteur, un conteur à gazouillis, un doseur d'humanité, un montreur d'ambiguïté. C'est rien qu'un écouteur ! Les oreilles et l'amour aux aguets...

Cher Michel Serrault, vous avez dit que vous vouliez être un collaborateur de la réussite humaine. Bon, on ne peut pas présager de l'avenir, mais j'ai la vague impression que vous avez fait du bon boulot. Est-ce que je peux vous demander juste une petite faveur ? Quand vous irez jouer Volpone avec votre ami Jean Poiret, si vous pouviez me mettre une place de côté ! Depuis le temps que les réservations sont ouvertes, ça doit déjà être plein sur dix mille ans !

Chaque jour un peu pluvieux

à Pascal Sevran

Cher Pascal Sevran,

sur la jaquette de votre livre, figure la photo d'un village sous un ciel gris. Un temps de pluie. Ça ne doit pas être un hasard. J'ai cru comprendre que vous n'aimiez pas trop le soleil, je vous cite : « cet astre de malheur qui voudrait nous réduire en cendres comme les enfants du Sahel ». Vous avez de la pluie dans les idées, vous laissez flotter vos pensées et vos souvenirs pleuvent. C'est drôle, on ne peut pas dire : « Je pleus, tu pleus, nous pleuvons... » Qu'est-ce que tu fais ce soir ? Je pleus. Cette année, au mois d'août, je vais pleuvoir toute la journée ! Par contre, le verbe pleuvoir a le même participe passé que plaire : dans les souvenirs, la pluie plaît plus. Vous savez, on s'est beaucoup plu ! Et on ne s'est jamais trempé.

Les gens n'aiment pas la pluie ! Ils disent « ennuyeux comme la pluie » ! Ils passent leur vie sous abri. Ils ont avalé leur parapluie, leur k-way, et leur paire de pataugas avec ! La tête à guetter les nimbus, un thermomètre dans le cubitus. Alors ils disent que le temps est mauvais ! Qu'il fait un nervous breakdown : une dépression. Qu'il tombe des cordes, pour se pendre, des hallebardes pour s'égorger, que le verglas est givré, que le froid est sévère et que les nuages sont lourds. En automne, quand les feuilles tombent, ils disent qu'elles se suicident en se jetant du haut des arbres, regardez, arrivées en bas, elles sont mortes. Et le cantonnier Prévert les ramasse à la pelle. Ils voudraient une vie d'huile. Pas de vague ! Pas un souffle. Une vie où il faut ramer pour avancer. Ou alors une vie à moteur, une vie au gas-oil.

Les gens n'aiment pas le vent non plus. Ils n'aiment pas les volets qui claquent, dès que ça souffle un peu fort, ils s'affolent et affalent les voiles, ils ne veulent pas laisser trop de prise au vent ! Ils ne veulent pas laisser de prise à quoi que ce soit. C'est pourtant grandiose quand le temps a un grain, folie ou beauté, avec tambour et tempête, la mer est grosse, elle vagit en accouchant des troupeaux de moutons enragés, elle a des lames dans les yeux, des rouleaux d'écume dans les cheveux, et du vague à l'âme : houle sentimentale ! Une mer à la Caussimon, avec *ses chevaux qui foncent la tête la première et qui fracassent leur crinière devant le casino désert.*

Pour parler du bonheur absolu, les gens disent : un bonheur sans nuage. C'est vrai qu'au début, sans nuage, le bonheur a la belle vie : affalé sur la plage, il prend des couleurs, il rougit un peu, le bonheur est timide, puis il bronze, il montre fièrement ses pectoraux de bonheur, et, petit à petit, il a des cloques, ça gratte, le bonheur part en petits bouts de peau, le bonheur pèle, le bonheur crame, un bonheur sans nuage, c'est des coups à se faire hospitaliser pour brûlure de bonheur au troisième degré !

Sur la jaquette de votre livre, Pascal Sevran est écrit sur fond de nuages. Le fond de Baudelaire est frais : *j'aime les nuages, les nuages qui passent... là-bas, là-bas, les merveilleux nuages* ! Les nuages, et leur chevaux-vapeurs condensés toute la nuit, les nuages, travailleurs de l'ombre, avec leur gueule d'atmosphère, qui font la grêle et les coups de foudre ! Vous êtes le passager de la pluie. Parfois, au réveil, la pluie, prise de diluvium tremens, danse les claquettes avec Nougaro, tonnerres d'applaudissements ! Les gouttes se multipluient, la pluie part en trombe, la terre se prend au petit déjeuner des éclairs et sa gelée matinale. La pluie lui sert avec précipitation des rafraîchissements, de la pression, au bar. La pluie sait tout faire : pluie d'étoiles et pluie de cendres, pluie de baisers et pluie d'injures, pluie d'amour et pluie c'est tout ! Et quand elle a bien arrosé, elle pluie bagage.

Là, les gens commencent à pointer le bout de leur nez : ils préfèrent le « beau » temps ! Le temps en brosse, avec les oreilles bien dégagées, le soleil, quoi ! Et qu'est-ce qu'il fait le soleil ? Le soleil, lui, luit ! Il luit couramment, depuis la nuit des temps, enfin, le jour des temps. Il ne manquerait plus que ça qu'il ne luise pas ! La lumière, c'est son rayon... il brille en société, quand il passe au zénith, il fait un tabac ! Et quand il se cache derrière les nuages, il brille par son absence. Le soleil est fourbe ! D'ailleurs on ne peut jamais le regarder en face. Il vous brûle la rétine, il vous marche dessus avec ses grosses pattes de cagnard. Le soir, il s'éclipse, juste avant l'arrivée de la nuit qui lui fait de l'ombre.

Cher Pascal Sevran, excusez-moi, j'ai parlé de la pluie et du beau temps, pour ne pas parler de votre journal qui m'a plu, et de mes yeux qui par moment avaient envie de pleuvoir. C'est bizarre un journal : chaque jour, en écrivant la date, on doit se sentir un peu moins jeune, ou un peu pluvieux. Oui, c'est ça ! Pluvieux, en fin de journée, avec des rafales pouvant atteindre... pouvant t'atteindre, simplement !

Semence logorrhéique et Kama-Sutra babillard

à Philippe Sollers

On part ? – On part.

Entrez, mesdames et messieurs, entrez, le nouveau Sollers brille pour tout le monde : *L'Étoile des amants*, mais, entre nous, son titre n'a aucune importance ! C'est une contrepèterie. Philippe Sollers aussi, d'ailleurs. Ce sera donc, au choix, *La Toile des aimants* de Silissaire Flop, *La Mœlle des étangs* de Police Sifflaire, *Mandales étoilées* de Sophie Lerslip ou *Les Émois l'attendent* de Lilli Forceps, ça sort chez Gallimard, *gali* comme galimatias, gallinacé et galipette, *mard* comme homard, zigomar et bracquemard. C'est l'Évangile selon saint Philippe, une trépanation littéraire avec débordement de mœlle épinière, du débourrage de crâne, un lavement au verbifuge, des calembours à vous faire péter la sous-ventrière. Écoutez-ça, page quatre-vingt-dix-sept : « La musique de Monteverdi monte et verdit », c'est quand même mieux que « le tracteur de Massey-Fergusson masse et Fergusson » ! *L'Étoile des amants*, le roman de la rentrée scollers, une non-histoire à dormir couché sous trois couettes et quatre édredons, une rencontre de cent soixante-seize pages entre le narrateur, qui narre, narre, narre, n'arrête pas de parler et Maud, une jeune fille réfractaire, mais comme on le sait « qui ne dit Maud consent » !

Attention ! *L'Étoile des amants* est le premier roman intégrant la réaction des lecteurs : des rires enregistrés en quelque sorte, comme à la télé ! En fait de rires, ce sont des ricanements, des huées frénétiques, un flot d'injures variées : les lecteurs sont fous de rage, piétinent le livre, mais l'auteur s'en fout allègrement, il continue à coucher sauvagement les mots sur le papier, à leur rouler des pelles, il fornique avec le vocabulaire. Tout avait pourtant bien commencé : de la page une à la page huit, des pages blanches, du Sollers enfin limpide et humble, et puis, page neuf, le coup de massue : une citation de l'Odyssée. Au secours, Homère m'a tuer, tous aux abris ! Car *L'Étoile des amants* est une odyssée... 2002, l'odyssée de l'espèce. Vous saurez tout sur les femmes, des femmes qui s'appellent A, B, C, D... Oui, mesdames et messieurs, les femmes chez Sollers se récitent, comme l'alphabet, et ça continue E, F, G, H, jusqu'à Z, les vingt-cinq lettres de l'alphabet y passent. Et oui, vingt-cinq, car il y a un piège : il n'y a pas de madame I, I comme I sait pas, Il a oublié ou I faut demander à l'éditeur, peu importe, le livre continue, contre vents et marées, faisant fi des protestations unanimes. Philippe Sollers écrit au marteau-piqueur, au chasse-mouche, il rouleau compresse, perfore, bulldoze, concasse, c'est Lilli Forceps, je vous dis !

Il nous bombarde de points d'excavation et de guillemets : Sollers, c'est le musée Guillemet de la citation, le bon Samaritain de l'aphorisme ! *L'Étoile des amants* : le Littré pour illettrés, un remède encyclopédique pour anorexiques de la langue française, pour *anor-lexiques* : vous saurez tout tout tout sur les noms d'oiseaux, du Grand Gravelot au Vanneau huppé, tout sur les noms d'étoiles, de la Chevelure de Bérénice à la Couronne Boréale, la méthode Philippe Sollers : c'est la DCA. DCA : Digressions, Citations, Accumulations... Je pense, donc j'écris et j'emmerde la maréchaussée. Roman initiatique ou initia-toc, où Shakespeare s'envoie en l'air avec Cléopâtre, où l'on passe du huitième siècle en Chine à 52 avant Jésus-Christ en Macédoine, quelle salade, pour finir avec Thelonius Monk, oui, Monk sur la commode ! Protestations dans la salle, les lecteurs manifestent : « On en a marre ! Arrêtez-le ! Les trente-cinq heures, les trente-cinq heures ! » Philippe Sollers : « On s'en fout ! Royalement ! », Philippe Sollers s'épand, se répand (le lecteur, lui, se pend, se rate et se repend) ! Tous aux canots de sauvetage, Philippe Sollers est en plein orgasme, il jouit d'exister sur cent-soixante-seize pages, il nous inonde de sa semence logorrhéique, de son Kama-Sutra babillard, ça déborde, ça se déverse, c'est le Yang

Tse Kiang en crue, des phrases qui mouillent, des éjaculations d'adjectifs en rut majeur. On entend les cris des lecteurs : « Au secours, on coule, fermez les vannes ! » Pauvre lecteur qui ne sait pas nager dans le plaisir, qui boit la tasse jusqu'à l'hallali. Et Sollers d'en rajouter, le voilà qui dégaine Rimbaud et ses voyelles, Rimbaud tombé dans l'Abyssine quand il était grand... Allez, refais-nous le coup des couleurs des voyelles, A noir pété, E blanc sec, I rouge piquette, U vert absinthe, O bleu curaçao, mais Arthur, tu ne vois pas que ça donne des idées à Sollers ? Il démarre au quart de tour, sur son vélo-Sollers, il nous colle des couleurs dans l'espace, où l'on apprend que le Sud-Ouest est bleu et le Sud-Est rouge... et les Amériques alors, c'est du caca d'oie ?

Et quand Philippe a cuvé l'ultime goutte de son plaisir solitaire, il invente un dernier mot : *silencier*. Philippe Sollers ne se licencie pas, il se silencie. Ah, mon petit Philippe, vous m'avez encore bluffé. Tenez, je vous dédie cette chronique (vives protestations du studio 106, Stéphane Bern s'ouvre les veines), une chronique bordélique à souhait, pâle imitation de votre chaos gallimardien. Je botte en touche, je me déclare incompétent, je me silencie moi aussi, et puisque j'ai commencé par les premiers mots de votre roman (– On part ? – On part.), je finirai par vos derniers mots remarquablement expéditifs :

– On y va ? – On y va.

On s'en lèche les bobines

à Bertrand Tavernier

– Allô, Michel ? Tu sais qui on reçoit demain ? Bertrand Tavernier...
– Bertrand Tavernier ?
– Oui, Bertrand Tavernier. Pourquoi, il y a un problème ?
– Non, mais tu sais qu'il n'est pas commode !
– Comment ça, il n'est pas commode ? C'est quand même autre chose que Bigeard !
– Pourquoi tu parles de Bigeard ?
– J'ai dit Bigeard ? Comme c'est Bigeard !
– Fais gaffe, Tavernier, tout le monde dit que c'est un vibrion, une vraie cocotte-minute !
– Un vibrion, une cocotte-minute ! Pourquoi pas un couscoussier pendant que tu y es ? C'que tu peux faire ménagère par moments ! De toute façon, tu me connais, je ne vais pas me gêner pour lui dire ce que je pense de lui !
– Et tu penses quoi de lui ?
– Eh bien... c'est un type super ! Sympa, intelligent, il a fait des films sublimes.
– Ah, oui, je vois ! Effectivement, ça ne va pas trop te gêner ! N'oublie pas de lui ressortir *Le juge et l'assassin* : « Tavernier, le seul à avoir donné à Galabru un grand rôle à sa mesure »... à part le fait que ça fait vingt ans qu'on lui dit ça, je pense que ce n'est pas toi qui va faire exploser la cocotte-minute !

C'est la dernière fois que j'appelle mon copain Michel. Il est pépiniériste à Soyaux, dans la banlieue d'Angoulême. Son magasin s'appelle le Gairidon. Lui, le cinéma, à part *Sissi impératrice*, il n'y connaît rien !

Cher Bertrand Tavernier,

les gens un peu simples d'esprit adorent coller des étiquettes, faire des comparaisons ménagères. Un ami, que je ne vois plus d'ailleurs, m'a dit que vous étiez une véritable cocotte-minute. Il est vrai que vous pouvez faire penser à un gros fait-tout, toujours sous pression. Comme tout le monde vous avez vos vapeurs, vous avez la soupape qui chuchote, et quand on vous chauffe un peu trop, ça explose ! Vous êtes resté simple, pratique, vous êtes robuste, inoxydable, et comme tous les authentiques autocuiseurs, vous avez séduit des générations de cuisinières : vous avez un bon fond, mais quand vous vous refermez (certains vous reprochent d'être hermétique !), on peut toujours courir pour vous débloquer ! Et puis vous aimez bien titiller les gens qui ont des casseroles, c'est normal, quand on est une cocotte-minute : vous cuisez les grosses légumes et les gros poissons dans leur jus. Ils conservent toute leur saveur.

On a dit aussi que vous étiez un vibrion. Un vibrion ! Une bactérie... C'est vrai que vous avez un petit côté microbe, vous êtes plutôt pathogène comme type : si l'on vous attrape, si je puis dire, on peut contracter des maladies, des affections chroniques, des indignations, des admirations. Une maladie comme la *polémique*, par exemple. C'est une sorte d'inflammation de la matière grise, une excitation des neurones qui s'agitent dans tous les sens, les vieilles connexions qui se réveillent, la température du cerveau qui monte de quelques degrés, même le centre du langage est atteint. Discussions vives, parfois agressives, bref, on se retrouve dans un état critique. C'est pas bon pour le confort des gens ! D'ailleurs, la *polémique* est contagieuse et certains aimeraient bien imposer autour de Tavernier un cordon sanitaire... c'est bien compréhensible ! On va pas laisser en liberté un allumeur de réfractaires, un secoueur de ministres, un drogué du boulot, un justicier, un pompier pyromane...

Et puis, il ne faudrait peut-être pas oublier que vous êtes un sommelier du film, un croisé de la cinéphilie, un camé de caméra. Alors, allons-y, rentrons dans le premier bouiboui obscur et installons-nous.

Tavernier ! Que la fête commence ! Éteignez la salle ! Envoyez la pelloche, servez-nous du gros plan en carafe, on va se bourrer de pellicules, se shooter au nitrate d'argent, on va s'en mettre plein les mirettes. Silence sur le plateau ! Repassez-nous les films-flammes, les plans américains, les vieilles bandes à John Wayne, ça tourne !

Tavernier ! C'est ma tournée ! Vas-y Frankie, envoie la musique de chambre noire, fondus enchaînés pour tout le monde, la spécialité du chef op, et un double scope pour monsieur Eddy Mitchel, sortez les scénars, pur jus d'Aurenche et Bost, foncez dans l'décor, les traboules de Lyon, y'a d'l'émulsion dans l'air, du bromure dans la gélatine, allez on la r'fait ! Allumez les gamelles, un homme, une femme, un peu d'amour et hop ! Hollywood !

Tavernier ! Ressortez les vieilles copies, les rushes inédits, envoyez la Comtesse aux pieds nus, on s'en lèche les bobines, si tu ne viens pas à la Gardner, Ava Gardner viendra à toi ! La prise est sublime, clap clap clap, on la garde !

Tavernier ! Remettez nous sur les rails : attention, travelling ! Action ! Séquence daddy nostalgie, flash-back sur Galabru, l'assassin de nos trente ans, moteur ! Et les yeux tristes de Christine Pascal !

Tavernier ! Refaites-nous le coup du train de la Ciotat, en VO les cœurs ! Restez dans l'cadre, faites-nous lire dans les étoiles, plongée sur les jambes de Dietrich, contre-plongée en apnée sur nos images de gosses, on jouera à la Marielle, café Noiret et tranche de Rochefort, bonbons, chewing-gum, chocolats glacés, le temps passera à vingt-quatre images seconde et les hommes seront tous des frères Lumière ! Coupez ! C'est bon, c'est dans la boîte, générique de fin, toute ressemblance avec des rêves ayant existé n'est que pure coïncidence, il est tard, autour de minuit, on se retrouve dans la rue, les yeux rouges et le cœur à vif, merci Tavernier !

Tout amour en souffrance sera détruit

à Danièle Thompson

Chère Danièle Thompson,

Je n'ai pas vu votre film, mais rien que le titre est une invitation au voyage : *Décalage horaire*. Un aéroport, c'est le musée des horaires : le temps change de fuseau comme de chemise, les aiguilles tournent de l'heure, on est hier ou demain suivant d'où on vient et où on va. Félix se lève de bonheur, Rose se couche de malheur ou vice versa. C'est Reno et Juliette ou les amours décalées ! Vous dites : « L'important c'est que Rose et Félix changent chacun grâce à l'autre pendant ce voyage, même s'ils restent sur place. » Les voyages, c'est comme à MacDo : il y a des voyages à emporter et des voyages sur place... et des bureaux de change. On devise, on devise et on finit par changer.

Pour voyager sur place, faire un vrai voyage romantique, il faut emprunter les transports amoureux. De préférence, les transports en commun ! Il faut bien choisir son moyen de transport : si on voyage à cheval, on risque de tomber sur un cavaleur, à pied, sur un coureur, en mer, sur un dragueur, en parachute, sur un tombeur. Il y a bien le train, mais ça n'est pas très grisant : se retrouver sur des rails pour un amour express, composté, tarif découverte, même si elle s'appelle micheline et si lui s'appelle bogie. Non, c'est encore dans les airs qu'on a le plus de chance de tomber sur un tourtereau ou une tourterelle. Rien de tel qu'une liaison aérienne pour s'envoyer en l'air : le ciel est un grand parc d'attraction, on s'attire vers le haut, on aime et l'on devient aimant, on se tient par les pôles, plus ou moins. Bien sûr, quel que soit le moyen de transport, on emmène avec soi ses effets personnels, effets de jambes, effets de manches, drôles d'effets ! Ses bagos, ses lumbagos, ses colis, ses torticolis, son vanity-case, quelle idée de traîner derrière soi sa caisse de vanité !

Le plus sûr, c'est encore de voyager avec sa femme, sa régulière, sur une ligne régulière, histoire de se tenir compagnie. Les deux places sont réservées longtemps à l'avance, en classe affaires, question de confort. Il y a bien longtemps qu'on a reçu les billets, les billets doux. L'avantage de voyager avec sa moitié, c'est qu'elle a cinquante pour cent de réduction : une réduction d'affectif, c'est normal, après tant d'années ! Le voyage a été préparé aux petits oignons, des oignons qui ne font plus pleurer, mais on s'en occupe, on s'en occupe ! On n'a rien laissé au hasard, on a décliné son identité, d'ailleurs, son identité commence à décliner, à force d'avoir des penchants, de l'inclination l'un pour l'autre, on a même demandé un visa à l'embrassade. On est passé par une agence, une agence de voyage matrimonial, on a étudié la carte du tendre. On a les atouts bien en main, la dame a son roi, allez savoir, c'est peut-être un as, de toute façon, c'est un cœur. On se lance bien quelques piques, mais, vous savez, on a passé les portiques de sécurité : on a laissé en soute toutes les allusions tranchantes, les remarques coupantes, les méchancetés contondantes, alors on se tient à carreaux. On a tellement voyagé ensemble, on a passé tellement de temps dans la salle d'entente, qu'on ne sent presque plus rien quand ça décolle ! On s'aime en vitesse de croisière, ça ronronne délicieusement, on regarde tous les deux dans la même direction : le film ! On s'assoupit. Pas l'ombre d'un nuage dans le ciel, pas de tempête, une petite bise de temps à autre, et s'il y a quelques turbulences, on a une ceinture pour deux, on est très attaché. « Pour des raisons de sécurité, ne laissez pas vos amours sans surveillance. N'acceptez aucun amour dont vous ne connaissez pas le contenu. Tout amour laissé en souffrance sera immédiatement détruit. »

On peut aussi décider de prendre l'air tout seul et de voir venir, prendre un amour charter, jouer la carte maîtresse, la bonne pioche, batifoler dans les trèfles, bref, se lancer dans l'aventure. Un voyage à l'aventure ! L'amour charter, c'est risqué, impossible de connaître l'heure de départ à l'avance, c'est la surprise. On ne sait pas qui va venir s'asseoir à côté de vous. On espère un amour passager, un passager clandestin, le destin, mordre à l'âme sœur, jouer les filles de l'air, et l'on rêve de succomber avec elle à la sustentation, se faire la belle, l'embarquer, le septième ciel ! S'il y a un coup de foudre, si l'amour prend feu, pas question de faire ceinture, on s'accroche l'un à l'autre, on a bien quelques atomes crochus. Pas d'extincteur, de toute façon, on n'attend que ça : le feu, la flamme, brûler d'amour, s'embraser, se consumer. On est prêt à tout : souffrir du mal de cœur, accidents de parcours, effusions de sang, décompression, on se moque des masques à oxygène, des gilets de sauvetage et des toboggans, on se met le plus loin possible des issues de secours, on souhaite secrètement le crash.

Quelle que soit l'option choisie, un beau jour, on finit par atterrir, en bout de piste, par retrouver le plancher des coups vaches, retomber sur ses lattes, on a voyagé dans sa tête, on a des valises sous les yeux, on passe les douanes idoines, on n'a rien à déclarer, c'est la fin du grand voyage ! Monsieur ! Monsieur ! Vous avez oublié une malle ! Désolé, ils l'ont faite exploser ! Ça n'est pas grave, mademoiselle, c'était des rêves en patience.

« Nous espérons que vous avez fait bon voyage et que nous vous reverrons dans une autre vie sur nos lignes de cœur ! »

SCAPIN DE NOËL

à Philippe Torreton

Tout petit déjà, coincé entre un frère aîné qui avait un penchant pour les sciences et un frère cadet qui avait un penchant pour le sport, vous, vous n'aviez un penchant pour rien. Vous vouliez être soldat, puis policier, bref, le genre de gamin qu'il faut prendre rapidement en main, sinon il tourne mal et se retrouve inspecteur, publicitaire ou sociologue !

1988 - 1990

Philippe Torreton fait ses classes dans un centre éducatif pour jeunes délinquants, le conservatoire. Il est mis au pas par un adjudant furibard et bouillonnant, Daniel Mesguich.

1990

Philippe Torreton, condamné à perpète, entre à la Comédie-Française, établissement disciplinaire dirigé alors par Antoine Vitez, un ultragauchiste utopiste qui veut libéraliser la prison et le fait trimer comme un malade. Le jeune pensionnaire est accueilli comme une bouffée d'air frais par une troupe de prisonniers enfermés depuis des décennies. Il est bizuté sans ménagement et devient l'homme à tout faire de la maison, chargé de toutes les basses besognes et petits boulots pas gratifiants. Il remplit tous les rôles, comme on dit, il joue les utilités : garçon d'étage, cireur de chaussures, portier, cuistot, brancardier, etc.... quelques phrases lancées par-ci par-là, quelques allées et venues de cour à jardin et de jardin à cour, Torreton met la main à la pâte, il croque du plancher, bouffe de la scène, avale du projecteur, ingurgite du rideau, bref, il s'en met plein la rampe. Il joue. Il ne demande rien d'autre. Il se prend d'affection pour deux vieux détenus, archirécidivistes, Roland Bertin et Michel Aumont, qui le briffent et lui donnent toutes les petites ficelles pour faire son trou.

Quatre mois plus tard, Vitez passe l'arme à gauche communiste. Torreton est orphelin.

1991

À la fête de fin d'année, Philippe Torreton, prisonnier modèle, devenu un virtuose du parloir, se déguise en Thomas Diafoirus, médecin. Il est remarqué par un visiteur vibrion, une cocotte-minute surmontée d'un chapeau en cuir à larges bords, Tavernier de son état.

1992 - 1995

Philippe Torreton fait régulièrement le mur pour aller se soûler la vie avec le Tavernier susmentionné. Ça laisse des traces, des scènes d'anthologie qui impressionnent beaucoup la pellicule. Fin 93, Philippe assiste impuissant à l'évasion de Michel Aumont. Il se promet de le rejoindre et de se faire la belle quand il ne trouvera plus la soupe à son goût. Ayant pris du galon, Philippe est nommé prisonnier sociétaire en 94, ce qui lui donne le droit de bizuter à son tour les jeunes blancs-becs qui franchissent chaque année la porte de la centrale.

1995

Philippe Torreton fait une nouvelle fois le mur, mais cette fois, c'est du sérieux : on le retrouve capitaine déconnant avec le même Tavernier dans les tranchées en Roumanie.

1997

Philippe Torreton est sacré César de la cavale, pour son escapade en Roumanie, au grand dam des matons de l'administration pénitentiaire et des gardiens du temple.
Victime d'une grande tartufferie et d'un règlement interne draconien, Torreton résiste, met les bouchées doubles et fait le plein au parloir. Les visiteurs viennent en foule pour voir le bagnard Torreton. Grisé par le succès, Philippe Torreton enchaîne, normal pour un prisonnier et devient fou. Il se prend benoîtement pour un Scapin de Noël. Il est vrai que les visiteurs, nombreux, déposent des cadeaux à ses pieds sous la forme de tonnes d'applaudissements et de deux statuettes figurant l'architecte-créateur de la prison, il y a plus de quatre cents ans. Succès oblige, Torreton se produit à guichet fermé à double tour.

1998 - 1999

Noël est loin. Le Scapin est mis au rebus dans un coin de l'établissement. Il a les boules, il s'est fait enguirlander par le directeur de l'établissement. Finis les cadeaux, les escarpins de Scapin restent vide. L'étoile accrochée au sommet est tombée par terre. Philippe Torreton se sent dans un cul-de-basse fosse d'orchestre, aux oubliettes.

31 décembre 1999

Philippe Torreton s'échappe définitivement de la prison centrale de la Comédie-Française, pourtant réputée inviolable. Il se fait la malle, de costume ! Comment a-t-il procédé ? Il a tout simplement brûlé les planches, comme d'habitude, côté cour, et s'est enfui en s'agrippant au rideau de scène. Il emporte avec lui, sous le manteau d'Arlequin, le sac de Scapin bourré d'applaudissements.

2000 - 2003

C'est la liberté. Entre deux beuveries d'images avec l'éternel Tavernier, Philippe Torreton change maintenant de tôle comme de pourpoint. Privé de public dans le public, il va chercher le public dans le privé.
En décembre 2001, il va cueillir son vieux pote Roland Bertin à sa sortie de prison après vingt ans de bons et loyaux sévices !

Cher Philippe Torreton,

si beaucoup de comédiens ont des tics, vous, vous avez une éthique. Vous avez refusé de jouer dans « Taxi ». Vous préférez aller à pied. Vous dites : « Moi, j'ai toujours pensé que le monde avançait grâce aux gens qui débordent. C'est aussi mon point de vue d'acteur : débordons ! » Alors allez-y, mon vieux : débordez, déferlez, inondez, submergez, soyez en crue ! Je ne sais pas si ça fera avancer le monde, mais au moins, nous aussi, on y aura cru !

LE BESTIAIRE EST GRATUIT

à Corinne Touzet

Chère Corinne Touzet,

je ne sais pas si vous êtes particulièrement cinéphile, mais je sais que vous êtes une cynophile avertie (du grec kunos, *chien*). Vous êtes également catophile (du latin catus, *chat*), hippophile, anglophile, bref animalophile, du français *animal* (oui, parce que zoophile, c'est un peu ambigu !) Vous dites : « Une maison sans animaux n'est pas une maison. » N'importe qui aurait dit bêtement : « une maison sans fenêtres n'est pas une maison », ce qui prouve que vous n'êtes pas n'importe qui !

J'imagine que dans votre tanière, il y a plein d'animaux domestiques et de domestiques animaux : un cerf, pour le service, un baby-setter à poils longs pour garder les enfants, un bouc pour leur apprendre à lire, des moutons pour faire la poussière, un chamois pour faire briller, une mule pour les chaussures, des puces pour les ordinateurs, des vers pour l'apéro, un mammouth pour les courses, un écureuil pour régler la note et des élans pour l'amour ! Sans oublier le plancher des vaches, les litières, les paddocks, l'étable, une salle à mangeoire et un abreuvoir pour boire un coup avec les amis. Le bestiaire est gratuit !

Et comme vous soutenez l'Assistance aux vieux animaux, votre jardin doit grouiller d'éléphants sans défense, de porcs-épics qui ont perdu leurs piquants, de grenouilles qui ne croassent plus en rien, de requins édentés, de chauves-souris à cheveux blancs, de carnes, de fossiles, de vieilles biques, de bœufs avachis, de poulets à la retraite, de dindons de la farce, de faisans faisandés et de hérons fatigués !

Vous êtes parfaitement bilingue : vous parlez épagneul et breton couramment ! Vous pratiquez les arts martiaux : c'est un chien shitzu, le chien-lion du Tibet qui vous a appris le jujitsu et le shiatsu, mais je ne sais pas si vous pratiquez le tiramisu ou le Chantal Ladesou. Qu'on se le dise, Corinne Touzet a du chien, mais pas de tics ! Elle niche dans le Luberon et quand il fait un temps de chien, elle n'est pas chaud chaud pour en sortir. Elle est un peu cabot, bien sûr, mais dans son métier, c'est un cador. Elle est franc du collier, et depuis qu'elle est productrice, sur un film, elle fait tout, tout ! Et elle a du flair ! Sur le portail de sa maison, elle a mis une pancarte « chien gentil ». Même avec sa fille, elle ne peut pas résister : elle lui fait des canins toute la journée ! Elle a tourné aux États-Unis pour la Fox. Elle aime le Canada, et en particulier le Labrador. C'est une sportive : elle est un peu boxer, elle fait du husky. Sur certains sujets sensibles, comme la violence contre les enfants ou les animaux, elle enrage, elle se braque. En règle générale, vous ne verrez jamais Corinne Touzet aboyer. Enfin, je veux dire sur M6. Elle est plutôt TF1. Et même France 2. Oui, elle est tellement gentille qu'elle tourne un téléfilm sur France 2 pour essayer de concurrencer *Une femme d'honneur* sur TF1 !

Ah, une femme d'honneur ! Du cirque à la gendarmerie : c'est un peu le gendarme de son trapèze. Après tout, l'adjudant-chef Florent est une sorte d'animal de compagnie... de compagnie de gendarmerie ! Un peu chien de garde, un peu chien de chasse, parfois chien d'arrêt (attention, pour les non cynophiles, le chien d'arrêt n'est pas un chien qui attend son maître à l'arrêt du bus !). On dit souvent qu'un adjudant aboie ses ordres. Pas l'adjudant-chef Florent ! Qui est pourtant un fin limier.

Quant au film que vous produisez *Et demain, Paula ?*, c'est très simple : c'est un film animalier ! Ça n'est pas un hasard si le premier personnage que rencontre Paula est un chien errant. Paula vit au ras du bitume, elle mène une vie de chien, de chien des rues. C'est une femme éclopée qui noie son mal-être dans le caniveau. Dès la première scène, Paula, qui mange un vieux sandwich (j'espère que ça n'est pas un hot-dog !), est coursée par deux molosses. Taïaut ! Taïaut ! C'est un saint-bernard qui la sort de là, Tom Novembre avec ses airs de chien battu, un type un peu dingo, qui fait le beau, un sacré loulou. En fait, c'est un bon vieux matou, une sorte de frère chartreux, un grand escogriffe (pour les téléphiles, rien à voir avec Julie l'escogriffe !) que la vie n'a pas gâté et qui fait le gros dos. Il s'occupe d'une bande de chats de gouttière à la ramasse. Voilà, chien et chat vont faire connaissance, vont s'apprivoiser et partager leurs gamelles. Et grâce à un petit bijou de chaton, Paula retournera chez les greffiers !

Chère Corinne Touzet, pour votre téléfilm, demain soir, je ne me fais pas trop de souci pour l'audimat ! Avec une femme d'honneur, vous faites dix millions de spectateurs à chaque fois. Ça n'est pas étonnant : une femme comme vous, vous avez presque trente millions d'amis !

ET LES HUMAINS VÉCURENT PEUREUX

à Catherine Trautmann

Tout a commencé le septième jour, vers dix-sept heures trente. Le créateur avait bien fait les choses, dans son programme de campagne existentielle : hommes, femmes, cinquante / cinquante. La parité parfaite. Ben oui, mon Dieu, mais le pouvoir ne se partage pas ! À peine installé dans le jardin d'Éden, pendant que Dieu était occupé à fabriquer Ève avec une côtelette d'Adam et un peu de salive, l'homme avait déjà inventé les élections. Il avait abattu quelques arbres pour faire des tracts et une profession de foi en bonne et due forme : *Votez Adam, le seul homme qui puisse vous tirer d'affaire* ! Forcément, c'était lui, le seul homme ! Une photo le montrait nu comme Adam, arborant fièrement l'unique membre de son parti, dressé vers le ciel, comme le sceptre du pouvoir.

Bien sûr, tous les sondages concordaient : il n'y avait que deux humains alors créés : Adam avait clairement annoncé qu'il voterait pour lui, Adam, et Ève pour elle, Ève, donc ça ne pouvait faire que cinquante / cinquante ! Mais Adam était un malin : il laissa dire les sondages, et recruta en sous-main un serpent chiraquien, grand amateur de pommes. Il le déguisa en Roselyne Bachelot, en tailleur, rose pour faire socialo et fushia pour faire djeun's, et il l'envoya en campagne pour convaincre Ève de lui accorder son suffrage. Le serpent sortit son boniment, fracture sociale, tolérance zéro (le serpent, qui ne manquait pas d'humour, fit même claquer un fouet, en disant *tolérance zorro* !), il insista beaucoup sur l'insécurité (à l'époque, le jardin d'Éden était envahi par des animaux en tous genres, des plantes grasses, des herbes folles, des fruits de la croissance, tout était mélangé, c'était la jungle, bref, une immigration sauvage et désordonnée, Dieu n'était pas regardant, il n'avait encore créé ni les douaniers, ni les forces de sécurité, ni Nicolas Sarkozy). Le serpent, habile colporteur de rumeurs, raconta même à Ève que si elle ne votait pas Adam, toutes les nuits de la Saint-Sylvestre, des voitures brûleraient en Enfer. Ève qui ne connaissait l'enfer ni d'Ève ni d'Adam, qui ne savait pas encore ce qu'était une voiture, qui sentait que le paradis qu'elle vivait chaque jour pourrait ne pas durer, se mit à avoir peur ! Le serpent lui montra alors la photo d'Adam. Ève, qui n'avait jamais rien vu de tel, sentit comme un picotement patriotique au niveau du bas-ventre.

Le serpent, pour embobiner Ève, se fit de plus en plus racoleur : il raconta une sordide histoire de saucisse de Strasbourg et d'Europe décolletée, le tout sur une musique de rouleau compresseur qui donna à Dieu l'idée de créer Wagner. Ève courut s'enfermer à double tour chez elle, barricadant portes et fenêtres. Et le jour des élections, elle glissa le bulletin Adam dans l'enveloppe. Dans un dérisoire sursaut de fierté, elle mit à la poste le bulletin Ève, qu'elle avait gardé, et se l'envoya à son domicile, *Ève, poste restante, jardin d'Éden*, en signe de protestation. Ève, bonne pomme, venait de tomber dans le panneau du serpent diabolique ! Elle avait voté Adam... Elle était amoureuse et terrorisée, faut la comprendre... Résultat : cent pour cent pour Adam et peau de balle pour Ève. Abstention : zéro pour cent ! Le destin de l'humanité en général et des femmes en particulier était scellé, à la soviétique ! Adam nomma le serpent Nicolas Sarkozy et la pomme, Raffarin. De génération en génération, les hommes, le sceptre dressé, prirent les rênes du pouvoir et les femmes devinrent les reines de ces messieurs. Les humains vécurent peureux et eurent beaucoup d'enfants.

Mais Dieu, pas très fier de son coup, pour essayer de redresser la barre, avait discrètement créé une vraie Roselyne Bachelot et, par souci de parité politique, son pendant à gauche, qu'il appela Catherine Trautmann. Catherine et Roselyne, pas du tout impressionnées par les membres virils du pouvoir, furent bien décidées à jouer l'alternance à plein, chacune monterait au créneau, au gré des changements de gouvernement. Quand Dieu créa Strasbourg,

Catherine, qui s'était fait habilement oublier en ouvrant une boutique de théologie et en y vendant des bijoux baba-cool, sortit de ses cartons un beau projet : un tram... ouais ! Un tramway, ouais... Un tramway de mesures pour que les gens vivent en harmonie, en harmonie municipale. Et c'est ainsi qu'elle devint maire de deux filles et d'une ville de plus de cent mille habitants.

Dieu qui avait un faible pour Catherine, laquelle considérait Dieu comme son tonton, l'appela au gouvernement. Elle y resta deux mois et apprit à faire ses premiers cartons. Les hommes avaient repéré Catherine et étaient bien décidés à la mettre au pas ! Le neveu du tonton, devenu tonton à la place du tonton, l'appela aux affaires, on lui confia le grand ministère des demandeurs de subventions et des vases communicants. Elle communiqua tant bien que mal, avala des couleuvres, des vipères et même des boas ! Elle reçut des claques, des giroflées, des mandales, tomba de haut et finit excommuniquée ! Elle refit ses cartons, et encore des cartons, petit à petit les portes se fermèrent, les gens changèrent de trottoir, il n'y eut bientôt plus de gens, plus de trottoir, plus de maison, plus de Strasbourg, plus de culture, elle se retrouva en plein désert... du sable, du sable et du sable... Le marchand de sable était passé, elle n'avait pas trop vu le sablier s'écouler, c'était à nouveau l'heure de Roselyne, Catherine commençait sa traversée du désert.

Ça ne durerait pas. Il faudrait juste qu'elle fasse attention aux coups de soleil !

QUAND Y'EN A POUR DEUX, Y'EN A POUR TROYAT

à Henri Troyat

Cher Henri Troyat,

je ne suis pas un spécialiste en Troyatologie ni, comme Stéphane Bern, un Troyaliste de la première heure... mais au vu de votre dossier de presse et de l'obésité flagrante de votre bibliographie, je crains que vous ne soyez un grand malade ! Manifestement, vous souffrez de graphomanie aiguë, d'un irrépressible besoin d'écrire, d'une fiévreuse appétence de mots. Vous êtes sujet à des éruptions éditoriales chroniques, vous avez un prurit scripturaire, un psoriasis livresque ; vous grattez du papier huit heures par jour depuis trois quarts de siècle. Quatre-vingt-dix-huit livres imprimés, deux cent cinquante pages en moyenne, une trentaine de lignes par page, une dizaine de mots par ligne, soit, au bas mot, sept millions trois cent cinquante mille mots couchés sur le papier.

Une maladie qui s'est déclarée très tôt, à dix ans ans, lorsque vous avez été victime d'un accident de chantier : les deux tomes de *Guerre et paix* de Tolstoï qui se sont décrochés d'une grue et qui vous sont tombés sur la tête ! Traumatisme ukrainien, arthrite de Russie, vous manquez même d'attraper la rougeole, mais vos parents émigrent à temps. Arrivés à Paris, la famille n'a plus un kopeck. On vous nourrit tant bien que mal, suivant le vieil adage : « Quand y en a pour deux, y en a pour Troyat ! » Mais peu vous importe, vous vous gavez de mots, vous êtes fou de littérature, ivre de livres, complètement destroyat ! Vous êtes rongé par les vers, vous avez l'alexandrin solitaire. Chaque soir, vous ne pouvez vous empêcher de vous faire une page du petit

Larousse... vous vous glissez sous la couverture du dico, vous laissez votre main aller et venir. Aujourd'hui, la page mille-deux-cent-quatre-vingt-trois : *pneu, pneumatique, pneumatologie, pneumatophore, pneumococcie, pneumoconiose, pneumocoque...*

Il est vrai que vous êtes très porté sur la chose littéraire, vous vous adonnez aux plaisirs du texte, en solitaire, vous sacrifiez au Dieu « héros », vous êtes d'ailleurs plutôt bi-textuel, tantôt amateur de masculin, et hop ! Un roman. Tantôt friand de féminin, et hop ! Une biographie. Votre obsession : la recherche du plaisir des sens et des significations. Je me suis laissé dire que vous n'aviez rien contre la pratique de la filiation et que vous vous adonnez parfois à l'onirisme. En bon académicien, vous rejetez toute perversion textuelle, comme le barbarisme ou l'anglophilie, mais vous n'évitez pas quelques maladies textuellement transmissibles, comme la logorrhée, l'hémorragie verbale, la paginite (une inflammation de la page), la chaude-pisse-copie, et même le syndrôme d'historico-efficience-acquise !

Envahi par les mots, vous vivez comme un reclus, enfermé dans une enfilade de trois pièces qui vous servent de bureau. Vous écrivez avec brio et maes-Troyat des pages et des pages dans toutes les positions : debout, à quatre pattes, couché, sur les mains, sur les rotules, au lit (votre lit n'est plus un lit, c'est un « pageot » !), au plafond, dans le frigidaire, sur la moquette. À propos de moquette, vous êtes, d'après la brigade de vos stupéfiants écrits, un trafiquant de dialogues, vous vous battez pour la dépénalisation des dialogues doux, vous êtes un grand amateur d'héroïnes, vous sniffez de la métaphore, vous vous faites une petite ligne, puis une autre, et puis une autre encore. Vous ne sortez jamais. Vous faites du sport, certes, mais du sport en chambre : dopé au vocabulaire, vous êtes un spécialiste du saut en paragraphe, et du cycle romanesque d'appartement. Même le saut à l'éclectique ne vous fait pas peur : biographe, historiographe, lexicographe, orthographe, c'est *graphe*, docteur ?

Bien sûr, vous gardez au fond de vous la fibre russe, le vi-russe, vous pratiquez le zakouski de fond, en épluchant la vie des tsars, ah, vous, au moins, vous connaissez la moujik ! Vous voyagez entre quatre murs, vous jetez l'encre sur des hauts-fonds semés de récit, au bord d'une plage de texte, le fond de Baudelaire est frais, vous enfilez votre pull de Verlaine, vous vous allongez sur le Divan le Terrible, vous êtes un peu Gogol, Tchekov et Raspoutine. Surtout ne vous attaquez pas à votre propre biographie, ce serait d'une banalité effrayante : Henri Troyat écrit. Il écrit, il écrit, et il écrit. Dans votre jardin secret, vous cultivez les phrases en toutes saisons. Vous êtes envahi par les acariens en tous genres : points d'interrogation, de suspension, d'interrogation, virgules, guillemets, vous ne savez plus comment vous en débarrasser. Vous êtes un verbivore papivore, la figure de style vous monte à l'épithète, c'est bien simple, vous vivez à corps et à manuscrit. Recueillant les mots nus que votre stylo habille...

Cher Henri Troyat, vous dites qu'enfant, vous jouiez la comédie, « caché derrière un masque de vieillard ». Aujourd'hui, vous pouvez enlever votre masque, on vous a reconnu !

Les chevaux ont leurs vapeurs

à Philippe Val

Ainsi donc, Philippe Val est chargé de communication dans le cadre de la promotion d'une de ces grandes aventures humaines, le Paris-Dakar, qui s'est mis en branle, comme chaque année, le 1er Janvier. Je dis « s'est mis en branle » sans aucune allusion à la propension qu'a notre ami Gérard Holtz à se polir violemment le nombril d'une seule main, son micro dans l'autre main, au cours de séances masticatoires nocturnes au milieu du sable, des carrosseries et des autochtones survivants et éberlués. Philippe Val n'aurait manqué sous aucun prétexte le départ de la première étape, Paris-Narbonne par la N 20, étape pépère qui comprenait toutefois une petite halte à La Châtre, dans l'Indre, pour une spéciale boueuse de six kilomètres, histoire de salir un peu les uniformes et de donner du travail, le soir, aux laveurs de logos publicitaires (le choix de la ville de La Châtre n'ayant aucun rapport avec l'action de rendre un mâle impropre à la reproduction en lui retirant ses particules). Philippe Val explique très clairement, dans une chronique de son livre *No problem*, tout le bien qu'il faut penser de cette épreuve, dont le parcours, je cite Hubert Auriol « donnera la part belle à l'aventure humaine. On va retrouver les valeurs fondamentales du Dakar : l'endurance, le courage et la solidarité. » Fin de citation. Et non pas « l'enduit rance, l'accrochage et la publicité » comme disent les mauvaises langues, les gauchistes et les républicains libertaires, dont, grâce à Dieu, Philippe Val ne fait pas partie.

J'ai décidé aussi de ne pas aborder aujourd'hui ces deux jolies activités humaines qui font monter Philippe Val au septième ciel. La première : la chasse, cette promenade en forêt avec participation active au tri plus ou moins sélectif – disons même au pif – de la faune, voire de l'espèce humaine, au moyen d'armes à feu portatives constituées d'un long canon et d'une monture, munis de dispositifs de visée et de mise à feu des projectiles. La seconde : la corrida, cette « course de taureaux se déroulant dans les arènes » comme dit pudiquement le Petit Robert, ce qui prouve bien qu'il s'agit d'une activité non-violente, qui permet aux mâles de la vache ne participant pas à la spéciale de La Châtre de s'ébrouer en toute liberté sous le regard des mâles de la femme avec ou sans particule.

Trêve de digressions, revenons à l'actualité, le Paris-Dakar, qui va occuper, malgré nous, nos jours et nos nuits, pour les trois semaines à venir. Permettez au poète que je suis de livrer ici quelques bouts rimés en l'honneur de cette farandole de joints de culasse, cette procession de pots d'échappement, cette caravane d'arbres à came qui va porter la bonne nouvelle aux contrées lointaines en voie d'émergence.

Nantis privés de désert,
Mis au régim' sans Sahel,
Veuillez serrer vos sphincters,
Bien emmitoufler vos bielles,
Calez vos sièg's au point mort,
Réglez vos phar's sur Franc' deux,
Pour vous pour votre confort,
De la pub du pain des jeux.
Sortis d'usin' les pilotes
Enfourchent leurs sarcophages.
À vos moulins Don Quichotte,
En plac' pour le grand carnage !
Sous l'aile de saint Pioneer,
Patron des autoradios,
Le Dakar s'envoie en l'air
Au nez du polisario
Les nomad's ne font qu'passer,
Nouveaux marchands ambulants,
Chevauchant leurs fiers coursiers,
Harnachés d'autocollants...
Vois petit le sable pleure

On a marché sur la dune
Mais les héros ont du cœur
Ils t'apportent la fortune
Un' pompe à eau pour papa
Un' pompe à eau pour maman
Stoppez tout ça suffira
Ils ont écrasé l'enfant
Paniqu' dans les écuries
Les chevaux ont leurs vapeurs
Dix camions d'infirmerie
Vol'nt au chevet des moteurs
Un mort à deux cents à l'heure
Quelques larm's pour l'interview
Champagne pour le vainqueur
Un T-shirt pour Mamadou
Et les pays traversés
Cueillent les bidons d'essence
Encore un an à tirer
Jusqu'aux prochain's réjouissances
Les mauvais's langu's incinèrent
Qu'à caus' de ceux qui s'escriment
À labourer le désert
Les cendr's de Thierry s'abîment.

Dis-moi qui tu as tué, je te dirai qui tu es

à Jacques Vergès

J'aime la justice, j'aime les avocats, j'aime la chambre, j'aime les robes, je vous aime, Jacques Vergès. Oui, j'avoue. Je vous l'avoue à vous, vous l'avoué dévoué, tel que je vous vois et que je vous vouvoie, je vous voue un culte (en deux mots !). Pas un culte du moi, non, un culte du vous, Jacques Vergès. Vergès avec « ver » comme verbe, verdict, vérité et verrou, ne m'en voulez pas, vous m'envoûtez. C'est bien simple, je vous aime tellement, que j'aurais tué père et mère pour vous avoir comme avocat ! Bon, maintenant, c'est trop tard, ils sont déjà morts. Mais, je les aurais tués ! D'ailleurs, je les ai tués, d'une certaine manière.

Vous vous demandez de quelle manière ? Vous êtes bien un avocat, vous : « Dis-moi qui tu as tué, je te dirai qui tu es ! » Je crois avoir réussi le crime parfait ! J'ai fait faire le travail par un autre... Ma mère, c'est le temps, qui l'a tuée. Ça a été très long, mais c'est fait. Je n'ai pas été inquiété. Inquiet, oui, une mère qui meurt, c'est tout un pan de sa vie qui s'en va, un paon qui vous toise et qui vous tourne le dos, en faisant la roue, avec ses belles plumes multicolores, mais, inquiété, non. J'avais un alibi. En béton. Quand ma mère est morte, j'étais en Bretagne. Je construisais une maison. Quand on m'a téléphoné pour m'annoncer son décès, je posais une dalle. En béton. Maintenant, cette dalle, en Bretagne, c'est un peu ma dalle funéraire à moi. J'ai mis un parquet dessus. Je vous l'ai dit : j'aime la justice, j'aime le parquet ! J'ai même déposé une plinthe autour. Et j'ai mis des barreaux aux fenêtres. La nuit, quand je regarde la lune à travers les barreaux, j'ai l'impression qu'ils me parlent de ma mère. On ne dira jamais assez l'éloquence du barreau !

Quand ils sont venus pour emporter sa dépouille, je me suis dit : « ils vont se douter de quelque chose, à cause des traces ». Oui, le temps avait fait le boulot, mais, franchement, il avait fait ça salement ! Des empreintes partout ! Des rides, creusées comme des tranchées, le dos cassé, les os qui saillaient. Ce n'étaient plus des traces, on avait l'impression qu'un rouleau compresseur était passé sur ma mère ! J'étais certain qu'ils allaient interroger le temps, le presser de questions, ils pourraient même le torturer un peu, le temps me dénoncerait comme commanditaire et je devrais prendre un avocat. Or, pour moi, un avocat qui puisse me défendre, je n'en connais qu'un. Vous ne voyez pas ? Réfléchissez... À quoi ça sert un avocat ? Un avocat, en général, ça ne sert à rien : si, c'est pour défendre quelqu'un qui a des circonstances atténuantes, un type gentil qui a tué père et mère au chalumeau à soudure, grand-père et grand-mère à la tronçonneuse, frères et sœurs au couteau à viande *Moulinex*, enfants et petits-enfants à la perceuse à percussion, qui a découpé en morceaux tout ce petit monde et en a fait une ratatouille, qui les a mangés à la petite cuillère et qui plaide coupable, parce que vous comprenez, il a eu une enfance malheureuse, de toute façon, il regrette son geste, il demande pardon à la famille, c'est d'autant plus facile qu'il n'y en a plus de famille, et puis regardez, la ratatouille, il se l'est servie dans un plat en porcelaine de Limoges, c'est touchant, avec des couverts en argent, le tout arrosé d'un Romanée Conti de 1950, il est né en 50, quelle gentille attention, c'est une sorte d'ultime hommage à sa famille. Tout le monde pleure dans le prétoire, la presse people en fait ses choux gras, on va tourner un film en son dolby stéréo avec Jean Réno, alias le nettoyeur, dans le rôle titre, Mireille Dumas va faire une émission spéciale avec un plateau d'enfants tous assassinés, Pierre Bellemarre va faire écrire un bouquin par ses nègres, il touchera la moitié des droits d'auteur et l'autre moitié, il la donnera à l'association Pierre Bellemare pour la défense des droits d'auteur, à quoi ça sert d'avoir des maîtres et des maîtres d'avocats, dans ce cas-là ? La justice est assez grande pour passer la pommade toute seule.

Par contre, prenez une véritable ordure, un salaud parfait, un monstre immonde, qui a du sang d'innocent sur les bras, qui méprise ses victimes et, de toute façon, il est non coupable, il n'était qu'un exécutant, bref, prenez un assassin jugé d'avance par l'opinion publique, « À mort ! Au bûcher ! On va lui couper les parties civiles ! », prenez, je sais pas, moi, un Milosevic ou un Barbie : alors là, d'accord ! Là, un avocat ça sert à quelque chose ! Et bien, ne cherchez pas plus loin, son avocat, c'est toujours le même : il s'appelle Jacques Vergès ! Voilà pourquoi je vous aime, Vergès, parce que vous vous invitez entre la flamme et le bûcher, entre le cou et le couperet, entre l'électrode et la peau, vous êtes un avocat de la déviance, de la défaillance, de la différence, vous défendez l'indéfendable ! Exactement ce qu'il me faut : le temps qui tue les mères à coup de burin est indéfendable. Malheureusement, quand ma mère est morte, le temps n'a jamais été arrêté ! Alors, je me suis vengé. Le temps a tué ma mère, je passe ma vie à tuer le temps, par tous les moyens. Mais ça, ça n'intéresse personne ! Quant à mon père, rupture d'anévrisme. On n'a jamais retrouvé l'arme du crime. Des larmes, oui. Mais, ça aussi, ça n'intéresse personne.

Cher Jacques Vergès, le seul truc qui me chagrine, c'est que vous avez tellement d'ennemis, le jour où vous vous ferez pincer, personne ne voudra vous défendre. Je ne vois qu'un avocat qui pourrait vous tirer d'affaire. Mais, je crains qu'il ne soit pas disponible !

SUPPLICE DE LA ROUE ET FIÈVRE JAUNE

à Richard Virenque

Le livre et le dossier de presse de Richard Virenque m'ont été remis en mains propres, chez moi, par un coursier. Il était tellement essoufflé, je l'ai invité à se reposer un peu avant de repartir. C'était un coursier à vélo. C'est assez rare, dans Paris. Il a grimpé toute la rue de Ménilmontant, en danseuse, puis s'est offert un petit sprint rue des Pyrénées. Il dit que c'est un boulot crevant, il crève, d'ailleurs régulièrement, mais c'est une passion, chez lui, le vélo. Il avoue que, par moments, c'est très dur. Il m'a même dit : « J'en chie ! » Dans ces moments-là, il ne dit pas qu'il fait du vélo, il dit qu'il va à la selle.

Tous les jours, aux quatre coins de Paris, le nez dans le guidon, petit soldat sur sa petite reine, toujours au garde-boue ! Le soir, rentré chez lui, il téléphone à Pizza Hut, il commande une pizza, mais c'est lui qui va la chercher... en vélo ! Il ne peut pas s'en empêcher. Il va récupérer lui-même ses colis à la poste, en vélo. Il va faire des courses dans un supermarché de Saint-Cloud. Pas du tout parce que c'est le plus près de chez lui ! Non, il dit que saint Cloud, c'est le patron des bicyclettes et c'est surtout parce qu'il y a marqué sur la vitrine : livraison à domicile gratuite au-delà de cent euros d'achat. Alors, il fait ses courses et fait bien attention de dépenser plus de cent euros... et il se livre lui-même ! En vélo !

Je lui ai offert un petit coup à boire, il a refusé. Il a ajouté : « Jamais pendant les courses ! » Je n'ai pas insisté. Il avait un maillot vert. C'est un militant écolo. Il participe à toutes les manifs pour la défense du vélo. Il m'intriguait, je lui ai dit : « Mais comment vous faites pour tenir le coup ? Pédaler toute la journée, sans vous arrêter ! C'est un travail de Romain ! » Il m'a dit : « Je suis Romain ! Mon idole, c'est Fausto Coppi ! Chez moi, j'ai mis sur mes murs des photos de Fausto, enfin des copies. J'ai des Fausto Coppi en noir et blanc, des Fausto Coppi en couleur, de tout ! » « Ne me dites pas que vous ne vous arrêtez pas de temps en temps pour prendre un petit coup dans un bistro ! » Il m'a répété : « Jamais pendant les courses ! » Je lui ai dit : « Vous me faites marcher ! J'en connais plein des livreurs, des coursiers : à fond les manettes, sur leurs mobylettes ou leurs vespas, ils zigzaguent entre les voitures, ils sont pétés comme des huîtres ! Alors en vélo, j'imagine que... » Il m'a regardé dans les yeux et m'a dit : « Jamais pendant les courses ! »

Je lui ai demandé : « Mais pourquoi vous faites ça ? » Il m'a répondu : « Le dépassement de soi, le courage, la rage de vaincre ! » J'ai pensé en moi-même : « Ouh, là là, en voilà un qui est accroc ! » Il m'a raconté qu'avec des collègues coursiers, il participait chaque année à un Tour de Paris. Vingt étapes. Une par arrondissement. Avec des arrivées sublimes au sommet du col de la Contrescarpe, dans la cinquième étape et une au col du Sacré-Cœur, dans la dix-huitième... Il est arrivé troisième en 96 et second en 97. Bon, en 98, il y a eu de gros problèmes : la course des coursiers a croisé le marathon des barmen de Paris ! Une pagaille incroyable ! Certains coursiers sont repartis avec, à la place du plateau de pédalier, un plateau de barman ! Les canettes jonchaient le sol ! On a vérifié le contenu de certains bidons à l'arrivée... des cocktails explosifs ! Le Tour a été arrêté. J'ai dit à mon coursier : « Et vous ? » « Jamais pendant le service ! »

Comme il se faisait tard, il n'avait plus rien à livrer, il a accepté de boire un petit verre de Quincy, dans un bar à vins, à l'Ami Pierre. Puis un autre Quincy et puis un troisième. Du coup, il s'est livré un peu plus, si j'ose dire. Il a fini par avouer que certains jours, pour finir le boulot dans les temps, il s'arrêtait prendre un petit cognac entre deux livraisons... c'est obligé ! C'est son patron qui lui indique les bars sur le trajet. Pour la rentabilité. Tous les coursiers font ça. Livrer à temps ! Respecter les délais. Une course contre la montre permanente ! Gagner du temps. Livrer bataille.

Le vélo, personne ne se rend compte, c'est du travail à la chaîne. Le supplice de la roue. *En danseuse* ! Tu parles ! Danseuse de Saint-Guy, oui ! Piste de cycle ! Livré au lion. Coup de cross. Traitement aux rayons... Mouille le maillot ! Tord les boyaux, fièvre jaune, crève, petit, crève ! Souffle, crache, appuie sur les pédales, fonce, défonce-toi, ne pas décrocher, rester dans le peloton, le peloton d'exécution, pense au sponsor ! Effeuille la marguerite, arrache-lui ses pédales : je souffre, un peu, beaucoup, passionnément, à la folie ! Plus du tout ! T'es mort, petit coursier ! Tu as rejoint Saint-Cloud, le patron des bicyclettes, t'as deux auréoles sous les bras, t'as le maillot jaune, tu t'es tellement dépassé toi-même que t'es à côté de tes pompes, maintenant ! T'as livré ton dernier combat. Allez, réveille-toi, c'est fini. T'as des enfants tout mignons. Bon, t'as pas pu résister, tu leur as fait livrer un petit vélo, à Noël... Tu tiens tellement à ce qu'ils aient un petit vélo dans la tête, comme toi ? Mais on peut vivre à pied ! À petite vitesse, en roue libre...

Une simple course contre le sablier, sur le plancher des vaches. Regarde la jolie vache, elle fume de l'herbe ! Elle s'appelle Rustine !

DÉSIR DE VENT, DÉSERT DE VIDE

à Dominique Voynet

Chère Dominique Voynet,

ils vous ont gâché vos vacances ! Vous deviez être libérée du poste de secrétaire générale des Verts le 15 décembre, ce sera au mieux pour le 12 janvier ! Votre fille doit penser : joyeux Noël, Mamère ! Votre arbre de Noël est vert de rage, il a les boules, vous vous êtes faite enguirlander au congrès de Nantes, ce fut la foire aux embûches, trop de candidats à la crèche, bonjour les cadeaux ! Le moins qu'on puisse dire est que les Verts se sont mélangés les pinceaux, plus personne ne peut se voir en peinture verte, je ne pensais pas qu'il existait une palette de nuances de vert aussi fournie, quel cirque ! La cacophonie fut spectaculaire : entre les mouvementistes instrumentistes, vert pomme avec une pointe de vert olive, les environnementalistes cymbalistes, plutôt vert épinard, les probe maméro-voynétistes, alliance des maméristes fildeféristes vert bouteille et des voynétistes flûtistes vert émeraude, sans parler des cohn-bendistes antipodistes vert amande, des Cochetistes clarinettistes vert caca d'oie, des Contassistes bassistes vert de gris, des Aubertistes concertistes vert securit, des Lipietzistes trapezistes vert ballon, des Baupinistes accordéonistes vert pantoufle et des Hascouëtistes trompettistes vert pyrex, le tout dessinant les contours flous du grand parti des *Verts toi terre promise* ! Le chat Voynet s'en va, les souris dansent de Saint-Guy ! Prenant exemple sur le PS, le parti des verts est devenu un OGM, un Organisme Généreusement Morcelé, où on lave ses phosphates en famille, où l'ambiance est polluée par les bruits de couloirs, et où l'on s'envoie des missiles aérosol-sol. Le super phénix renaîtra-t-il de ses cendres ? Je vois d'ici la presse : Désir de vert, Désert de vide. Les verts enterrés par l'effet de cer-cueil !

Bien sûr, chez les Verts comme au PS, il y eut une époque prestigieuse, mais on sait où mène le prestige : au fond de l'eau, avec des fuites de fioul et une marée noire. Marée noire chez les Verts. Je ricane d'essence ! Il serait dommage que les Verts qui ont reçu pendant une décennie les insultes diverses et variées des agriculteurs, des chasseurs et des ouvriers de la Cogema continuent à s'envoyer entre eux des noms d'oiseaux. Il est vrai que l'insulte est dans l'air du temps et que la « Ronde des Injures » du bon vieux Brassens pourrait malheureusement tenir de lieu, pour le contribuable, d'hymne à la politique :

(*Sur l'air de* La ronde des injures *de Georges Brassens*)

Voici la fin' fleur des non-dits
Entre verts de bonn' compagnie
Une envolée de noms d'oiseaux
C'est la langu' vert' des écolos
Volaill' par-ci, faucon par-là
pingouin, pigeon ou vieux choucas
Mêm' les allianc's sont volatiles
et les soutiens sont des missiles

Refrain :
Il pleut des nases, des ploucs des chtarbés
Des pue d'la gueule des branques, des tronch' de cake
Des rats des beaufs et des têt' de nœud
ou des chiens galeux
Il tomb' des crass', des cons des gogols
Des nuls à chier des nabots des couill' molles
Des gros connards et des empaffés
Ou des enfoirés
Les niqu' ta mère volètent dans l'azur
Les fils de put' les bouffons les enflures
Les débilos les faux-culs craignos
Grognass's pétass's ratass's pouffiass's connass's
Sans oublier les barges les fayots

Les vieux ringards et les fouteurs de merde
Ça s'trait' d'enflur' de traîtr' de cabot ou d'quinquagénaire

Les verts les ros's les bleus s'étripent
C'est c'qu'on appell' la politique
Si t'insultes pas ton voisin
T'as plus qu'à rendr' ton maroquin
Le pouvoir donn' le verbe clair
Ça dév'lopp' le vocabulaire
Nos élus faut pas qu'ils s'étonnent
Des p'tits noms d'oiseaux qu'on leur donne

Refrain :
Il pleut des nases, des ploucs des chtarbés
Des pue d'la gueule des branques, des tronch' de cake
Des rats des beaufs et des têt' de noeud
ou des chiens galeux
Il tomb' des crass', des cons des gogols
Des nuls à chier des nabots des couill' molles
Des gros connards et des empaffés
Ou des enfoirés
Les niqu' ta mère volètent dans l'azur
Les fils de put' les bouffons les enflures
Les débilos les faux-culs craignos
Grognass's pétass's ratass's pouffiass's connass's
Sans oublier les barges les fayots
Les vieux ringards et les fouteurs de merde
C'est des enflur's des traîtr' des cabots des baratineurs.

DU MÊME AUTEUR

Aux Éditions Albin Michel

Papiers bavards, 2002.

Le flashage de cet ouvrage
*a été réalisé par l'***Imprimerie Bussière**
l'impression et le brochage ont été effectués
sur presse Cameron dans les ateliers
de **Bussière Camedan Imprimeries**
à Saint-Amand-Montrond (Cher),
pour le compte des Éditions Albin Michel.

Achevé d'imprimer en mai 2003.
N° d'édition : 21685. N° d'impression : 032527/4.
Dépôt légal : juin 2003
Imprimé en France